初中数学思维方法导引

主　编／陶增元
副主编／钟敏　石芳芳

北京燕山出版社
BEIJING YANSHAN PRESS

图书在版编目（CIP）数据

初中数学思维方法导引 / 陶增元主编. — 北京：
北京燕山出版社，2021.7
ISBN 978-7-5402-6106-1

Ⅰ.①初… Ⅱ.①陶… Ⅲ.①中学数学课—初中—教
学参考资料 Ⅳ.①G634.603

中国版本图书馆CIP数据核字（2021）第121657号

初中数学思维方法导引

主　　编	陶增元	
责任编辑	李　涛	
出版发行	北京燕山出版社	
地　　址	北京市丰台区东铁匠营苇子坑138号C座	
电　　话	010-65240430	
邮　　编	100079	
印　　刷	北京政采印刷服务有限公司	
经　　销	新华书店	
开　　本	170mm×240mm　16开	
字　　数	311千字	
印　　张	17.25	
版　　次	2022年4月第1版	
印　　次	2022年4月第1次印刷	
定　　价	60.00元	

编 委 会

工作室简介

在九江市委人才办与九江市教育局的关怀与支持下，九江市首届初中数学名师工作室于2019年7月正式成立，由中小学正高级教师、江西省特级教师、九江市第十一中学数学教师陶增元领衔主持。工作室成员还有：九江市同文中学教师钟敏，九江一中教师石芳芳，九江市十一中教

师熊巧闵，九江市实验中学教师熊晶晶，永修县三角中学教师熊欣欣。工作室聘请了九江市教科所理论科科长、初中数学教研员胡雄华担任顾问，指导工作室的教研工作。

工作室全体成员努力学习，不断进取，勇于担当。2020年年初，疫情期间，为响应教育部"停课不停学"的号召，工作室积极参与到由江西省教育厅部署的"赣教云"推出的网上直播课活动中，陶增元、熊晶晶、钟敏、石芳芳四位老师在防疫物资严重匮乏的情况下，冒着被感染的风险，共承接了16节北师大版七、八两个年级初中数学的录播课任务，课程播出后获得很好的反响。防疫期间，为帮助广大初三学生备考，工作室全体成员在自有的微信公众号"九江市首届初中数学名师工作室"共发表了20余篇文章与若干节微课供学生阅读与学习。

每位成员严格要求自己，在完成自己的本职工作之外，不断提升自己的业务素质，在工作室成立不到两年的时间内，便获得了如下佳绩：

1. 荣誉称号

钟敏老师被评为江西省学科带头人，熊晶晶老师被评为九江市学科带头人，熊欣欣老师被评为永修县骨干教师。

2. 教学研究

由陶增元主持的一项省级课题结题；由钟敏与石芳芳主持的两项省级课题立项；由工作室成员参与的国家、省、市级课题中有三项结题，有四项课题立项。由陶增元与石芳芳合著的教学专著《在原创命题中求索》在东北师范大学出版社出版，由钟敏担任副主编的《初中数学读本》一书在北京师范大学出版社出版。除此之外，分别由工作室成员撰写的10篇论文在《初中数学教与学》等省级及以上刊物发表，有7篇论文在市级刊物《九江教育》发表。

3. 教学业绩

在教育部组织的"一师一优课、一课一名师"等各种教学竞赛活动中，工作室成员在教学方面共斩获了部优1项，国家级一等奖1项，国家级二等奖3项，省特等奖1项，省一等奖11项，省二等奖8项，省三等奖2项，市级奖若干。

4. 指导传承

工作室充分发挥辐射作用，共指导青年教师获得国家级一等奖1项、二等奖2项，省级二等奖及以上奖励5项，市级奖若干。送教下乡共10节次，各层级的学术讲座8节次。

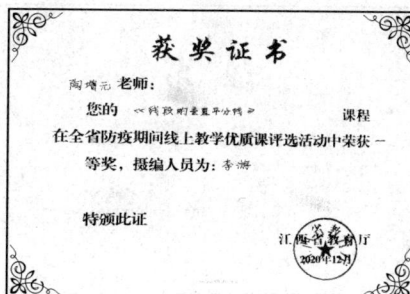

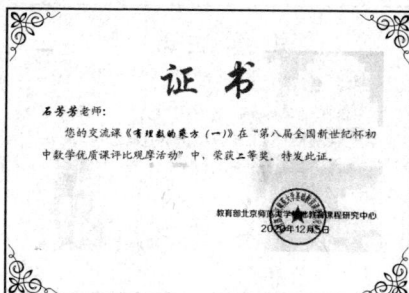

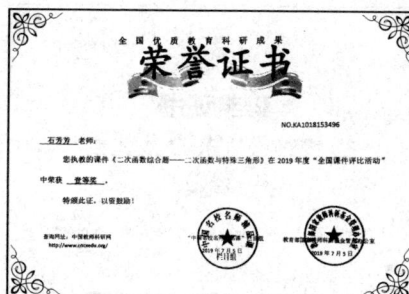

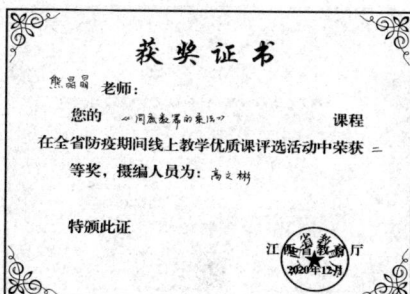

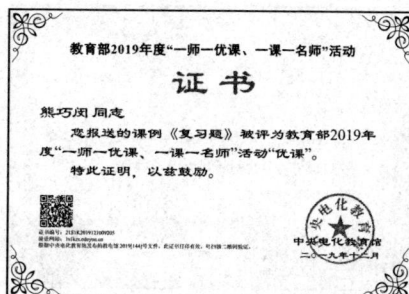

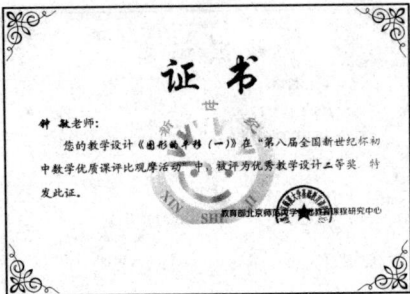

证 书

钟敏老师：

您的教学设计《图形的平移（一）》在"第八届全国新世纪杯初中数学优质课评比观摩活动"中，被评为优秀教学设计二等奖。特发此证。

教育版北京师范大学数学课程研究中心

证书编号：JSB010202202200188

获奖证书

钟敏 老师的作品 《图形的平移》 在"首届'京师杯'全国中小幼教师数字化教学能力展示活动"中，成绩优异，荣获全国 初中数学 教学课件类作品。

特颁此证，以资鼓励。

二等奖

二〇二〇年十二月

证书编号：JSB010102012020200055

获奖证书

钟敏 老师的作品 《图形的平移》 在"首届'京师杯'全国中小幼教师数字化教学能力展示活动"中，成绩突出，荣获 江西 地区 初中数学 教学课件类作品。

一等奖

二〇二〇年十一月

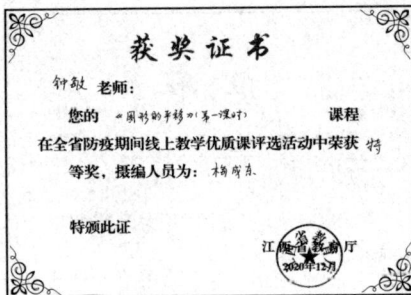

获奖证书

钟敏 老师：

您的 《图形的平移》(第一课时) 课程

在全省防疫期间线上教学优质课评选活动中荣获 特

等奖，摁编人员为：杨成东

特颁此证

江西省教育厅
2020年12月

荣誉证书

石芳芳 老师：

您的课件作品 《利用相似三角形测高》 荣获

江西省首届数字化中学数学教学能力评比 初中 组 壹 等奖。

特发此状，以资鼓励。

江西省教育学会数学教育专业委员会
二〇二〇年9月

证书编号：CZ8J0068

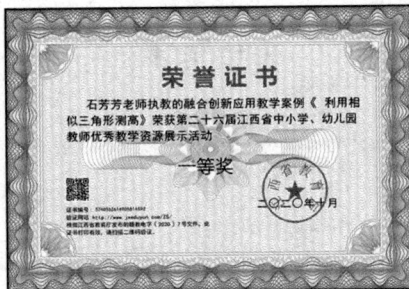

荣誉证书

石芳芳老师执教的融合创新应用教学案例《 利用相似三角形测高》荣获第二十六届江西省中小学、幼儿园教师优秀教学资源展示活动

一等奖

二〇二〇年十月

荣誉证书

石芳芳 老师：

　　您的微课作品《三角形中两内角平分线夹角探究》荣获江西省首届数字化中学数学教学能力评比 初中 组 壹 等奖。

　　特发此状，以资鼓励。

江西省教育学会中学数学教学专业委员会

2020年9月

证书编号：CZWB0011

荣誉证书

陶增元 老师：

　　您的课件作品《直角三角形全等的判定第 2 课时》荣获江西省首届数字化中学数学教学能力评比 初中 组 壹 等奖。

　　特发此状，以资鼓励。

江西省教育学会中学数学教学专业委员会

2020年9月

证书编号：CZKJ0269

荣誉证书

陶增元 老师：

　　您的教学设计作品《第 1 课时 线段的垂直平分线》荣获江西省首届数字化中学数学教学能力评比 初中 组 壹 等奖。

　　特发此状，以资鼓励。

江西省教育学会中学数学教学专业委员会

2020年9月

证书编号：CZJXSJ0650

荣誉证书

熊晶晶 老师：

　　您的课件作品　　《幂的乘方》　　荣获江西省首届数字化中学数学教学能力评比 初中 组 贰 等奖。

　　特发此状，以资鼓励。

江西省教育学会中学数学教学专业委员会

2020年9月

证书编号：CZKJ0373

江西省2019年年度"一师一优课、一课一名师"活动

证书

熊巧闵 同志：

　　您报送的课例《第三章 图形的平移与旋转—复习题》被评为江西省2019年"一师一优课、一课一名师"活动"优课"一等奖。

　　特此证明。

江西省教育厅

二〇二〇年四月

荣誉证书

钟敏 老师：

　　您的课件作品　　《图形的平移 3》　　荣获江西省首届数字化中学数学教学能力评比 初中 组 壹 等奖。

　　特发此状，以资鼓励。

江西省教育学会中学数学教学专业委员会

2020年9月

证书编号：CZKJ0228

前 言

　　对于某些同学而言，解答一道数学试题，特别是解答一道有一定思维难度的数学试题是一件非常痛苦的事情。这不是由于基础知识薄弱，也不是由于懒惰造成的，而是他们面对这些数学试题时不知从何入手，不知如何进行思考。对于这些同学而言，他们迫切需要一本能够引导他们在数学思维上进行思考的书。本工作室针对这些普遍存在的现象，急学生之所急，想学生之所想，全体成员全力以赴，撰写了多篇以试题为蓝本，从不同类型习题的不同角度入手，引导他们如何进行数学思考的文章，为学生解答有一定思维难度的试题提供了思考方法，指明了思考方向。

　　本书不同于一般的教辅书籍，它不是习题集，而是一本用于学生阅读的书籍。在阅读时，建议先认真阅读并细心领会每一篇专题文章的总纲，这是解题方法的总结，是撰稿教师智慧的结晶。在面对每一道试题时，首先，认真审题，试着做一做。若做不出来，再认真领会每一道题的思维方法导引。然后，试着做一做试题，若还解不出来，再借助试题的解答过程。最后，一定要认真反思对这道试题的得失，找到自己存在的思维盲点。不可做完一道试题之后就束之高阁，只有总结才有提高，只有反思才有进步。

　　本书取材于近年来各省、市的中考数学试题原题、模拟题和原创题，力图以点代面，起到"通一道题会一类题"的作用。由于作者的水平有限，这个美好的愿望恐怕难以实现，但由衷地希望每名学生在阅读的过程中都能有所收获。

　　本书的专题一、专题三、专题四、专题八、专题十八由九江市第十一中学教师陶增元撰写；专题二、专题六、专题十五、专题十六由九江市同文中学教师钟敏撰写；专题十、专题十一、专题十二、专题十三由九江一中教师石芳芳撰写；专题七与专题十七由九江市第十一中学教师熊巧闵撰写；专题五由九江

1

实验中学教师熊晶晶撰写；专题九由九江市永修县三角中学教师熊欣欣撰写；专题十四由九江市第六中学教师潘志撰写。全书由陶增元统稿，九江市初中数学教研员胡雄华审稿，在此向付出辛勤劳动的胡雄华老师表示衷心的感谢！

在本书的成稿过程中，九江市人才办、九江市教育局及九江市第十一中学的领导给予了很大的关心与支持，在此一并表示感谢！

作者

2021 年 3 月

目 录
CONTENTS

选择题是中考必考题型，近年来，江西中考的选择题大约 6 道，计 18 分，涵盖的知识点多种多样，考查的数学思维能力也是丰富多彩。选择题一般由题干与四个选择项两部分组成，其中只有一个选择项是正确的，它主要是对数学的"四基"（基本知识、基本技能、基本数学思想、基本数学活动经验）进行考查。选择题的总体难度不大，但不能掉以轻心，每一个疏忽造成的损失都是难以估量的。

由于选择题不需要解题过程，因此解题的要求就是"准确、迅速"。"准确"是第一要素，它是解题的根本；"迅速"是第二要素，它是解题的要求。为达到"准确、迅速"这一要求，选择恰当的解题方法是必要的。选择题的解法很多，大多数选择题与填空题一样都是直接求解而成的，但少数习题需要采用特殊的做法才能达到"准确、迅速"这一要求。

一、直接法

所谓直接法，就是利用所学过的知识直接对试题进行求解，或者利用不完全归纳进行猜想，从而得出正确结论。它的解法与填空题及其他试题的解法并无二致。

例1 如图 1-1，正六边形 $ABCDEF$ 中，$AB=2$，点 P 是 ED 的中点，连接 AP，则 AP 的长为（　　）

A. $2\sqrt{3}$ B. 4

C. $\sqrt{13}$ D. $\sqrt{11}$

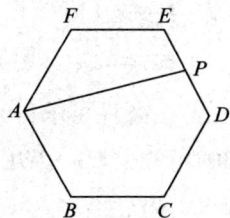

图 1-1

【思维方法导引】

求一条线段的长的思路很多，但要根据题目的要求去思考。此题中的 AP 可考虑用勾股定理，构造直角三角形，连接 AE，可知 $\angle AEP = 90°$，可先求出 EP 与 AE 的长，再利用勾股定理求出 AP 的长。

【解答】

如图 $1-2$，连接 AE，在正六边形中，$\angle F = \dfrac{1}{6} \times (6 - 2) \cdot 180° = 120°$.

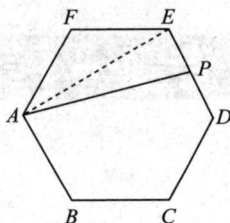

图 $1-2$

$\because AF = EF$，$\therefore \angle AEF = \angle EAF = \dfrac{1}{2}(180° - 120°) = 30°$.

$\therefore \angle AEP = 120° - 30° = 90°$，$AE = 2 \times 2\cos 30° = 2 \times 2 \times \dfrac{\sqrt{3}}{2} = 2\sqrt{3}$.

$\because$ 点 P 是 ED 的中点，$\therefore EP = \dfrac{1}{2} \times 2 = 1$，

在 $\mathrm{Rt}\triangle AEP$ 中，$AP = \sqrt{AE^2 + EP^2} = \sqrt{(2\sqrt{3})^2 + 1^2} = \sqrt{13}$. 故选 C.

例2 如图 $1-3$，已知 $\angle A = \angle CBD = 30°$，$\angle ABD = 45°$，则以下结论错误的是（ ）

A. $AB = 3CD$　　　　　B. $BC^2 = CD \cdot AB$

C. $\triangle BCD$ 是等腰三角形　　D. $2CD = (\sqrt{3} - 1)AD$

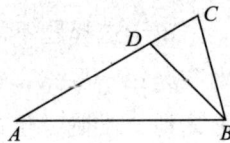

图 $1-3$

【思维方法导引】

首先可以根据题中的已知条件求出 $\angle C$ 的度数，再判断图中是否有相似三角形与等腰三角形，然后根据相似三角形与等腰三角形的性质判断出其中正确的结论。比较难判断的是 A 与 D 两个选择项，但由于 $\angle A$ 与 $\angle ABD$ 均为特殊角，所以可过 $\triangle ABD$ 中的某一个点作对边的垂线，将这个三角形分成两个特殊的直角三角形，根据直角三角形的边与角的关系可以求解。

【解答】

解法一：

由条件可求得 $\angle C = 75°$，所以 $AB = AC$，过 D 作 $DE \perp AB$ 于 E 点，由 $\angle A = 30°$ 可知，$AD = 2DE$，显然，$DE \neq CD$，所以 $AC \neq 3CD$，故选 A.

解法二：

由 $\angle A = \angle CBD = 30°$，$\angle ABD = 45°$ 可得 $\angle C = \angle CBA = 75°$，$\angle CDB = 75°$，故 $\triangle BCD$ 是等腰三角形，$\triangle BCD$ 与 $\triangle ACB$ 相似，可得 $BC^2 = CD \cdot AB$，若过 D

作 $DE \perp AB$ 于 E 点，设 $DE = a$，$CD = x$，则 $AD = 2a$，$BD = BC = \sqrt{2}a$，代入 $BC^2 = CD \cdot AB$，得：$(\sqrt{2}a)^2 = x(x + 2a)$，解得：$x = (\sqrt{3} - 1)a$，所以 $2CD = (\sqrt{3} - 1)AD$，因此，B、C、D 均正确，故选 A。

二、排除法

顾名思义，排除法就是逐个排除与题干中已知条件不相符的选项，找到其中最符合要求的选项。

例 3　如图 1-4，在平面直角坐标系 xoy 中，A (0, 3)，B (4, 3)，C (4, 0)，I 是 $\triangle ABC$ 的内心，将 $\triangle ABC$ 绕原点逆时针旋转 $90°$ 后，I 的对应点 I' 的坐标为（　　）

A.（-2, 3）　　　　　　B.（-3, 2）

C.（3, -2）　　　　　　D.（2, -3）

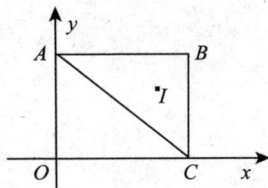

图 1-4

【思维方法导引】

根据已知条件可以采用直接法求出 I 点的坐标，再根据旋转的性质求出对应点 I' 的坐标。也可以采用排除法，由图形的旋转可知，I 最后会落在哪个象限。而 I 点的横坐标明显比纵坐标要大，故旋转后的对应点 I' 的纵坐标的绝对值会比横坐标的绝对值要大。因此，可以判断出 I' 点的坐标。

【解答】

解法一：

利用排除法。由于 $\triangle ABC$ 绕原点逆时针旋转 $90°$，点 B 与点 I 的对应点均在第二象限，故排除了 C、D 两个选项。在第一象限中，I 点的横坐标明显比纵坐标要大，因此，绕原点逆时针旋转 $90°$ 后的对应点 I' 的纵坐标的绝对值比横坐标的绝对值要大，排除了 B，故选 A。

解法二：

过 I 点分别作 AB、BC、AC 的垂线，连接 AI、BI、CI，因为 I 是三角形的内心，所以 I 点到 $\triangle ABC$ 三边的距离相等，根据 $S_{\triangle ABC} = S_{\triangle ABI} + S_{\triangle ACI} + S_{\triangle BCI}$，可求得 I 点到 $\triangle ABC$ 的三边的距离为 1，故 I 点的坐标为（3, 2），将 I（3, 2）绕原点逆时针旋转 $90°$ 可得 I'（-2, 3），故选 A。

例 4　跳台滑雪是冬季奥运会比赛项目之一，运动员起跳后的飞行路线可以看作是抛物线的一部分，运动员起跳后的竖直高度 y（单位：m）与水平距离

x（单位：m）近似满足函数关系 $y = ax^2 + bx + c$（$a \neq 0$）. 如图 1-5 记录了某运动员起跳后的 x 与 y 的三组数据，根据上述函数模型和数据，可推断出该运动员起跳后飞行到最高点时，水平距离为（　　）

A. 10m　　　　　B. 15m　　　　　C. 20m　　　　　D. 22.5m

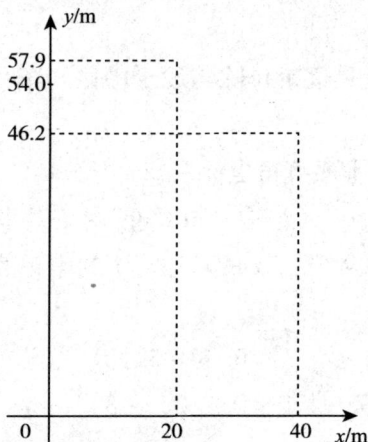

图 1-5

【思维方法导引】

已知三个点的坐标，可以求出过这三点的抛物线解析式，但由于所给的数据很难进行计算，所以建议不用求出过这三个点的抛物线解析式，而采用排除法，可根据对称轴的大致位置找到最符合要求的答案。

【解答】

首先，根据已知三点的坐标可以大致绘出过这三点的抛物线，显然，$x = 20$ 不是对称轴，所以（20，57.9）不是最高点，故排除 C，从绘出的图像可以看出对称轴与 x 轴的交点应当介于 0～20 之间，故排除了 D. 再者，（0，54）与（20，57.9）这两点不在同一水平线上. 因此，直线 $x = 10$ 不是对称轴，所以排除了 A，故选 B.

三、特殊值法（特殊位置法）

特殊值法就是将已知条件中的字母代入符合要求的特殊数值，通过计算，再将四个选项中不符合条件的选项排除，如果不能一次得出结论，再换另一组符合要求的特殊数值继续排除其余不符合条件的选项。

特殊位置法就是根据题中所给的条件，在图形中找到符合条件的特殊位置的点或线段，代入题中可计算出正确的结果。一次不能得出正确的答案，则找到第二个特殊位置的点继续计算，直到得出正确的结果。它往往应用在位置不确定的运动类或操作类习题中。

例5　将代数式 $-a\sqrt{-\dfrac{1}{a}}$ 中根号外面的因式移到根号内的结果是（　　　）

A. $\sqrt{-a}$ 　　　　B. $\sqrt{a}$ 　　　　C. $-\sqrt{a}$ 　　　　D. $-\sqrt{-a}$

【思维方法导引】

当要计算一个含有字母的代数式的值，而这道题又是多选一的选择题时，可以采用特殊值法，即代入一个符合条件的 a 的值，计算出这个代数式的值，同时计算出四个选项的值，进行比对。如果只有一个正确，即为这个选项。如果有两个选项正确，则进行第二次代入。代入时的数据应当在已知条件要求的范围内，但与前一个代入的数据有较大的区别。

【解答】

根据被开方数的值应为正数可知，$a<0$，因此选择 $a=-1$ 代入可知，$-a\sqrt{-\dfrac{1}{a}}=1$，而四个选项的结果是 B 与 C 无意义；D 的结果为 -1，A 的结果为 1，故选 A.

例6　如图 $1-6$，⊙O 的直径 $AB=10$，CD 是圆内一条运动的弦，且 $CD=8$，若 A、B 两点到 CD 的距离分别为 h_1 与 h_2，则 $|h_1-h_2|=$（　　　）

A. 4 　　　　　　　　　　B. 5

C. 6 　　　　　　　　　　D. $3\sqrt{2}$

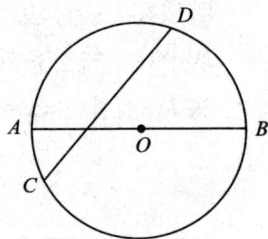

图 $1-6$

【思维方法导引】

这道题如果采用直接法进行计算，是可以解答，但过程比较复杂，特别是解答一道分值不高的选择题时，采用直接法解答，性价比不高。因此，当图形中出现运动的点或线段时，但每一个要计算的值不是一个定值时，如题中的 h_1 与 h_2，但最终的结果是一个定值时，可以采用特殊位置法。即当 CD 运动到一个特殊位置时，就可计算出结果。如当 C 点与 A 点重合时，h_1 与 h_2 均为特殊值，或者当 CD 与 AB 垂直时，计算结果相同。如何判定结果是否是一个定值，可从所给的选项答案看出。如果四个选项都是一个定值，其结果无疑是一个定值。

【解答】

解法一：

当 C 点与 A 点重合时，如图 1 - 7，此时，$h_1 = 0$，$h_2 = BD = 6$，则 $|h_1 - h_2| = 6$. 故选 C.

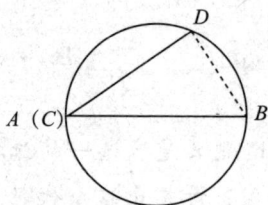 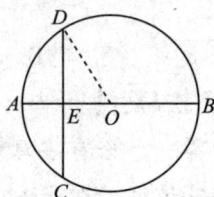

图 1 - 7　　　　　　　　　　　　图 1 - 8

解法二：

当 CD 与 AB 垂直时，连接 OD，如图 1 - 8，可计算出 $OE = 3$，$h_1 = AE = 2$，$h_2 = BE = 8$，则 $|h_1 - h_2| = 6$. 故选 C.

四、代入验证法

所谓代入验证法，就是将四个选项中的每一个值分别代入题干中所给的条件，从中找到符合条件的值。

例7　直线 $y = x + 1$ 与 $y = -2x + a$ 的交点在第一象限，则 a 的取值可以是（　　）

A. -1　　　　　　B. 0　　　　　　C. 1　　　　　　D. 2

【思维方法导引】

第一种解法，可以根据一次函数图像的特点，采用代入验证法，逐一代入四个选项中 a 的值，画出图形进行判断。第二种解法，采用直接法，利用两直线相交，说明由这两条直线的解析式组成的二元一次方程组有解，解出关于 x、y 的二元一次方程组，其中 a 为已知数，然后根据交点在第一象限，横坐标是正数，纵坐标是正数，列出不等式组求解即可。

【解答】

解法一：

① 当 $a = -1$ 时，$y = -2x + a$ 不经过第一象限，交点不可能在第一象限；

② 当 $a = 0$ 时，$y = -2x + a$ 是正比例函数，图像不经过第一象限；

③ 当 $a = 1$ 时，$y = -2x + a$ 的图像经过第一象限，与第一条直线交于 y 轴

的正半轴上，不在第一象限；故选 D.

解法二：

根据题意，两直线有交点，得 $\begin{cases} y = x + 1 \\ y = -2x + a \end{cases}$，解得 $\begin{cases} x = \dfrac{a-1}{2} \\ y = \dfrac{a+2}{3} \end{cases}$.

$\because$ 两直线的交点在第一象限，$\therefore \begin{cases} \dfrac{a-1}{3} > 0 \\ \dfrac{a+2}{3} > 0 \end{cases}$，解得 $a > 1$，故选 D.

例 8　我们把不相等的两个实数 a，b 中较大实数 a 记作 $\max\{a, b\} = a$，例如：$\max\{2, 3\} = 3$，$\max\{-1, -2\} = -1$，则关于 x 的方程 $\max\{x, 2x\} = 3x + 1$ 的解是（　　）

A. $x = -\dfrac{1}{2}$ 　　　　　　　　　　　　B. $x = -1$

C. $x_1 = -\dfrac{1}{2}$，$x_2 = -1$ 　　　　　　D. $x_1 = \dfrac{1}{2}$，$x_2 = 1$

【思维方法导引】

可以采用直接法解答，但要注意分类讨论，分 $x > 2x$ 与 $x < 2x$ 两种情况进行讨论，第二种解法是利用特殊值法，将四个选取项中 x 的值逐一代入，找出所有符合方程 $\max\{x, 2x\} = 3x + 1$ 的解。

【解答】

解法一：

若 $x > 2x$，则 $\max\{x, 2x\} = x$，方程可化为 $x = 3x + 1$，解得 $x = -\dfrac{1}{2}$.

若 $x < 2x$，则 $\max\{x, 2x\} = 2x$，方程可化为 $2x = 3x + 1$，解得 $x = -1$，与 $x < 2x$ 不符，舍去。故选 A.

解法二：

① 将 $x = -\dfrac{1}{2}$ 代入方程 $\max\{x, 2x\} = 3x + 1$，左边 $= -\dfrac{1}{2}$，右边 $= -\dfrac{1}{2}$，成立；

② 将 $x = -1$ 代入方程 $\max\{x, 2x\} = 3x + 1$，左边 $= -1$，右边 $= -2$，不成立，B 排除，C 也排除；

③ 将 $x_1 = \dfrac{1}{2}$，$x_2 = 1$ 分别代入也不成立，D 也排除。故选 A.

五、操作验证法

所谓操作验证法，就是当题中所给的情景不容易想象，或者想象力不足以还原题中所给场景时，可以采用实物操作当场进行演示，从中找到符合要求的选项。

例9 如图1-9，贤贤同学用手工纸制作一个台灯灯罩，做好后发现上口太小了，于是他把纸灯罩对齐后压扁，剪去上面一截后，正好合适。以下裁剪示意图中，正确的是（ ）

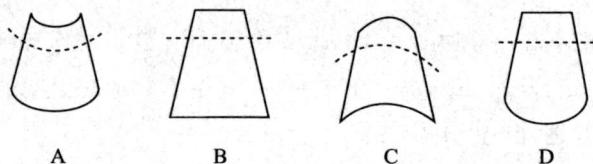

A   B   C   D

图1-9

【思维方法导引】

当我们按题中所给的步骤进行想象操作后，依旧选不出正确答案时，可以在纸上画出四个选项中的每一个图，然后剪下，再看是否能围成一个圆台。

【解答】 A.

例10 将一张长与宽之比为 $\sqrt{3}:1$ 的矩形的各边中点顺次连接形成一个菱形（如图1-10），再将菱形绕它的中心旋转 $90°$（如图1-11），则矩形与菱形的重叠部分是一个六边形，这个八边形具有下列特征（ ）

A. 各个内角相等但各边不全相等

B. 各边相等但各内角不全相等

C. 各边相等，各个内角也相等

D. 各边不全相等，各个内角也不全相等

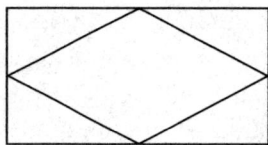

图1-10

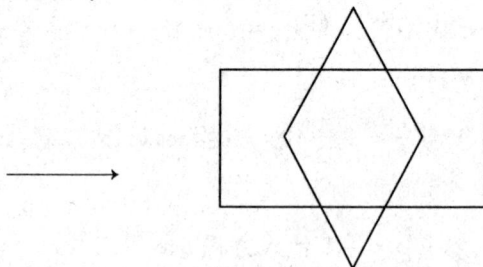

图1-11

【思维方法导引】

若采用直接法进行计算，要花费比较长的时间。当图形画得比较准确时，可以直接动手量一量这个六边形的各个角的度数与各条边的长度。

【解答】

解法一：

通过度量可知，这个六边形的各个内角均为120°，但水平方向的两条线段与其他四条线段的长度不相等，故选 A.

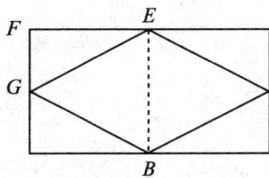

图 1 - 12

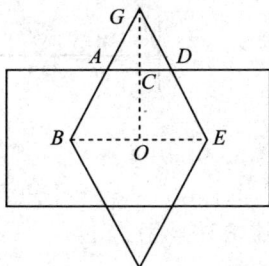

图 1 - 13

解法二：

由矩形的长与宽之比为$\sqrt{3}$：1 可得如图 1 - 12 中的∠$FEG = 30°$，则菱形的四个内角中的钝角为120°，将菱形旋转后得到的两个三角形均为等边三角形，且图中的六边形的 6 个内角均为120°. 假设该六边形是正六边形，则 $AD = AB = AG$（如图 1 - 13，设其长为 k），连接 BE，△GBE 也是等边三角形。过 G 点作 $GO \perp BE$ 于点 O，交 AD 于点 C，则 $BE = BG = 2k$，$OG = \sqrt{3}k$，△$GAD \backsim △GBE$，相似比为 1：2，∴$GC = OC = \dfrac{1}{2}OG = \dfrac{\sqrt{3}}{2}k$，而 OC 与如图 1 - 12 中的 FG 相等，$FG = \dfrac{1}{2}BE = k$，则 $OC = k$，与 $OC = \dfrac{\sqrt{3}}{2}k$ 相矛盾，所以六边形的边长不相等。故选 A.

六、作图法

所谓作图法，就是当题中没有图形，或所给的图形不完整，或图形会给人误导时，可以完善作图，通过完整的图形来完成解答。当题中没有图形，或所给的图形不完整时，我们将图形补充完整，当图形会给人误导时，要重新进行画图。

例 11　父子俩在 50 米泳道中进行了一场 400 米的游泳比赛，两人同时同岸出发，父亲的速度是儿子速度的 1.5 倍，父亲游泳时离出发点的距离（s）与游泳时间（t）之间的函数图像如图 1-14，通过绘制儿子游泳时离出发点的距离（s）与游泳时间（t）之间的函数图像就可以知道在整个比赛过程中，他们在泳池中一共相会（　　）（不含出发时的相会）

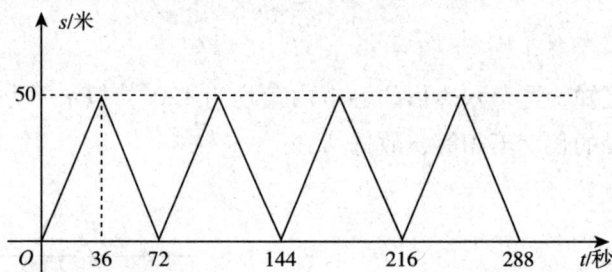

图 1-14

A. 5 次　　　　　　B. 6 次　　　　　　C. 7 次　　　　　　D. 8 次

【思维方法导引】

根据题中的提示，可以通过绘制儿子游泳时离出发点的距离（s）与游泳时间（t）之间的函数图像，其中两个人游泳时 s 与 t 之间函数图像的交点个数就是他们在泳池相会的次数。

【解答】

父亲的速度是儿子速度的 1.5 倍，因此同样游 50 米，父亲需要 36 秒，而儿子则要 54 秒，在平面直角坐标系中画出儿子游泳的图像，如图 1-15，从图像中可以看出父子俩在泳池中相会 6 次。故选 B.

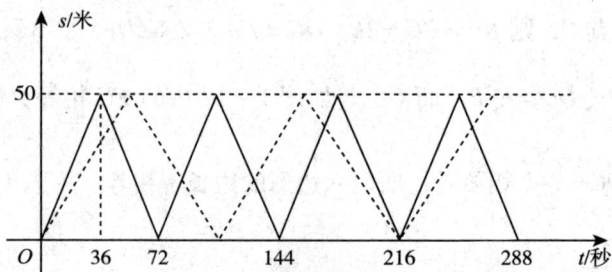

图 1-15

例 12　（原创题）如图 1-16，在 △ABC 中，BD 平分 ∠ABC，CD 平分 ∠ACE，则下列说法正确的是（　　）

A. △ABD 是等腰三角形　　　　　　B. 四边形 ABCD 是平行四边形

C. ∠BAC = 2∠BDC　　　　　　　　D. △AOB 与 △COD 全等

10

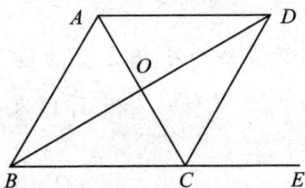

图 1 – 16

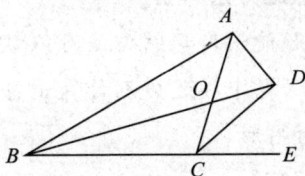

图 1 – 17

【思维方法导引】

从所给的图形来看，四个选项都是正确的，主要原因是题中所给的△ABC看起来像一个等边三角形，但如果改成一般三角形，再根据题意画出的图形，就能正确判断结论了。

【解答】

重新将△ABC画成如图 1 – 17 中的一般三角形，就能明显看出 A、B、D 三项都是错误的。故选 C.

七、数形结合法

所谓数形结合法，就是对题中所给的图形或根据题意的描述画出来的图形中的几何元素赋以相应的数值，再计算出自己需要的数据。这是将数值与图形相结合起来考虑的一种数学思想方法。

例 13 如图 1 – 18，在正方形网格中，每个小正方形的边长均相等。网格中三个多边形（分别标记为①，②，③）的顶点均在格点上。被一个多边形覆盖的网格线中，竖直部分线段长度之和记为 m，水平部分线段长度之和记为 n，则这三个多边形中满足 $m = n$ 的是（　　　）

A. 只有②　　　　B. 只有③　　　　C. ②③　　　　D. ①②③

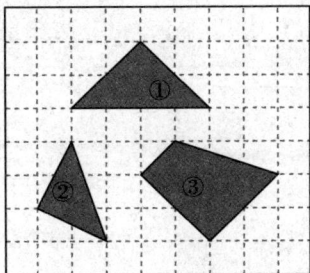

图 1 – 18

【思维方法导引】

此题使用数形结合法可以做到快速、高效，假设每个小正方形的边长为 1，然后根据题中描述分别计算出每个多边形内的 m 与 n 的值，从中可以发现满足 $m = n$ 的图形。

【解答】

通过图中信息可知，图①中，$m = 4$，$n = 6$，图②中，$m = 2.5$，$n = 2.5$，图③中 $m = 6$，$n = 6$. 故选 C.

例 14 已知二次函数 $y = ax^2 + bx + c$ $(a \neq 0)$ 与 x 轴交于 $(x_1, 0)$ 与 $(x_2, 0)$，其中 $x_1 < x_2$，方程 $ax^2 + bx + c - a = 0$ 的两根分别为 m，n $(m < n)$，则下列判断正确的是（　　）

A. $m < x_1 < x_2 < n$ 　　　　　　　　B. $x_1 < m < n < x_2$

C. $x_1 + x_2 < m + n$ 　　　　　　　　D. $m + n < x_1 + x_2$

【思维方法导引】

根据题中所描述的情景可以画出一个抛物线，在坐标轴上找到 $(x_1, 0)$ 与 $(x_2, 0)$ 两点，而方程 $ax^2 + bx + c - a = 0$ 的两根可看作是函数 $y = ax^2 + bx + c$ $(a \neq 0)$ 与直线 $y = a$ 的交点的横坐标，从所画的图形中可以看出这四个数的大小关系。注意分 $a > 0$ 与 $a < 0$ 两种情况进行讨论。

【解答】

如图 1-19 是当 $a > 0$ 时，函数 $y = ax^2 + bx + c$ $(a \neq 0)$ 与直线 $y = a$ 的图像，从图中可以看出 $m < x_1 < x_2 < n$，$x_1 + x_2 = m + n = -\dfrac{b}{a}$，而如图 1-20 是当 $a < 0$ 时，函数 $y = ax^2 + bx + c$ $(a \neq 0)$ 与直线 $y = a$ 的图像，从图中可以看出依然有 $m < x_1 < x_2 < n$，$x_1 + x_2 = m + n = -\dfrac{b}{a}$. 故选 A.

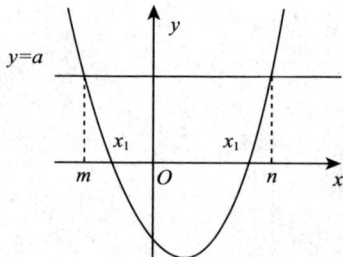

图 1-19

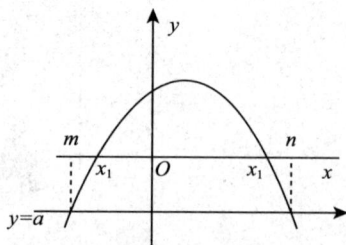

图 1-20

例15　四个全等的直角三角形按如图 1－21 的方式围成正方形 *ABCD*，过各较长直角边的中点作垂线，围成面积为 *S* 的小正方形 *EFGH*. 已知 *AM* 为 Rt△*ABM* 的较长直角边，$AM = 2\sqrt{2}EF$，则正方形 *ABCD* 的面积为（　　）

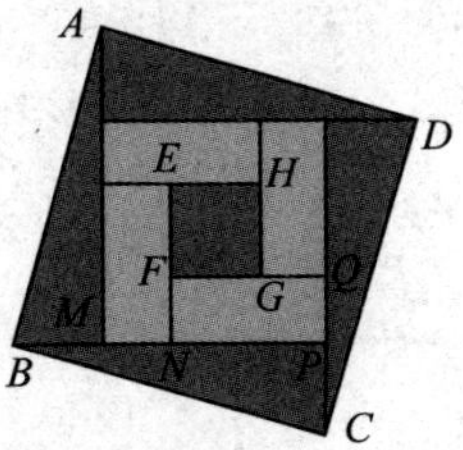

A. 12*S*　　　　　　　　　　　　B. 10*S*

C. 9*S*　　　　　　　　　　　　D. 8*S*

图 1－21

【思维方法导引】

这个图与证明勾股定理时所用的赵爽弦图相近，但如果按这个思路进行思考，可能就会陷入僵局．本题可采用特殊值法与数形结合法相结合的方法进行，比如先给小正方形的边长 *EF* 赋予一个特殊值，假设为1，再利用数形结合的方法，可相继计算出图形中的线段 *AM*、*NP*、*BN*、*PM*、*BM* 的长度，再运用勾股定理计算出 *AB* 的长，就可得出正方形 *ABCD* 的面积是小正方形 *EFGH* 的多少倍。

【解答】

设 $EF = 1$，则 $AM = 2\sqrt{2}$，$NB = \sqrt{2}$，$MN = GQ = FQ - FG = \sqrt{2} - 1$，所以 $BM = BN - MN = 1$，所以 $AB^2 = BM^2 + AM^2 = 1 + 8 = 9$，所以正方形 *ABCD* 的面积等于 9，是正方形 *EFGH* 面积的 9 倍，故选 C.

八、等价转化法

所谓等价转化法，是将未知的问题转化为已经学过的知识来进行解决，是将复杂的、不熟悉的问题转化到简单的、熟悉的知识范围内进行求解，这是一种重要的数学思想方法。常见的等价转化方式有：将代数问题用几何的方法解决；将几何问题用坐标的方式解决；将原问题转化为易于解决的等价命题。

例16　已知 *a*、*b* 均为正数，且 $a + b = 4$，则 $\sqrt{a^2 + 4} + \sqrt{b^2 + 1}$ 的最小值是（　　）

A. 4　　　　　　B. $1 + 2\sqrt{5}$　　　　　　C. $\sqrt{5} + 2\sqrt{2}$　　　　　　D. 5

【思维方法导引】

若用字母 *a* 表示字母 *b*，然后代入 $\sqrt{a^2 + 4} + \sqrt{b^2 + 1}$，计算起来相当麻烦，近似无解。但如果将代数问题转化为几何图形求解，问题解决起来就简单得多。但转化成什么样的图形就要根据题中的条件进行操作，题中要求的是 $\sqrt{a^2 + 4} + \sqrt{b^2 + 1}$ 的最小值，其中 $a^2 + 4$ 与 $b^2 + 1$ 都是两个数的平方和，由此会想到勾股定理，想到构造直角三角形，而 $a+b=4$ 可以看成在同一条直线上的两条线段，它们的长度之和为4。构造的图形如图 $1-22$，其中 $AB=a$，$BC=b$，$AD=2$，$CE=1$，$\angle A=\angle C=90°$，由此可知，$DB+BE=\sqrt{a^2+4}+\sqrt{b^2+1}$，求 $\sqrt{a^2+4}+\sqrt{b^2+1}$ 的最小值就是求 $DB+BE$ 的最小值。

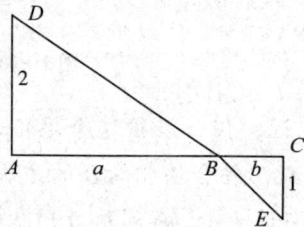

图 $1-22$

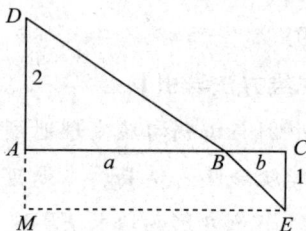

图 $1-23$

【解答】

将计算 $\sqrt{a^2+4}+\sqrt{b^2+1}$ 的最小值转化为求如图 $1-22$ 中 $DB+BE$ 的最小值。如图 $1-23$，当 D、B、E 三点在同一条直线上时，DE 的长就是 $DB+BE$ 的最小值，即 $\sqrt{a^2+4}+\sqrt{b^2+1}$ 的最小值。在图 $1-23$ 中，过 E 作 $EM//AC$ 交 DA 的延长线于 M，则 $DM=3$，$ME=AC=4$，则 $DE=5$，所以 $\sqrt{a^2+4}+\sqrt{b^2+1}$ 的最小值就是5，故选 D.

例17 如图 $1-24$，已知点 A，B 分别在反比例函数 $y=\dfrac{1}{x}$ $(x>0)$，$y=-\dfrac{4}{x}$ $(x>0)$ 的图像上，且 $OA\perp OB$，则 $\dfrac{OB}{OA}$ 的值为（　　）

A. $\sqrt{2}$　　　　　　　　　B. 2

C. $\sqrt{3}$　　　　　　　　　D. 4

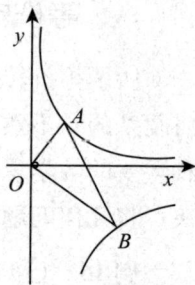

图 $1-24$

【思维方法导引】

一般的思路是设 A 点的坐标为 $\left(x,\dfrac{1}{x}\right)$，分别过 A、B 两点作 y 轴的垂线，利用两个三角形相似求出 B 点的坐标，但从题目所给的数据看来，B 点的坐标并不好求。如果换一种思路，依然是分别过 A、B 两点作 y 轴的垂线，垂足分别是 C、D 两点，则 $\triangle OAC \backsim \triangle BOD$，想求 $\dfrac{OB}{OA}$ 的值，也就是求这两个三角形的相似比，可以转化为求两个相似三角形的面积比。由于 A、B 两点分别在不同的

反比例函数图像上，而这样的三角形的面积为 $\dfrac{|k|}{2}$（k 为反比例系数）。

也可采用特殊位置法，当 OA 与 OB 分别是第一象限与第四象限的平分线时，$OA \perp OB$，此时只要分别求出 A、B 两点的坐标，进而可求 OA、OB 的值，从而得出 $\dfrac{OB}{OA}$ 的值。

【解答】

方法一：

分别过 A、B 两点作 y 轴的垂线，垂足分别是 C、D 两点，则 $\triangle OAC \backsim \triangle BOD$，由于 $S_{\triangle OAC} = \dfrac{1}{2}$，$S_{\triangle BOD} = \dfrac{4}{2} = 2$，所以 $\dfrac{S_{\triangle BOD}}{S_{\triangle OAC}} = \dfrac{2}{0.5} = 4$，所以 $\dfrac{OB}{OA}$ 的值为 2.

方法二：

当 OA 与 OB 分别是第一象限与第四象限的平分线时，A（1，1）、B（2，−2），则 $OA = \sqrt{2}$，$OB = 2\sqrt{2}$，$\dfrac{OB}{OA} = 2$. 故选 B.

例 18　如图 1−25，在 Rt$\triangle ABC$ 中，$\angle ACB = 90°$，$AC = BC = 1$. 将 Rt$\triangle ABC$ 绕 A 点逆时针旋转 30° 后得到 Rt$\triangle ADE$，点 B 经过的路径为 $\overset{\frown}{BD}$，则图中阴影部分的面积是（　　）

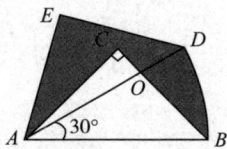

A. $\dfrac{\pi}{6}$　　　　　　　　　　B. $\dfrac{\pi}{3}$

C. $\dfrac{\pi}{2} - \dfrac{1}{2}$　　　　　　　　D. $\dfrac{1}{2}$

图 1−25

【思维方法导引】

阴影部分并不是一个规则图形，也不可能将它进行分割计算，但如果试着将等腰 Rt$\triangle AED$ 中的空白处 $\triangle AOC$ 补起来，也许能解。显然，由于扇形 ABD 中的阴影部分含有弧线，它的面积含有 π，与 $\triangle AOC$ 的面积不太可能相等，但如果将 BD 连接起来，将这个阴影 BOD 分成两个部分，一个是三角形，一个是弓形，其中的三角形部分的面积能否与 $\triangle AOC$ 的面积相等？若相等，就可将整个图形阴影部分的面积转化成等腰直角 $\triangle AED$ 的面积 + 弓形 BD 的面积，而 $S_{\triangle ABD} = S_{\triangle ABC} = S_{\triangle AED}$，所以求阴影部分的面积就可以转化为求扇形 ABD 的面积。

【解答】

如图 1 - 26，分别过 C、D 两点作 AB 的垂线，垂足分别是 F、G，易得 $CF = DG = \dfrac{1}{2}AB$，连接 BD，所以 $S_{\triangle ABC} = S_{\triangle ABD}$，所以 $S_{\triangle AOC} = S_{\triangle BOD}$，所以 $S_{阴} = S_{\triangle AED} + S_{弓BD}$，由于 $S_{\triangle ABC} = S_{\triangle ABD}$，所以 $S_{\triangle AED} = S_{\triangle ABD}$，可以得出 $S_{阴} = S_{扇 ABD} = \dfrac{\pi}{6}$，故选 A.

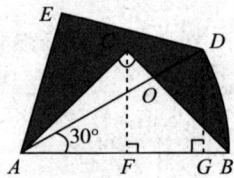

图 1 - 26

总之，当我们用常规的方法解答选择题或填空题陷入困局时，不妨换一下思路，试着运用数学的一些思想方法，如数形结合，转化思想去解答，也许会收到意想不到的奇效。

　　填空多解题是江西省2013年中考试题开始创设的一类独创性题型，一直作为压轴题放在填空题的最后一个，主要考查分类讨论和数形结合思想方法的运用。分类讨论思想是指在解决一个问题时，无法用同一种方法去解决，而需要一个标准将问题划分成几个能用不同形式去解决的小问题，将这些小问题一一加以解决，从而使问题得到解决。分类讨论的一般步骤包括：明确分类对象—明确分类标准—逐类分析得到阶段结果—检验筛选结果—归纳作出结论。分类讨论思想对学生在数学基本概念的准确掌握、数学语言描述的严谨态度、数学图形变换的科学认知都有较高的要求，而江西省的多解填空题多以几何背景为主，所以大多情况下会涉及数形结合思想的考查，无形之中又提升了该类问题的考查难度。如何对问题进行科学分析，正确分类，完善逻辑推理、计算，综合检验得出正确结论呢？这需要我们在日常学习的基础上，做好数学知识积累，特别是概念内涵的准确把握和不确认因素（条件）的宏观掌控。下面，本文着重就初中涉及的分类讨论热点和典型例题进行分析阐述。

一、分类讨论热点情境

1. 与数与式有关的分类讨论

热点1：

实数分类、绝对值、算术平方根代数式变形中如果有绝对值、平方时，需考虑正负两种可能。如 $x^2 = a$（$a \geq 0$）时，$x = \pm\sqrt{a}$；$|x| = a$（$a \geq 0$）时，$x = \pm a$ 等。

热点2：

与函数及图像有关的分类讨论：变量取值范围、增减性函数题目中如果说函数图像与坐标轴有交点，那么一定要讨论这个交点是和哪一个坐标轴的哪一半轴的交点。

由动点问题引出的函数关系，当运动方式改变后，如从一条线段移动到另一条线段时，所写的函数应该进行分段讨论。

2. 三角形中的分类讨论

热点1：

与等腰三角形有关的分类讨论：在等腰三角形中，无论是在边还是顶角、底角不确定的情况下，要分情况求解，有时要分钝角三角形、直角三角形、锐角三角形分别讨论解决。

（1）与角有关的分类讨论。

按顶角和底角分类讨论。

（2）与边有关的分类讨论。

按腰与底边分类讨论，特别注意三边是否能构成三角形。

（3）与高有关的分类讨论。

按高的具体位置进行分类讨论，如：钝角三角形钝角边上的高在三角形的外部；直角三角形直角边上的高为另一条直角边；其他情况的高在三角形的内部。

热点2：

与直角三角形有关的分类讨论：在直角三角形中，如果没有指明哪条边是直角边、斜边，这需要根据实际情况讨论；在不知哪个角是直角时，有关角的问题也需要先讨论后求解。

根据图形的特殊性质，找准讨论对象，逐一解决。在探讨等腰或直角三角形存在时，一定要按照一定的原则，不要遗漏，最后综合。

热点3：

与全等三角形、相似三角形有关的分类讨论。

（1）对应边不确定。

根据边的不同的对应关系分类讨论。

（2）对应角不确定。

根据角的不同的对应关系分类讨论。

充分获取题目条件，尽可能地在三组边或三组角的对应关系中明确一组对应，从而降低分类讨论的不确定性，化解难度。

3. 圆中的分类讨论

热点1：

点与圆的位置关系不确定。

按点在圆内、圆上、圆外三种情况分类讨论。

热点2：

弦所对弧的优劣情况的不确定而分类讨论。

弦所对的弧有两条，除直径外，可分优弧和劣弧两种。故而弦所对的圆周角也有两种情况：弦所对的圆周角的顶点在优弧上；弦所对的圆周角的顶点在劣弧上；而此两种圆周角的和，恰为180度。

热点3：

两弦与直径位置。

两弦可出现在直径的同侧和异侧。

热点4：

直线与圆的位置的不确定。

按直线与圆相交、相切、相离三种情况分类讨论。

在讨论相切时，也可按位置不同进行分类讨论。

由于考试题目千变万化，上面所列的项目不一定全面，所以还需要学生在平时做题的时候多多积累。

二、典型例题赏析

类型1：未知数的取值不确定

例1 定义运算：当 $a > b$ 时，$a ※ b = a - b$；当 $a < b$ 时，$a ※ b = b - a$. 例如：$5 ※ 2 = 5 - 2 = 3$，$5 ※ 7 = 7 - 5 = 2$. 若 $(x^2 - 2x) ※ (x - 2) = x - 8$，则 x 的值为＿＿＿＿＿.

【思维方法导引】

该题的入手相对简单，根据 $x^2 - 2x$ 和 $x - 2$ 大小关系进行分类讨论即可。

【解答】

当 $x^2 - 2x > x - 2$ 时，可得 $(x^2 - 2x) - (x - 2) = x - 8$，整理得 $x^2 - 4x + 10 = 0$，$\Delta = 16 - 40 < 0$，该方程无解。

当 $x^2 - 2x < x - 2$ 时，可得 $(x - 2) - (x^2 - 2x) = x - 8$，整理得 $x^2 - 2x - 6 = 0$，解得 $x = 1 \pm \sqrt{7}$. 因为 $x - 8 > 0$，所以，x 无解。

例2 若抛物线 $y = -\dfrac{1}{2}x^2 - kx + k + \dfrac{1}{2}$ 与坐标轴只有两个交点，则 k 的值为

＿＿＿＿＿.

【思维方法导引】

关键字眼"与坐标轴只有两个交点",而不是我们在学习中经常遇到的"与 x 轴有两个交点",冷静思考容易得出事实——抛物线与 y 轴有且只有一个交点,那就意味着另一个交点是与 x 轴的相交所得。然而,情境的特殊性在于原点既属于 x 轴,也属于 y 轴,故而我们分析两种情况讨论:第一种情况应与 x 轴有一个交点,y 轴一个交点(非原点),让根的判别式等于 0 列式求值;第二种情况与 y 轴交于(0,0),让二次函数的常数项为 0 列式求值即可。

【解答】

① 当抛物线与 x 轴一个交点,y 轴一个交点(非原点)时,$b^2 - 4ac = 0$,$k^2 + 2(k + 0.5) = 0$,解得 $k = -1$;

② 与 y 轴交于(0,0)时,$k + \dfrac{1}{2} = 0$,解得 $k = -\dfrac{1}{2}$,$\therefore k$ 的值为 -1 或 $-\dfrac{1}{2}$.

类型 2:图形的位置不确定(点的位置不确定、图形变换)

例 3 在正方形 $ABCD$ 中,如图 2-1,$AB = 6$,连接 AC,BD,P 是正方形边上或对角线上一点,若 $PD = 2AP$,则 AP 的长为_____.

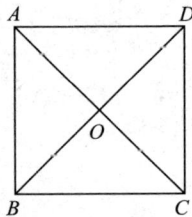

图 2-1

【思维方法导引】

该题中,点 P 位置不确定,条件中提到 P 是正方形边上或对角线上一点,那意味着点 P 可能出现在正方形的四条边或两条对角线上,是否需要分 6 种情况进行分类讨论呢?仔细思考,会发现 $PD = 2AP$,由点 P 到 A、D 两点的距离关系,可以排除点 P 在 BC 边、CD 边和对角线 BD 上三种情况,在剩余的三种情况里,再借助正方形的性质和勾股定理求解。

【解答】

$\because$ 四边形 $ABCD$ 是正方形,$AB = 6$,

∴ $AC \perp BD$, $AC = BD$, $OB = OA = OC = OD$, $AB = BC = AD = CD = 6$, $\angle ABC = \angle DAB = 90°$,

在 Rt$\triangle ABC$ 中，由勾股定理得：

$$AC = \sqrt{AB^2 + BC^2} = \sqrt{6^2 + 6^2} = 6\sqrt{2}.$$

∴ $OA = OB = OC = OD = 3\sqrt{2}.$

有三种情况：

① 点 P 在 AD 上时，如图 2 – 2，∵ $AD = 6$，$PD = 2AP$，∴ $AP = 2$；

② 点 P 在 AC 上时，如图 2 – 3，设 $AP = x$，则 $DP = 2x$，在 Rt$\triangle DPO$ 中，由勾股定理得：$DP^2 = DO^2 + OP^2$，$(2x)^2 = (3\sqrt{2})^2 + (3\sqrt{2} - x)^2$，解得：$x = \sqrt{14} - \sqrt{2}$（负数根已舍去），即 $AP = \sqrt{14} - \sqrt{2}$；

③ 点 P 在 AB 上时，如图 2 – 4，设 $AP = y$，则 $DP = 2y$，在 Rt$\triangle APD$ 中，由勾股定理得：$AP^2 + AD^2 = DP^2$，$y^2 + 6^2 = (2y)^2$，解得：$y = 2\sqrt{3}$（负数根已舍去），即 $AP = 2\sqrt{3}$；综上答案为：2 或 $2\sqrt{3}$ 或 $\sqrt{14} - \sqrt{2}$.

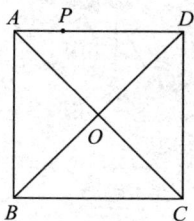 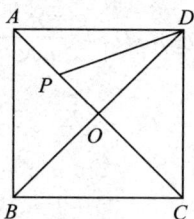 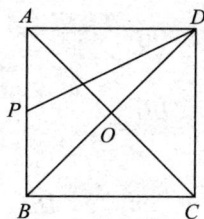

图 2 – 2 　　　　　　　　 图 2 – 3 　　　　　　　　 图 2 – 4

例 4　对于一个矩形 $ABCD$ 及 ⊙M 给出如下定义：在同一平面内，如果矩形 $ABCD$ 的四个顶点到 ⊙M 上一点的距离相等，那么称这个矩形 $ABCD$ 是 ⊙M 的"伴侣矩形"。如图 2 – 5，在平面直角坐标系 xOy 中，直线 l：$y = \sqrt{3}x - 3$ 交 x 轴于点 M，⊙M 的半径为 2，矩形 $ABCD$ 沿直线运动（BD 在直线 l 上），$BD = 2$，AB//y 轴，当矩形 $ABCD$ 是 ⊙M 的"伴侣矩形"时，点 C 的坐标为＿＿＿＿＿．

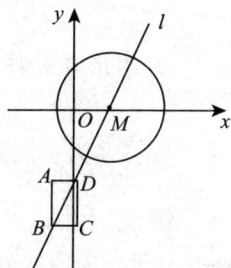

图 2 – 5

【思维方法导引】

这是一道几何新定义习题，首先需要对定义本身有充分的理解，这将成为解题的第一道门槛。根据"伴侣矩形"的定义，做出关键判断：圆上的点一定在矩形的对角线交点上，因为只有对角线交点到四个顶点的距离相等。矩形 *ABCD* 沿直线运动，可转化为对角线 *BD* 沿直线运动，动态地分析问题，当 *BD* 的中点即矩形对角形的交点在 ⊙*M* 上时符合"伴侣矩形"定义。随着平移位置的变化，很快可画出符合条件的矩形两个，即对角线的交点为直线 *l* 和 ⊙*M* 的交点。最后借助相似三角形的性质分类讨论计算得出结果。该题对学生的综合能力要求较高，一定要注意将所学知识贯穿起来。

【解答】

如图 2-6 所示，矩形在这两个位置时就是 ⊙*M* 的"伴侣矩形"，根据直线 *l*：$y = \sqrt{3}x - 3$ 得：$OM = \sqrt{3}$，$ON = 3$，由勾股定理得：$MN = \sqrt{(\sqrt{3})^2 + 3^2} = 2\sqrt{3}$，

① 矩形在轴下方时，分别过 *A*、*D* 作两轴的垂线 *AH*、*DG*，由 $\cos\angle ABD = \cos\angle ONM = \dfrac{ON}{MN} = \dfrac{AB}{BD}$，$\therefore \dfrac{3}{2\sqrt{3}} = \dfrac{AB}{2}$，$AB = \sqrt{3}$，则 $AD = 1$.

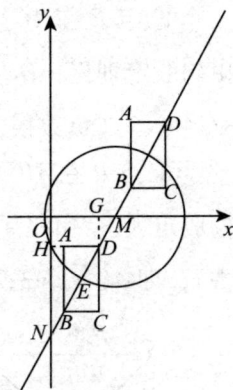

图 2-6

$\because DG // y$ 轴，$\therefore \triangle MDG \backsim \triangle MNO$，$\therefore \dfrac{DG}{ON} = \dfrac{DM}{MN}$

$\therefore \dfrac{DG}{3} = \dfrac{2-1}{2\sqrt{3}}$，$\therefore DG = \dfrac{\sqrt{3}}{2}$，$\therefore CG = \dfrac{\sqrt{3}}{2} + \sqrt{3} = \dfrac{3\sqrt{3}}{2}$，

同理可得：$\dfrac{DH}{OM} = \dfrac{DN}{MN}$，$\therefore \dfrac{DH}{\sqrt{3}} = \dfrac{2\sqrt{3}-1}{2\sqrt{3}}$，

$\therefore DH = \sqrt{3} - \dfrac{1}{2}$，$\therefore C\left(\sqrt{3} - \dfrac{1}{2}, -\dfrac{3\sqrt{3}}{2}\right)$；

② 矩形在 *x* 轴上方时，同理可得：$C\left(\sqrt{3} + \dfrac{3}{2}, \dfrac{\sqrt{3}}{2}\right)$；

故答案为：$\left(\sqrt{3} - \dfrac{1}{2}, -\dfrac{3\sqrt{3}}{2}\right)$ 或 $\left(\sqrt{3} + \dfrac{3}{2}, \dfrac{\sqrt{3}}{2}\right)$.

例5 如图 2-7，在 Rt△*ACB* 中，点 *C* 为直角顶点，∠*ABC* = 25°，点 *O* 为斜边中点，将 *OA* 绕着点 *O* 逆时针旋转 θ°（0 < θ < 180）至 *OP*，当 △*BCP* 恰为轴对称图形时，θ 的值为_____.

【思维方法导引】

从条件 △*BCP* 恰为轴对称图形入手，首先知识迁移，当三角形为等腰三角形时，恰为轴对称图形。这是典型的等腰三角形按边分情况讨论的习题。难点在于

"线段 OA 绕着点 O 逆时针旋转",也就是说我们需要根据不同情况画出符合条件的图形,最后借助图形推理、计算、求解。画图时,可以借助一些小技巧,如先固定画好 $\text{Rt}\triangle ACB$,然后用铅笔按逆时针旋转逐步尝试,抓住两个关键点:① 三种情况:$BC = BP$,$CB = CP$,$PB = PC$. ② $0 < \theta < 180$,即旋转从 OA 开始,到 OB 结束。

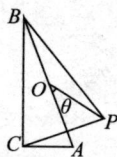

图 2-7

【解答】

$\because \triangle BCP$ 恰为轴对称图形,$\therefore \triangle BCP$ 是等腰三角形。

(1) 当 $BC = BP$ 时,如图 2-8,连接 AP,

$\because O$ 为斜边中点,$OP = OA$,$\therefore BO = OP = OA$,$\therefore \angle APB = 90°$.

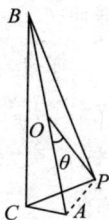

图 2-8

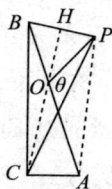

图 2-9

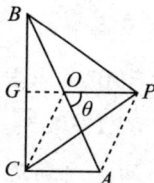

图 2-10

$\because BC = BP$,$\therefore \angle BCP = \angle BPC$,$\therefore \angle BCP + \angle ACP = \angle BPC + \angle APC = 90°$,

$\therefore \angle ACP = \angle APC$,$\therefore AC = AP$,$\therefore AB$ 垂直平分 PC,

$\therefore \angle ABP = \angle ABC = 25°$,$\therefore \theta = 2 \times 25° = 50°$;

(2) 当 $BC = PC$ 时,如图 2-9,连接 CO 并延长交 PB 于点 H,

$\because BC = CP$,$BO = PO$,$\therefore CH$ 垂直平分 PB,$\therefore \angle CHB = 90°$,

$\because OB = OC$,$\therefore \angle BCH = \angle ABC = 25°$,$\therefore \angle CBH = 65°$,$\angle OBH = 40°$,

$\therefore \theta = 2 \times 40° = 80°$;

(3) 当 $PB = PC$ 时,如图 2-10,连接 PO 并延长交 BC 于点 G,连接 OC,

$\because \angle ACB = 90°$,$O$ 为斜边中点,$\therefore OB = OC$,

$\therefore PG$ 垂直平分 BC,$\therefore \angle BGO = 90°$,$\because \angle ABC = 25°$,$\therefore \theta = \angle BOG = 65°$.

综上所述,当 $\triangle BCP$ 恰为轴对称图形时,θ 的值为 50° 或 65° 或 80°。

类型 3:图形的形状不确定

例 6 如图 2-11,在 $\triangle ABC$ 中,$AB = BC = 4$,$AO = BO$,P 是射线 CO 上的一个动点,$\angle AOC = 60°$,则当 $\triangle PAB$ 为直角三角形时,AP 的长为_____.

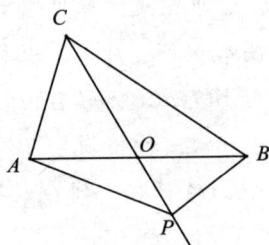

图 2－11

【思维方法导引】

△PAB 为直角三角形这个条件其实很含糊，它并没有明确哪个角是直角，这类习题属于图形形状不确定的分类讨论问题。解题中仅需分类将三个顶点作为直角顶点画出图形求解即可。需要关注的是：①三种情况不一定都存在，如：当 $\angle BAP=90°$，点 P 不在射线 CO 上，需含去；②每种情况不一定有唯一解，如：当 $\angle BPA=90°$，借助定理"直径所对的圆周角为 $90°$"画圆，交射线 CO 于两点，两点均满足题意，故这种情况有两个解。

【解答】

分三种情况讨论：

（1）当 $\angle APB=90°$，有两种情况：

① 如图 2－12，点 P 在线段 CO 上，$\because AO=BO$，$\angle APB=90°$，$\therefore PO=AO=BO=2$，又 $\angle AOC=60°$，$\therefore \triangle APO$ 是等边三角形，$\therefore AP=2$；

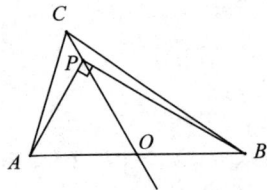

图 2－12

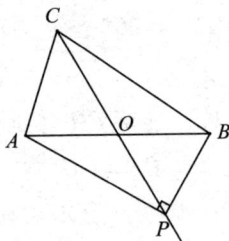

图 2－13

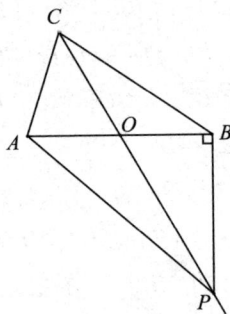

图 2－14

② 如图 2－13，点 P 在线段 CO 的延长线上，$\because AO=BO$，$\angle APB=90°$，$\therefore PO=AO=BO=2$，又 $\angle AOC=60°$，$\therefore \angle BAP=30°$，在 $Rt\triangle ABP$ 中，$AP=\cos30°\times4=2\sqrt{3}$.

（2）当 $\angle ABP = 90°$，如图 2 – 14，$\because BO = AO = 2$，$\angle BOP = \angle AOC = 60°$，$\therefore PB = 2\sqrt{3}$，$\therefore AP = \sqrt{4^2 + \left(2\sqrt{3}\right)^2} = 2\sqrt{7}$.

（3）当 $\angle BAP = 90°$，当 $\angle BAP = 90°$，点 P 不在射线 CO 上，舍去，$\therefore AP$ 的长为 2，$2\sqrt{3}$ 或 $2\sqrt{7}$.

例 7　如图 2 – 15，是一张长方形纸片 $ABCD$，已知 $AB = 8$，$AD = 7$，E 为 AB 上一点，$AE = 5$，现要剪下一张等腰三角形纸片（$\triangle AEP$），使点 P 落在长方形 $ABCD$ 的某一条边上，则等腰三角形 AEP 的底边长是 ＿＿＿＿＿＿.

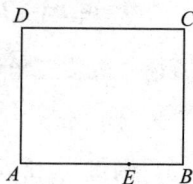

图 2 – 15

【思维方法导引】

等腰三角形分类讨论在江西省中考题中多次以多解题的类型出现，它的画图虽有一定难度，但也有规律可循，掌握分类画图方法，是高效解题、不遗不漏的关键。已知两定点，找第三点做等腰三角形的方法，不外乎做圆和做中垂线。如：当 $AP = AE$ 时，则以点 A 为圆心，AE 为半径画圆，与矩形的交点即为点 P；当 $EP = AE$ 时，则以点 E 为圆心，AE 为半径画圆，与矩形的交点即为点 P；当 $PA = PE$ 时，作 AE 的中垂线，与矩形的交点即为点 P。画好图形，再根据条件和图形性质求解即可。

【解答】

① 当 $AP = AE = 5$ 时，如图 2 – 16，

$\because \angle BAD = 90°$，$\therefore \triangle AEP$ 是等腰直角三角形，

$\therefore$ 底边 $PE = 5\sqrt{2}$；

② 当 $PE = AE = 5$ 时，如图 2 – 17，

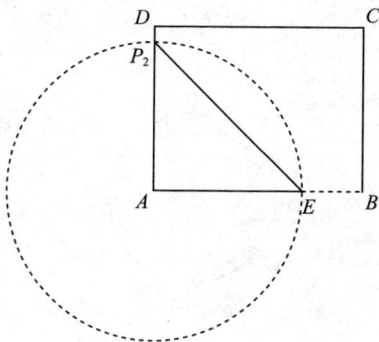

图 2 – 16

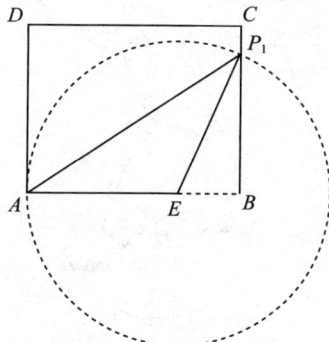

图 2 – 17

$\because BE = AB - AE = 8 - 5 = 3$，$\angle B = 90°$，$\therefore PB =$
$\sqrt{PE^2 - BE^2} = 4$.

$\therefore$ 底边 $AP = \sqrt{AB^2 + PE^2} = \sqrt{8^2 + 4^2} = 4\sqrt{5}$；

③ 当 $PA = PE$ 时，如图 $2-18$，底边 $AE = 5$. 综上所述，等腰三角形 AEP 的对边长为 $5\sqrt{2}$ 或 $4\sqrt{5}$ 或 5.

故答案为：$5\sqrt{2}$ 或 $4\sqrt{5}$ 或 5.

例 8 平面内有四个点 A、O、B、C，其中 $\angle AOB = 120°$，$\angle ACB = 60°$，$AO = BO = 2$，则满足题意的 OC 长度为整数的值可以是_____.

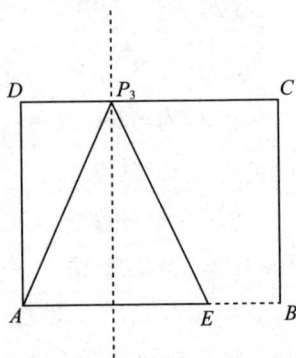

图 $2-18$

【思维方法导引】

该题并没有配图，根据条件画出图形成为首要解题障碍。由条件 $\angle AOB = 120°$，$\angle ACB = 60°$ 及 $AO = BO = 2$ 作出以下两种情况分析：

情况 1：因为 $\angle AOB = 2\angle ACB = 60°$，所以 $\angle AOB$ 和 $\angle ACB$ 分别为以点 O 为圆心 2 为半径的圆周上弧 AB 所对的圆心角和圆周角。

情况 2：因为 $\angle AOB + \angle ACB = 180°$，则四个点 A、O、B、C 共圆。待图形确定后，在不同的四边形中，利用垂径定理、等边 $\triangle MAO$ 的性质便可求出 OC 的长度。

【解答】

如图 $2-19$，$\because \angle AOB = 120°$，$\angle ACB = 60°$，$\therefore \angle ACB = \dfrac{1}{2}\angle AOB = 60°$，$\therefore$ 点 C 在以点 O 为圆心的圆上，且在优弧 AB 上 $\therefore OC = AO = BO = 2$；

如图 $2-20$，$\because \angle AOB = 120°$，$\angle ACB = 60°$，$\therefore \angle AOB + \angle ACB = 180°$，$\therefore$ 四个点 A、O、B、C 共圆。

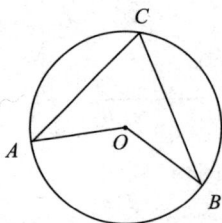

图 $2-19$

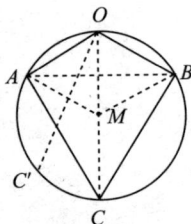

图 $2-20$

设这四点都在⊙M上，点C在优弧AB上运动，连接OM、AM、AB、MB.

∵∠$ACB = 60°$，∴∠$AMB = 2\angle ACB = 120°$.

∵$AO = BO = 2$，∴∠$AMO = \angle BMO = 60°$.

又∵$MA = MO$，∴△AMO的等边三角形，∴$MA = AO = 2$，

∴$MA < OC \leqslant 2MA$，即$2 < OC \leqslant 4$，∴OC可以取整数3和4.

综上所述，OC可以取整数2，3，4.

类型4：对应关系不确定

例9 已知点A（0，4），B（7，0），C（7，4），连接AC，BC得到矩形$AOBC$，点D在边AC上，将边OA沿OD折叠，点A的对应点为A'. 若点A'到矩形较长两对边的距离之比为1∶3，则点A'的坐标为_____.

【思维方法导引】

为了不给解题造成误区，大多分类讨论的习题往往只有文字描述，不给出几何图形。这给解题者带来了充分的平面图形想象空间，关键字眼的把握、图形位置的不确定性、对应关系的不确定性成为分类讨论展开的核心。该题较为显性的分类情境为，点A'到矩形较长两对边的距离之比为1∶3，这属于对应关系的不确定。画图过程中，不难发现另一个隐性的分类情境，即折叠后点A的对应边为A'的位置，它是在矩形内还是在矩形外呢？点A'位置会直接影响对应关系。因此，该题需要二级分类讨论、画图、求解。

【解答】

∵点A（0，4），B（7，0），C（7，4），∴$BC = OA = 4$，$OB = AC = 7$，分两种情况：

（1）当点A'在矩形$AOBC$的内部时，过A'作OB的垂线交OB于F，交AC于E，如图2-21所示：

① 当$A'E∶A'F = 1∶3$时，

∵$A'E + A'F = BC = 4$，∴$A'E = 1$，$A'F = 3$，

由折叠的性质得：$OA' = OA = 4$，在Rt△$OA'F$中，由勾股定理得：$OF = \sqrt{4^2 - 3^2} = \sqrt{7}$，∴$A'$（$\sqrt{7}$，3）；

② 当$A'E∶A'F = 3∶1$时，同理得：A'（$\sqrt{15}$，1）；

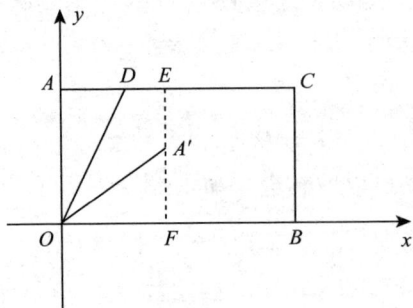

图 2 – 21

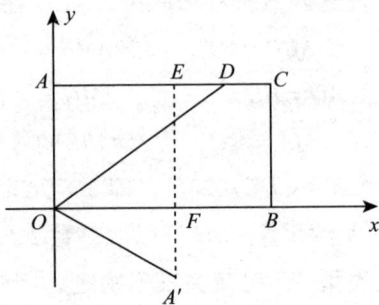

图 2 – 22

（2）当点 A' 在矩形 $AOBC$ 的外部时，此时点 A' 在第四象限，过 A' 作 OB 的垂线交 OB 于 F，交 AC 于 E，如图 2 – 22 所示：∵ $A'F : A'E = 1 : 3$，则 $A'F : EF = 1 : 2$，

∴ $A'F = \dfrac{1}{2}EF = \dfrac{1}{2}BC = 2$，由折叠的性质得：$OA' = OA = 4$，在 Rt $\triangle OA'F$ 中，由勾股定理得：$OF = \sqrt{4^2 - 2^2} = 2\sqrt{3}$，∴ A'（$2\sqrt{3}$，-2）.

故答案为：（$\sqrt{7}$，3）或（$\sqrt{15}$，1）或（$2\sqrt{3}$，-2）.

例 10 如图 2 – 23，在平面直角坐标系 xOy 中，$ABCO$ 的顶点 A，B 的坐标分别是 A（3，0），B（0，2）. 动点 P 在直线 $y = \dfrac{3}{2}x$ 上运动，以 P 为圆心，PB 长为半径的 ⊙P 随点 P 运动，当 ⊙P 与 $ABCO$ 的边相切时，P 点的坐标为 _____.

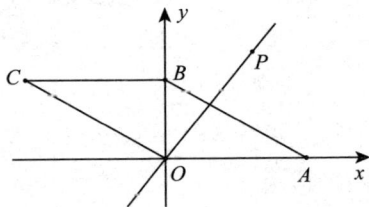

图 2 – 23

【思维方法导引】

⊙P 与 $ABCO$ 的边相切，即四边 $ABCO$ 的任何一条边与圆相切都需要考虑分析。由于 P 点是动点，故而半径 PB 的长度也在变化，两个动态量无疑提高了解答的难度。这需要我们把关注点更多地放在相切的性质上，即点 P 到切线的距离恰好等于 PB 的长度。值得一提的是，圆 P 与四条边分别相切的讨论不一定有解，需要推理判断。

【解答】

设 $P\left(x，\dfrac{3}{2}x\right)$，⊙$P$ 的半径为 r，依题意，$BC \perp y$ 轴，直线 OP 的解析式为

l_{OP}：$y = \dfrac{3}{2}x$，直线 OC 的解析式为 l_{OC}：$y = -\dfrac{2}{3}x$，

∴ 直线 $OP \perp OC$，当 ⊙P 与四边形 $ABCO$ 的边相切时，可分类讨论 ⊙P 与四边形 $ABCO$ 的每条边相切的情况：

（1）当 ⊙P 与 BC 相切时，∵ 动点 P 在直线 $y = \dfrac{3}{2}x$ 上运动，∴ 点 P 与点 O 重合，此时圆心 P 到 BC 的距离为 OB，∴ P 点的坐标为（0，0）．

（2）当 ⊙P 与 OC 相切时，如图 $2-24$. 则 $OP = BP$，$\triangle OBP$ 为等腰三角形，过点 P 作 $PE \perp y$ 轴于点 E，根据等腰三角形"三线合一"的性质可得，E 为 OB 的中点，此时，P 的坐标为 P（x，1），当 $y = 1$ 时，代入 l_{OP}：$y = \dfrac{3}{2}x$，得 $x = \dfrac{2}{3}$，即 P 点的坐标为 $\left(\dfrac{2}{3}, 1 \right)$.

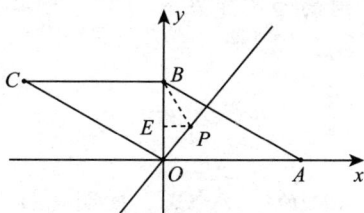

图 2 – 24

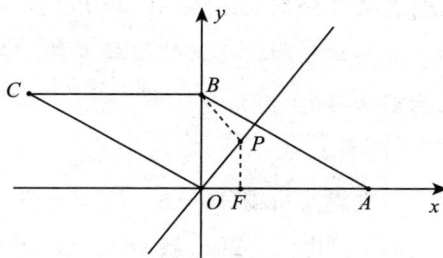

图 2 – 25

（3）当 ⊙P 与 OA 相切时，如图 $2-25$，则点 P 到点 B 的距离与点 P 到 x 轴的距离 PF 相等，根据勾股定理得，$PB = PF$，即 $\sqrt{(x-0)^2 + \left(\dfrac{3}{2}x - 2 \right)^2} = \dfrac{3}{2}x$，解得 $x_1 = 3 + \sqrt{5}$，$x_2 = 3 - \sqrt{5}$；

∵ $x_1 = 3 + \sqrt{5} > OA$，∴ P 不会与 OA 相切，

∴ $x_1 = 3 + \sqrt{5}$（舍）；

将 $x_2 = 3 - \sqrt{5}$ 代入直线方程，解得 P 点的坐标为 $\left(3 - \sqrt{5}, \dfrac{9 - 3\sqrt{5}}{2} \right)$.

（4）当 ⊙P 与 AB 相切时，如图 $2-26$，设线段 AB 与直线 OP 的交点为 G，此时有

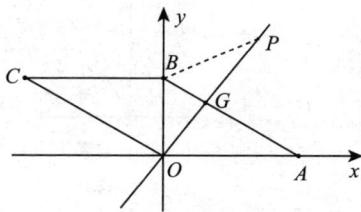

图 2 – 26

$PB = PG$,

又 $\because OP \perp AB$，$\therefore$ 在 Rt $\triangle PBG$ 中，$\angle BGP = \angle GBP = 90°$ 不成立，$\therefore$ 不存在 $\odot P$.

例 11 将两个全等的三角板如图 2 - 27 放置，已知 $\angle ODE = \angle ACB = 90°$，$\angle DOE = \angle B = 30°$，$AO = OB = 6$，将 $\triangle DOE$ 绕点 O 旋转，在旋转的过程中，OD，OE 与 $\triangle ABC$ 的边分别相交于点 F，G，当 $\triangle OFG$ 与 $\triangle ABC$ 相似时，CF 的长为_____.

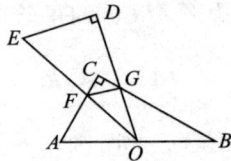

图 2 - 27

【思维方法导引】

两个三角形中若有两组角对应相等，就可以判断这两个三角形相似。由条件可知 $\angle DOE = \angle B = 30°$，只需要令 $\triangle FOG$ 中的另一个角等于 $\angle ACB = 90°$ 即可。在 $\triangle DOE$ 绕点 O 旋转过程中，可以是 $\angle FGO = 90°$ 或 $\angle GFO = 90°$，而这两种情况又可分别出现在 AC 和 BC 两条边上。因此，这又是一个二级分类讨论题。分类讨论加之几何的旋转变换，对平面几何的动态想象和作图能力提出了更高的要求。

【解答】

根据题意可得 $AC = 6$，$BC = 6\sqrt{3}$.

（1）如图 2 - 28，当 $OD \perp BC$ 于点 G 时，$\triangle OFG \backsim \triangle BAC$，此时可证 G 为 BC 的中点，$\therefore CG = 3\sqrt{3}$. 在 $\triangle OBG$ 中，可得 $OG = OB \cdot \sin 30° = 3$，在 $\triangle OFG$ 中，可得 $FG = OG \cdot \tan 30° = \sqrt{3}$，$\therefore CF = CG - FG = 2\sqrt{3}$.

（2）如图 2 - 29，当 $OE \perp BC$ 于点 F 时，$\triangle OFG \backsim \triangle BCA$，此时可证点 F 为 BC 的中点，$\therefore CF = 3\sqrt{3}$.

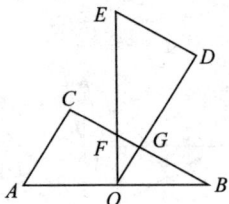

图 2 - 28

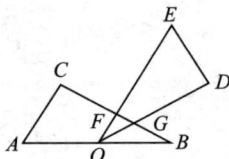

图 2 - 29

（3）如图 2 - 30，当 $OD \perp AC$ 于点 G 时，$\triangle OFG \backsim \triangle BAC$，此时可证点 F 与点 A 重合，$\therefore CF = AC = 6$.

（4）如图 2-31，当 $OE \perp AC$ 于点 F 时，$\triangle OFG \backsim \triangle BCA$，此时可证 G 与点 C 重合，且点 F 为 AC 的中点，$\therefore CF = \dfrac{1}{2} AC = 3$.

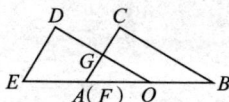

图 2-30

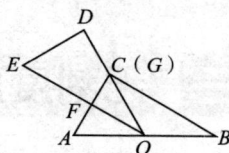

图 2-31

在实际解题过程中，有可能出现某些情况造成失分，这就有必要加以防范与规避。

（1）审题不清，没有很好地理解题目所给的关键条件，不能即时展开分类讨论。如，P 点在 AB 边所在的直线上运动，这时需要根据具体情境就 P 点的具体位置进行分类讨论。大多时候，位置不同，构图也会发生变化，求解方式也随之改变。

（2）不会作图，几何直观和动态想象能力较差，不能有效结合图形分类讨论。涉及几何知识点的分类讨论，大多需要自行画图，特别在面对图形变换（旋转、平移、轴对称）或动点问题时，难度更是升级。日常练习时要不断积累作图技巧，这个坎迈好了，解题才能事半功倍。

（3）条理不清，面对多个不确定条件的分类讨论，不能逐层分类推理。许多习题会存在二级分类讨论，需要考虑的层级较多，分类时，一方面要保证全面性，不能漏；另一方面要避免交叉点，不能重复。当然，还要学会取舍，不符合条件的情况要果断舍去。

无刻度直尺作图题

　　这类试题是近年来部分省市中考的一大特色，它不同于传统的尺规作图，它要求不能使用圆规，只能使用无刻度直尺作图，因此只能画直线、射线或线段，在作图时，必须找到与题意相符的两个点或一个点（另一个点已知），再利用直线基本性质："两点确定一条直线"作图即可。而寻找这一个点或两个点往往是应该利用已知图形的性质得到的，它涉及的图形性质一般有：三角形的性质；特殊四边形的性质；正多边形的性质；圆的性质。具体思路如下：

　　（1）在三角形中作图时，常常需要从设问出发，找到图中隐含的线段、角与角之间的关系，找到问题的切入点。

　　① 若图中含有等腰三角形，且底边有中点，则要考虑能否用到"等腰三角形的三线合一"及"等腰三角形是轴对称图形"等性质作图；若是一腰有中点，则考虑用到另一条腰的中点，从而构成三角形的中位线，或采用等腰三角形的对称性作图。

　　② 三角形的中位线具有特殊的数量关系和位置关系，在已知两边中点的情况下可考虑运用中位线的性质。

　　③ 注意三角形的四心（内心、外心、重心、垂心）之间的区别，充分运用三条角平分线（或三边的中垂线或三边的中线或三条高线）交于一点进行作图。也就是说，利用其中的两条线就可以确定交点，从而作出第三条线。

　　④ 若所作图形与相似三角形相关，则首先考虑"两角相等的两个三角形相似"这一定理，其次考虑"两边对应成比例且夹角相等的两个三角形相似"，最后考虑"三边对应成比例的两个三角形相似"。

　　（2）若图中含有特殊四边形或隐形的特殊四边形，则要考虑用到相应图形的性质，特别是图形对称性。

　　① 平行四边形是中心对称图形，而矩形、菱形和正方形都既是轴对称图

形，又是中心对称图形。解题时可先画出结论，观察新图形的对称性，找出新图形的对称中心或对称轴，再对比结论，从而找到问题解决的思路。

② 特殊四边形的交点是对称中心，过对角线的交点和一边的中点即可构造中位线。

③ 解与面积相关的作图问题时，常与以下结论相关：a. 过特殊四边形对角线的交点的任意一条直线可以将特殊四边形的面积平分；b. 等底等高的两个三角形面积相等。

（3）圆是旋转任意角度都能够与原图重合的图形。

① 若图中含有圆的直径或作互余的角或者垂直关系时，则可能用到"直径所对的圆周角是直角"这一性质；

② 若图中涉及弧或弦的中点，则可能会用到垂径定理；

③ 若与角平分线相关，则要考虑用"同弧或等弧所对的圆周角相等"这一性质，找到该角所对的弧的中点。

④ 作相等的角时，则要考虑在同圆或等圆中，同弧或等弧所对的圆周角相等。

⑤ 进行与相似三角形相关的作图时，要利用圆心角、圆周角之间的关系找到两个三角形中的两组相等的角。

（4）若所作图形与正多边形相关，则要充分利用正多边形的对称性解题。

① 正偶数边形既是轴对称图形，又是中心对称图形；正奇数边形是轴对称图形。

② 充分利用图形的隐含的平行、垂直、相等的线段或隐含的特殊四边形或隐含的全等三角形或相似三角形。

③ 用"正多边形的每条边相等，每个内角都相等"以及"正多边形中的众多三角形必定有全等或相似三角形存在"进行解题。

（5）在格点中作图，可以很容易得出以下结果：

① 封闭图形的面积及两个格点之间的距离；

② 作出两条平行或垂直的线段；

③ 以任意一条线段为边都可作出一个等腰直角三角形，从而作出 $45°$ 的角。

例 1　如图 3 - 1，在四边形中，$AB // CD$，$AB = 2CD$，E 为 AB 的中点，请仅用无刻度的直尺分别按下列要求画图（保留作图痕迹）。

（1）在图 3 - 1 中，若 $AB = AD$，画出 $\triangle ABD$ 的 BD 边上的中线；

（2）在图 3 - 2 中，若 $BA = BD$，画出 $\triangle ABD$ 的 AD 边上的高。

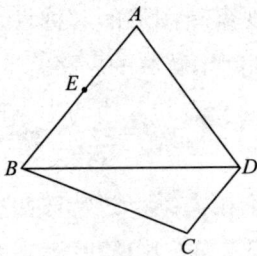

图 3-1

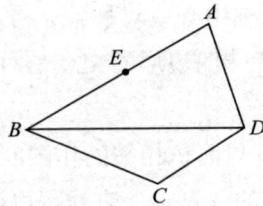

图 3-2

【思维方法导引】

(1) 要想作出等腰三角形 ABD 底边上的中线，只要找到底边的中点即可，若连接 DE，则四边形 $BCDE$ 是平行四边形，两条对角线的交点即为 BD 的中点。

(2) 等腰三角形 ABD 是一个轴对称图形，对称轴就是 AD 边上的高所在的直线。若连接 DE，则必然会有一条线段与它对称，因此，只要找到 BD 的中点即可，类比第 (1) 问即可找到 BD 的中点。

【解答】

(1) 如图 3-3，AF 是 △ABD 的 BD 边上的中线；

(2) 如图 3-4，AH 是 △ABD 的 AD 边上的高。

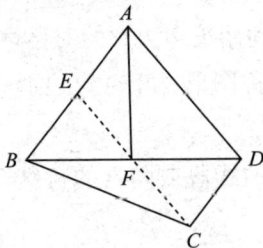

图 3-3

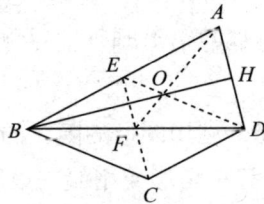

图 3-4

例2 如图 3-5，△ABC ≌ △EDC，且 ∠B = ∠D = 90°，请用无刻度直尺作图：

(1) 作出这个图形的对称轴；

(2) 连接 AE，作一条线段，使得它是 △ACE 的中位线。

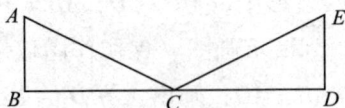

图 3-5

【思维方法导引】

（1）若连接 AE，这个图形就是一个矩形，要想作出这个图形的对称轴，其实是作出矩形的对称轴，已知 C 点是对称轴上的一点，只要找到对称轴上的另一点即可，很显然，矩形对角线的交点可以满足这一要求。

（2）这个图形的对称轴将整个矩形分成两个矩形，每个矩形的对角线的交点都是 $\triangle ACE$ 的中点，问题迎刃而解。

【解答】

（1）如图 3-6 中的 CH 是这个图形的对称轴；

（2）如图 3-6 中的线段 FG、FH、HG 均为 $\triangle ACE$ 的中位线。

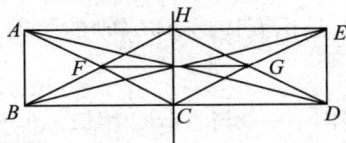

图 3-6

例 3 如图 3-7，在正方形 $ABCD$ 中，点 M 是 BC 边上任意一点，请你仅用无刻度直尺、用连线的方法，分别在图 3-7、图 3-8 中按要求作图（保留作图痕迹，不写作法）。

（1）在图 3-7 中，在 AB 边上求作一点 N，连接 CN，使 $CN = AM$；

（2）在图 3-8 中，在 AD 边上求作一点 Q，连接 CQ，使 $CQ//AM$.

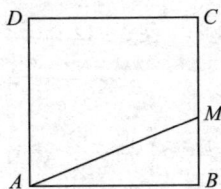

图 3-7

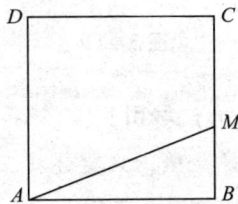

图 3-8

【思维方法导引】

（1）假设已经找到点 N，则这个图形应该是一个轴对称图形，对称轴是对角线 BD，连接 BD，问题就很容易解决。

（2）假设已经在 AD 边上找到点 Q，则整个图形显然是一个中心对称图形，对称中心是两条对角线的交点 O，M 与 Q 正好关于点 O 对称。

【解答】

（1）如图 3-9，CN 是所求作的线段；

（2）如图 3-10，CQ 是所求作的线段。

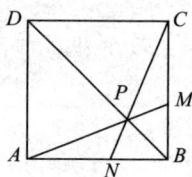

图 3-9

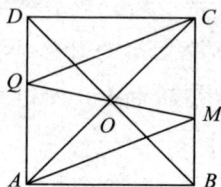

图 3-10

例 4 如图 3-11，AC 是正五边形 $ABCDE$ 的一条对角线，请用无刻度直尺作图：

（1）请在图 3-11 中作出一个与 $\triangle ABC$ 相似，但相似比小于 1 的三角形；

（2）请在图 3-12 中作出一个与 $\triangle ABC$ 相似，但相似比大于 1 的三角形。

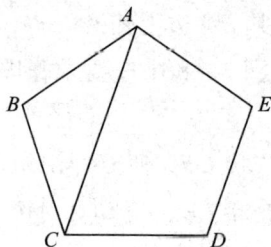

图 3-11

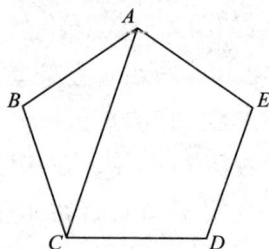

图 3-12

【思维方法导引】

（1）很显然，只要连接正五边形的一条对角线与 AC 相交，就可形成一个与 $\triangle ABC$ 相似的三角形；

（2）显然在这个正五边形的内部是不可能找到相似比大于 1 的三角形，只能从正五边形的外部去找，而 $\triangle ABC$ 中有两个角为 36°，可以利用其中一个角，也可以连接其中一条对角线与一边形成 36°的角，再利用这个角构成等腰三角形，使它成为等腰三角形的底角即可。

【解答】

（1）如图 3-13，$\triangle AFB \backsim \triangle ABC$，且相似比小于 1；

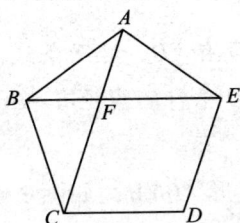

图 3 – 13

（2）如图 3 – 14，△CEG∽△ABC，且相似比大于 1；或如图 3 – 15，△ACG∽△ABC，且相似比大于 1.

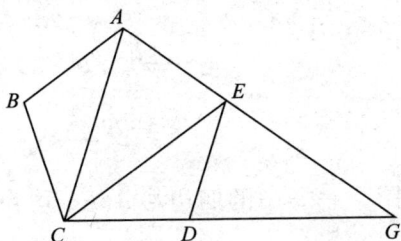

图 3 – 14

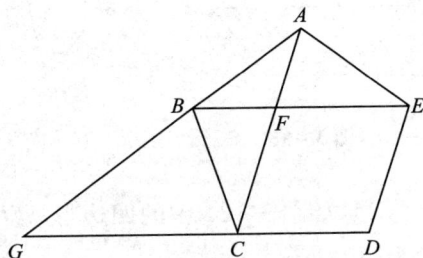

图 3 – 15

例 5　如图 3 – 16，已知正七边形 ABCDEFG，请仅用无刻度的直尺，分别按下列要求画图。

（1）在图 3 – 16 中，画出一个以 AB 为边的平行四边形；

（2）在图 3 – 17 中，画出一个以 AF 为边的菱形。

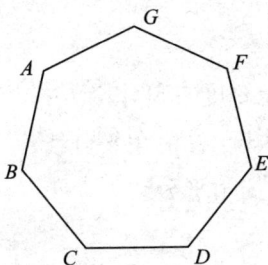

·图 3 – 16

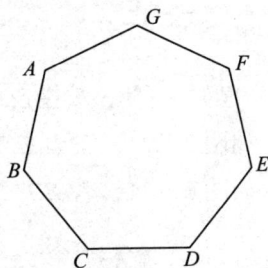

图 3 – 17

【思维方法导引】

（1）正 n 边形（n > 4）有一个特点，任一条对角线至少可以找到一条边与之平行，首先找到一条与 AB 平行的对角线，再分别以 A、B 两点为端点作两条

37

平行的线段即可。

（2）显然与 AF 相等的线段有 FD，这两条线段可以作为菱形的两条边，而与 AF 平行的线段有 CD，与 FD 平行的线段有 AB，以此为基础可以作出菱形。

【解答】

（1）如图 3 – 18 中的四边形 $ABNM$，如图 3 – 19 中的四边形 $ABOG$，如图 3 – 20中的四边形 $ABPF$ 均为以 AB 为边的平行四边形。

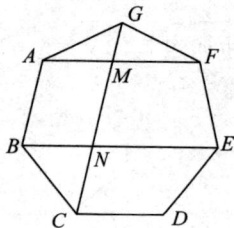
图 3 – 18

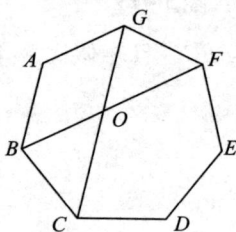
图 3 – 19

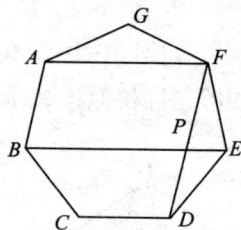
图 3 – 20

（2）如图 3 – 21 中的四边形 $AFDQ$，如图 3 – 22 中的四边形 $AFPC$ 均为以 AF 为边的菱形。

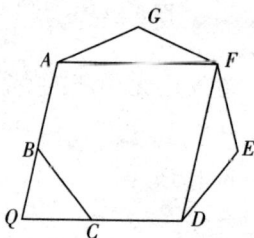
图 3 – 21

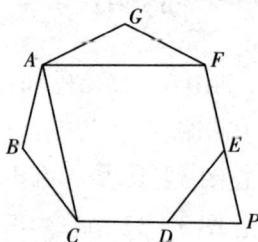
图 3 – 22

例 6 已知 A、B、C 三点均在 $\odot O$ 上，请用无刻度直尺作图。

（1）如图 3 – 23，若点 D 是 AC 的中点，试画出 $\angle B$ 的角平分线；

（2）如图 3 – 24，若 $BD // AC$，试画出 $\angle CBA$ 的角平分线。

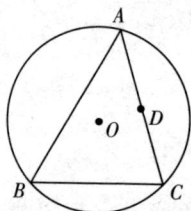
图 3 – 23

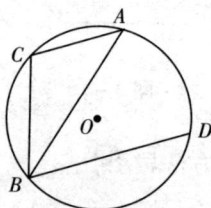
图 3 – 24

【思维方法导引】

（1）要想画出∠B的角平分线，只有找到劣弧AC的中点，此时用到垂径定理即可，但切忌直接连接BD，把BD认为是∠B的角平分线；

（2）要想画出∠CBA的角平分线，只有找到劣弧AC的中点，而AC与BD是两条平行弦，这两条平行弦是轴对称图形，O点与劣弧AC的中点显然都是对称轴上的点，但AC劣弧的中点不明确，因此只要再找到对称轴上的另一点即可。

【解答】

（1）如图3－25中BE是所求作的角的平分线；

（2）如图3－26中BE是所求作的角的平分线。

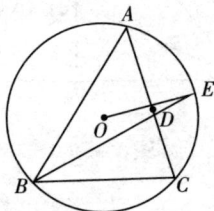

图3－25

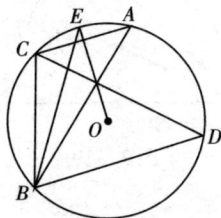

图3－26

例7　已知AB是半圆的直径，如图3－27中，点C在半圆外；如图3－28中，点C在半圆内，请仅用无刻度的直尺按要求画图。

（1）在图3－27中，画出△ABC的三条高的交点；

（2）在图3－28中，画出△ABC中AB边上的高。

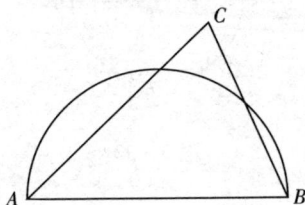

图3－27

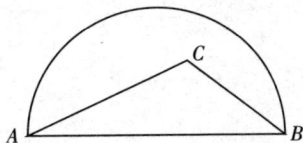

图3－28

【思维方法导引】

（1）要画出△ABC三条高的交点，其实只要画出其中两条高的交点即可，可分别过A、B两点作BC与AC的垂线，垂线的作法可利用"直径所对的圆周角是直角"等定理实现；

（2）要想作出AB边上的高，显然C点是这条高线上的一点，还应该找到另一点，类比前一问可知，三角形的垂心是最好的选择，而寻找三角形的垂心必须画出 AC 与 BC 这两条边的高，可类比前一问，利用"直径所对的圆周角是直角"这一定理作出 AC 与 BC 两边上的高。

【解答】

（1）如图 3-29，点 P 就是所求作的点；

（2）如图 3-30，CD 为 AB 边上的高。

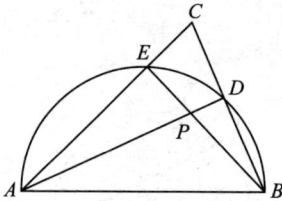

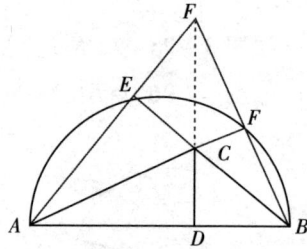

图 3-29 · · · · · · · · · · · · · · · · · · · 图 3-30

例 8 （原创题）如图 3-31，AB 是 $\odot O$ 的直径，点 D 是半圆 AB 的中点，$AB = 2BC$，$\angle B = 90°$.

（1）请在图 3-31 中过点 C 作出 $\odot O$ 的另一条切线；

（2）请在图 3-32 中作一个 $\odot O$ 的外切正方形。

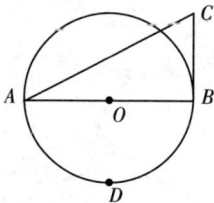

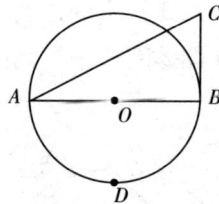

图 3-31 · · · · · · · · · · · · · · · · · · · 图 3-32

【思维方法导引】

（1）显然 CB 是圆的一条切线，要想过 C 点作出另一条切线，就有必要先找到切点 E，假设 E 点已找到，由题中的条件可知 O、B、C、E 四点正好可构成一个正方形，E、O、D 三点在同一直线上。

（2）可利用圆的对称性与矩形的对称性先作出这个外切四边形的左上角的顶点，再过 A 点作出圆的切线，然后作出左下角的顶点，最后可找到右下角的顶点。

【解答】

（1）如图 3 - 33 中的 *CE* 是所求作的切线；

（2）如图 3 - 34 中的正方形是所求作的外切正方形。

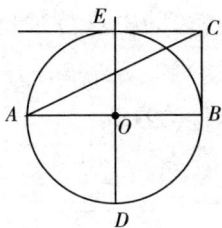

图 3 - 33

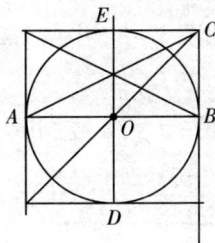

图 3 - 34

例 9　已知△*ABC*，请使用无刻度直尺按下列要求画图：过三角形其中一个顶点画一条直线，将△*ABC* 分成两个三角形。

（1）在图 3 - 35 中画一条线，使分成的两个三角形面积相等；

（2）在图 3 - 36 中画一条线，使分成的两个三角形的面积之比为 1：2，并简述理由。

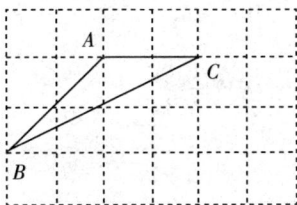

图 3 - 35

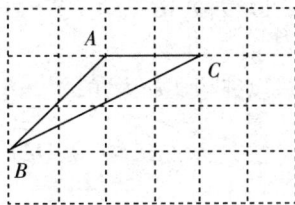

图 3 - 36

【思维方法导引】

（1）根据等底等高的两个三角形面积相等，只要找到三角形一边的中点即可解决。

（2）由于要将△*ABC* 分成面积比为 1：2 的两个三角形，只要在线段 *BC* 上找到一点 *E*，使 *BE*：*CE* = 1：2 或 *BE*：*CE* = 2：1，连接 *A* 点与这个点，从而将△*ABC* 分成两个底边之比为 1：2 的三角形，这两个三角形高相等。此时，可联想到若 *BE* 与 *CE* 是两个相似三角形的一组对应边，因此可转化为寻找另一组对应边，使它的比值为 1：2 或 2：1，即应当找到一点 *D*，使得以 *BE* 为边的△*BED* 与△*ACE* 相似。我们很容易知道，当 *BD* 与 *AC* 平行时，△*BED* 与△*CEA*

41

相似，根据格点图形的特征可知，$AC = 2$，要使得 $\triangle BED$ 与 $\triangle CEA$ 的相似比为 $1:2$，则 $BD = 1$，要使得这两个三角形的相似比为 $2:1$，则 $BD = 4$，由此可正确作出图形。

【解答】

（1）如图 3-37 中的 CD 即为所作（三角形每一边的中点与对角顶点的连线均可）；

（2）如图 3-38 或如图 3-39 中的 AE 均为所求作的直线。

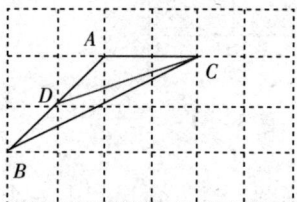 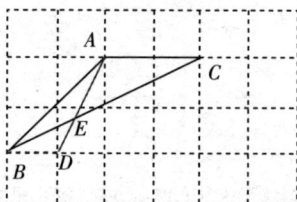 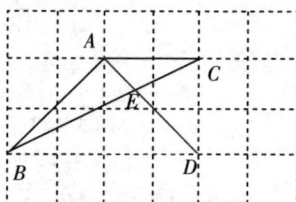

图 3-37   图 3-38   图 3-39

例 10 如图 3-40，在边长为 1 个单位长度的小正方形组成的网格中，给出了线段 AC 和线段 EF（端点为网格线的交点）。

（1）以线段 AC 为角的一边作 $\angle ACB$，使 $\tan \angle ACB = \dfrac{1}{2}$；

（2）以线段 EF 为角的一边作 $\angle DEF$，使 $\tan \angle DEF = \dfrac{1}{3}$；

（3）填空：$\angle ACB + \angle DEF =$ _____.

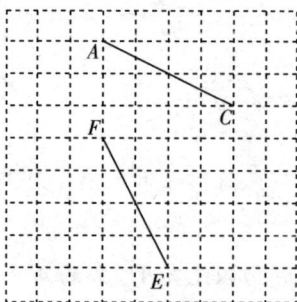

图 3-40

【思维方法导引】

（1）要想画出一个正切值为 $\dfrac{1}{2}$ 的 $\angle C$，只要构造直角三角形，使它的两直角边为 1 : 2.

（2）同样地，只要构造一个直角三角形，使它的两直角边之比为 1 : 3，不妨分两种情况讨论，当已知线段 EF 为直角边时能否画出这个直角三角形，当 EF 为斜边时能否画出这个直角三角形。

（3）显然这两个角都不是特殊角，首先我们可以通过直观想象猜测它们的和是一个特殊值，但如何验证呢？由前两问可以看出，由于 AC 与 EF 长度相等，只要将 C 点与 E 点重合，A 点与 F 点重合，B 点与 D 点分别落在 EF 的两侧，就可以直接观察出 $\angle DCB$ 的度数，从而可得知这两个角的和。

【解答】

（1）如图 3 - 41 中 $\angle ACB$ 为所求；

（2）如图 3 - 41 中 $\angle DEF$ 为所求；

（3）由图 3 - 42 可知，$\angle ACB + \angle DEF = 45°$.

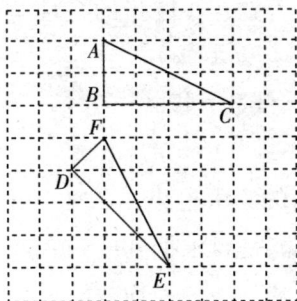

图 3 - 41

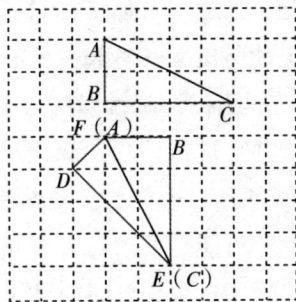

图 3 - 42

在实际解题过程中，还有可能出现某些情况造成失分，这就有必要加以防范与规避。

（1）由于对图形的性质不熟悉，出现将图中需要或不需要的线都连上，图中的线缠夹不清，分不清哪条线是必要的，哪条线是不需要的。

（2）作一个等腰三角形底边上的高时，在没有找到两个点的情况下，直接过顶角顶点作底边的垂线；这种作图方法没有遵照无刻度直尺作图的基本规则，应当杜绝。

（3）当一个等腰三角形的底边与底边上的高相等时，将这个等腰三角形误认为是等边三角形，应当予以防范。

专题四 统计与概率

"统计与概率"主要是研究现实生活中的数据和客观世界中的随机现象，其内容主要包括：数据的收集、整理与分析，对事件发生的可能性的刻画及作出合理的推断和预测。在中考中，一般要占到总分的 15% 左右，有两道大题和一道小题，大题是一道统计解答题，一道概率解答题，小题指的是填空题或选择题，统计与概率的考查主要有以下几个方面：

（1）理解各种统计量（如平均数、中位数、众数、极差、方差、标准差）的意义，并会进行计算，深化对统计本质的理解。

① 平均数、中位数、众数都能反映一组数据的集中趋势，在对于这三个数的选用上，可能是要求每一个量分别选用，也可能是要求把其中两者或三者综合在一起进行选用，此时要注意这三者之间的优缺点，如平均数能充分利用数据所提供的信息，但容易受极端值的影响；中位数不受极端值的影响，但不能充分利用所有数据；众数是出现次数最多的数据，但当各个数据的重复次数大致相同时，众数往往没有实际意义。

② 求中位数时要注意数据的个数是奇数还是偶数，奇数个数的中位数是排序后正中间的那个数据，即 n 为奇数时，这 n 个数据的中位数是排序后的第 $\dfrac{n+1}{2}$ 个数．偶数个数的中位数是排序后正中间两个数据的平均数，即 n 为偶数时，这 n 个数据的中位数是排序后的第 $\dfrac{n}{2}$ 个数与第 $\left(\dfrac{n}{2}+1\right)$ 个数的平均数。

③ 极差、方差、标准差都能反映一组数据的离散程度，但极差受极端值的影响较大，而方差与标准差的计算比较复杂，因此在选择题、填空题中多使用极差判断数据的波动情况，而在解答题中多用方差或标准差来判断数据的波动情况。

（2）理解各种统计图表（统计表、条形统计图、扇形统计图、折线统计图、频数分布图）的本质特征与内在联系。

① 扇形统计图的特点是能清楚地反映出各部分占总体的百分比，其中每部分占总体的百分比等于该部分所对应的扇形圆心角的度数与360°之比，各部分所占总体的百分比和为1。

② 条形统计图的特点是能清楚地表示出每个项目的具体数目。

③ 折线统计图能清楚地反映事件的变化情况。

（3）利用样本估计总体，对总体事件进行合理的预测和决策，这是统计的基本思想。

（4）会用列举法（树状图与列表法）计算简单事件发生的概率，能解决一些实际问题。它往往侧重于两个方面，一是准确理解、记忆概率的能力，二是在具体问题情景中灵活运用求概率的能力。在树状图与列表法的选取上，通常是：

①对于两步试验事件（一个事件分成两步完成），并且可能出现的结果数目比较多时，通常采用列表法。

②当一个事件需要两步完成但出现结果的数目较少时，或当一个事件需要两步以上的步骤来完成时，通常采用树状图法。

（5）利用频率估计概率通常是从以下两个方面来进行考查，一种给出大量重复试验的数据，根据试验数据确定频率，进而估计出概率；另一种是在不知道总体数量的情况下，通过多次试验确定频率，再估计概率，利用概率公式建立方程进行解决。

例1 为了解某市市民"绿色出行"方式的情况，某校数学兴趣小组以问卷调查的形式，随机调查了某市部分出行市民的主要出行方式（参与问卷调查的市民都只从以下五个种类中选择一类），并将调查结果绘制成如下不完整的统计图，如图4－1。

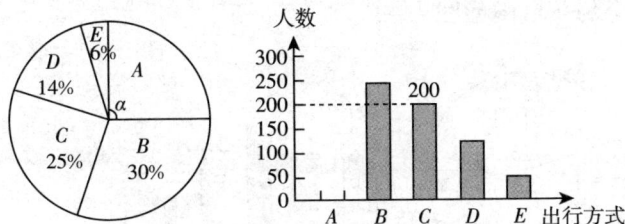

图4－1

根据以上信息，回答下列问题：

（1）参与本次问卷调查的市民共有___人，其中选择 B 类的人数有___人。

（2）在表 4-1 的扇形统计图中，求 A 类对应扇形圆心角 α 的度数，并补全条形统计图。

（3）该市约有 12 万人出行，若将 A，B，C 这三类出行方式均视为"绿色出行"方式，请估计该市"绿色出行"方式的人数。

表 4-1

种类	A	B	C	D	E
出行方式	共享单车	步行	公交车	的士	私家车
人数/人					

【思维方法导引】

当统计图中既有扇形统计图又有条形统计图时，一定要将这两个图形结合在一起，不能独立地去看待。①由条形统计图中的 C（乘公交车出行）人数为 200 与扇形统计图中的 C 的占比为 25% 可计算出参与本次问卷调查的市民总数，再由这个总数与扇形统计图中 B 的占比为 30%，可计算出选择 B（步行出行）的人数；②要想知道扇形圆心角 α 的度数，先应求出 A 的占比，当其他占比全都已知时，A 的占比就一目了然，根据百分比之和为 1 可求得 A 类所占百分比，再乘以 360° 和总人数就可求得；③要想求出"绿色出行"方式的人数，先应求出绿色出行方式所占百分比，用总人数乘以这个百分比即可。

【解答】

（1）本次调查的市民有 $200 \div 25\% = 800$（人），$\therefore B$ 类别的人数为 $800 \times 30\% = 240$（人），故答案为：800，240；

（2）$\because A$ 类人数所占百分比为 $1 - (30\% + 25\% + 14\% + 6\%) = 25\%$，$\therefore A$ 类对应扇形圆心角 α 的度数为 $360° \times 25\% = 90°$，A 类的人数为 $800 \times 25\% = 200$（人），补全的条形图如图 4-2。

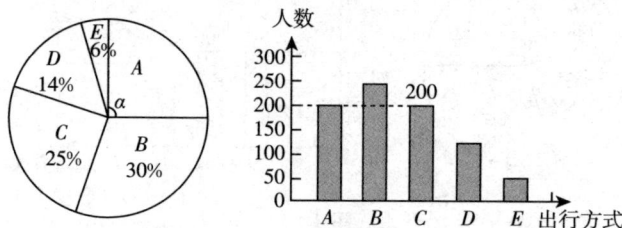

图 4-2

（3） 12×（25%＋30%＋25%）＝9.6（万人）

答：估计该市"绿色出行"方式的人数约为9.6万人。

例2 某校为了解七、八年级学生英语听力训练情况（七年级、八年级学生人数相同），见表4-2，从这两个年级学生中分别随机抽查了30名同学，调查了他们周一至周五的听力训练情况，根据调查情况得到如下统计图表，如图4-3。

表4-2

年级	参加英语听力训练人数				
	周一	周二	周三	周四	周五
七年级	15	20	a	30	30
八年级	20	24	26	30	30
合计	35	44	51	60	60

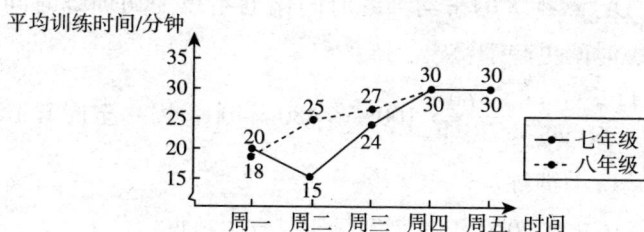

图4-3

（1）填空 $a=$ _____ 。

（2）根据上述统计图表完成下表中的相关统计量。

表4-3

年级	平均训练时间的中位数	参加英语听力训练人数的方差
七年级	24	34
八年级		14.4

（3）请你利用上述统计图表，对七年级、八年级英语训练情况写出两条合理的评价。

（4）请你结合周一至周五英语听力训练人数统计表，估计该校七年级、八年级共480名学生中周一至周五平均每天有多少人进行英语听力训练。

【思维方法导引】

（1）由七年级与八年级参加听力训练人数的总和为51人可求出 a 的值。

（2）在折线统计图中的中位数是从上到下或从下到上位于最中间的那个数据。

（3）可以从七、八年级学生各参加听力训练人数的平均数、中位数及变化趋势，七、八年级学生参加英语听力训练的平均训练时间的变化趋势、方差大小、波动情况等方面进行评价。

（4）根据样本平均数估计总体。

【解答】

（1）周一至周五英语听力训练人数统计表中，周三合计51人，其中八年级26人，故 $a = 51 - 26 = 25$。

（2）八年级平均训练时间从小到大排序为：18，25，27，30，30. 故中位数为27。

（3）评价①：八年级的平均训练时间比七年级平均训练时间长；评价②：八年级平均训练时间更趋于稳定。

（4） $\dfrac{35 + 44 + 51 + 60 + 60}{60 \times 5} \times 100\% \times 480 = 400$ ；周一至周五平均每天有400名学生进行英语听力训练。

例3 以下是某省2010年教育发展情况有关数据：

全省共有各级各类学校25000所，其中小学12500所，初中2000所，高中450所，其他学校10050所；全省共有在校学生995万人，其中小学440万人，初中200万人，高中75万人，其他280万人；全省共有在职教师48万人，其中小学20万人，初中12万人，高中5万人，其他11万人。请将上述资料中的数据按下列步骤进行统计分析。

（1）整理数据：请设计一个统计表，将以上数据填入表格中，见表4-4。

表4-4

（2）描述数据：如图4－4是描述全省各级各类学校所数的扇形统计图，请将它补充完整。

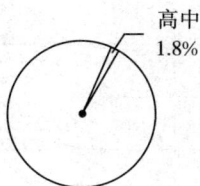

全省各级各类学校所数扇形统计图

图4－4

（3）分析数据。

① 分析统计表中的相关数据，小学、初中、高中三个学段的师生比，最小的是哪个学段？请直接写出。（师生比＝在职教师数∶在校学生数）

② 根据统计表中的相关数据，你还能从其他角度分析得出什么结论吗？（写出一个即可）

③ 从扇形统计图中，你得出什么结论？（写出一个即可）

【思维方法导引】

（1）设计的统计表应当注意行与列分别表示不同的类别，根据试题所给的数据，设计的行与列表示的类别不同，如题中所述，"全省共有各级各类学校25000所"，一类是学校的类别，可为行，分别是小学、初中、高中、其他及合计，共有五行，另一类是数量，可为列，分别是学校数、学生数、教师数，共有三列。

（2）首先要计算出每类学校的数量所占的百分比，计算方法是用这类学校的数量除以各级各类学校的总数，画图前要计算好相应的圆心角的度数，具体计算方法是：所占的百分比×360°.③后两问是结论开放题，所谓开放题，意味着答案不固定、不统一，但一定要符合题目的要求。从统计表中得到的结论可以是模仿第①问，也可从其他方面得出，在扇形统计图中得出的结论可以从"最大值与最小值""倍数关系""众数或中位数"等几个方面考虑。

【解答】

（1）2010年全省教育发展情况统计表，见表4－5。

表 4-5

	学校所数（所）	在校学生数（万人）	教师数（万人）
小学	12500	440	20
初中	2000	200	12
高中	450	75	5
其他	10050	280	11
合计	25000	995	48

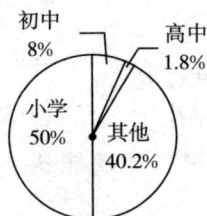

图 4-5

（2）全省各级各类学校所数扇形统计图。

（3）①小学师生比 =1：22，初中师生比 ≈1：16.7，高中师生比 =1：15，∴ 小学学段的师生比最小。②如：小学在校学生数最多等。③如：高中学校所数偏少等。

例4 为了解全市九年级学生对数学知识的掌握情况，某市教研室从全市 20000 名参加中考的考生中随机抽取部分学生的数学成绩进行调查，并将调查结果绘制成如下图表，如图 4-6、表 4-6。

表 4-6

分数段	频数	频率
$20 \leqslant x < 40$	8	0.04
$40 \leqslant x < 60$	24	0.12
$60 \leqslant x < 80$	a	0.24
$80 \leqslant x < 100$	b	c
$100 \leqslant x < 120$	24	0.12
合计	d	1.00

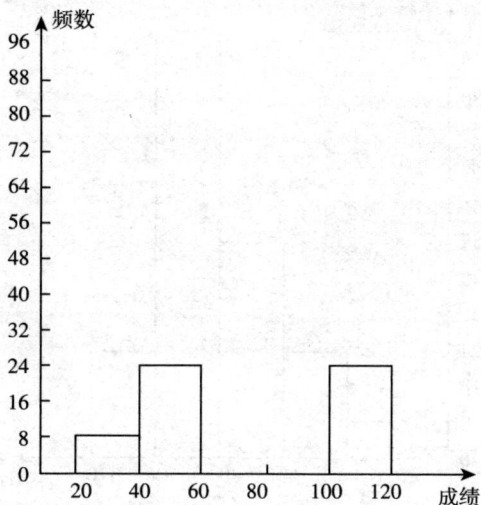

图 4 – 6

（1）表中的 $a =$ _____ ， $b =$ _____ ， $c =$ _____ ， $d =$ _____ ；

（2）请在图 4 – 6 中补全频数分布直方图；

（3）在这个问题中，总体与样本分别是什么？

（4）估计抽取的这部分学生的数学成绩的中位数在哪一分数段？

（5）根据所给的数据估计该市九年级学生的数学中考的平均成绩。

【思维方法导引】

这是一道典型的考查频数分布表与频数分布直方图相结合的试题，根据频数分布表中所有分数段的频率之和为 1，频率＝频数÷总数，可求出（1）中的四个值，然后可直接补全（2）中的频数分布直方图；（3）题总体与样本均应是中考生的数学成绩，而不是中考生；（4）调查的样本总数是 200，条形统计图或频数分布直方图中的中位数就是在图中从左到右最中间两名学生成绩的平均数；（5）题可以利用"组中值"估计平均数，"组中值"指的是一组中两个端点数据的平均数，如第一组的平均值是（20＋40）÷2＝30，求平均值时，把各组的频数看成是"组中值"的权，利用加权平均数可以近似地计算出一组数据的平均数。

【解答】

（1）$a = 48$ ， $b = 96$ ， $c = 0.48$ ， $d = 200$.

（2）如图 4 – 7；

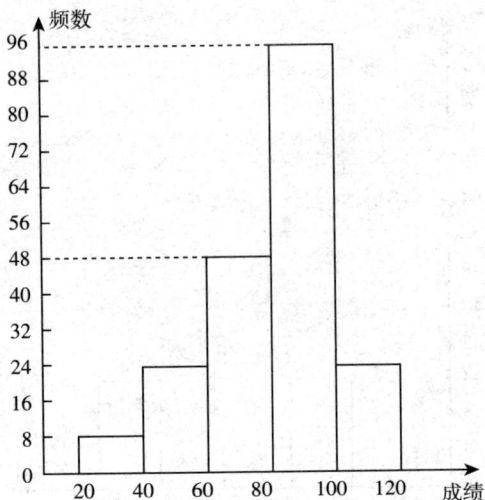

图 4-7

（3）总体是全市 20000 名中考生的数学成绩；样本是从中抽取的 200 名中考生的数学成绩；

（4）数学成绩的中位数是第 100 名与第 101 名的平均分，第 100 名与第 101 名均在 80～100 分这一分数段，所以数学成绩的中位数在 80～100 分这一分数段；

（5）$\dfrac{30 \times 8 + 50 \times 24 + 70 \times 48 + 90 \times 96 + 110 \times 24}{200} = 80.4$，根据样本的平均数可以估计该市九年级学生的数学中考的平均成绩为 80.4 分左右。

例 5 有六张完全相同的卡片，分 A、B 两组，每组三张，在 A 组的卡片上分别画上"√、×、√"，B 组的卡片上分别画上"√、×、×"，如图 4-8 所示。

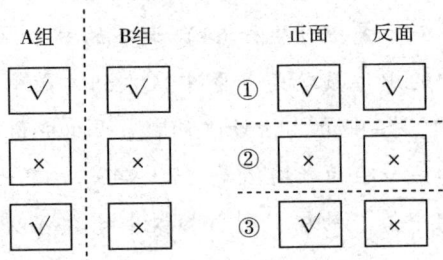

图 4-8

（1）若将卡片无标记的一面朝上摆在桌上，再分别从两组卡片中随机各抽取一张，求两张卡片上标记都是"√"的概率（请用树状图法或列表法求解）。

（2）若把 A、B 两组卡片无标记的一面对应粘贴在一起得到 3 张卡片，其正反面标记如图4-8所示，将卡片正面朝上摆放在桌上，并用瓶盖盖住标记。

① 若随机揭开其中一个盖子，看到的标记是"√"的概率是多少。

② 若揭开盖子，看到的卡片正面标记是"√"后，猜想它的反面也是"√"，求猜对的概率。

【思维方法导引】

根据题意，画出树状图或列出表格，根据"概率 = $\dfrac{\text{所求情况数}}{\text{总情况数}}$."①列表或画树状图可得出所有等可能的情况数，从中找出两种卡片上标记都是"√"的情况数，即可求出所求的概率；②根据题意得到所有等可能情况有3种，其中看到的标记是"√"的情况有2种，即可求出所求概率；③所有等可能的情况有2种，其中揭开盖子，看到的卡片正面标记是"√"后，它的反面也是"√"的情况有1种，即可求出所求概率。此时要特别注意审题，题目要求的是揭开盖子已经看到的卡片的正面标记是"√"后，正面是"√"，这已经是确定事件，只有反面是"√"才是随机事件；它与事件"揭开盖子后，才看到正面是"√"，然后看到反面也是"√"是两个不同的概念。

【解答】

（1）解法一：根据题意，可画出如下树状图，如图4-9：

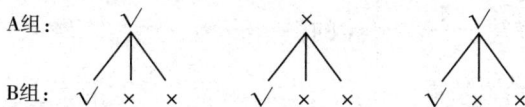

图4-9

从树状图可以看出，所有可能结果共有9种，且每种结果出现的可能性都相等，其中两张卡片上标记都是"√"的结果有两种。

∴ P（两张都是"√"）$= \dfrac{2}{9}$.

解法二：根据题意，可列表如下，见表4-7。

表4-7

A \ B	√	×	√
√	(√, √)	(×, √)	(√, √)
×	(√, ×)	(×, ×)	(√, ×)
×	(√, ×)	(×, ×)	(√, ×)

从上表中可以看出，所有可能结果共有 9 种，且每种结果出现的可能性都相等，其中两张卡片上标记都是"√"的结果有两种。

（2）①∵根据题意，三张卡片正面的标记有三种可能，分别为"√""×""√"，∴随机揭开其中一个盖子，看到的标记是"√"的概率为 $\dfrac{2}{3}$。②∵正面标记为"√"的卡片，它的反面标记只有两种情况，分别为"√"和"×"，∴猜对反面也是"√"的概率为 $P=\dfrac{1}{2}$。

例6 在一个不透明的袋子中装有仅颜色不同的 10 个小球，其中红球 4 个，黑球 6 个。

（1）先从袋子中取出 m（$m>1$）个红球，再从袋子中随机摸出 1 个球，将"摸出黑球"记为事件 A。请完成下列表格，见表 4 - 8。

表 4 - 8

事件 A	必然事件	随机事件
m 的值		

（2）先从袋子中取出 m 个红球，再放入 m 个一样的黑球并摇匀，随机摸出 1 个球是黑球的概率等于 $\dfrac{4}{5}$，求 m 的值。

【思维方法导引】

（1）若"摸出黑球"为必然事件，则袋子中应当全部为黑球，也就是红球应当全部取出，若"摸出黑球"为随机事件，则袋子中至少应有一个红球，即 $m<4$，再根据 $m>1$，不难得出 m 的值。

（2）由"已经取出了 m 个红球，再放入 m 个黑球"可知，袋子中总球数不变，但黑球数多了 m 个，根据 $P_{摸出黑球}=\dfrac{袋中黑球数}{袋中总球数}$，可求出 m 的值。

【解答】

（1）见表 4 - 9：

表 4 - 9

事件 A	必然事件	随机事件
m 的值	4	2 或 3

（2）根据题意可知：$\dfrac{6+m}{10}=\dfrac{4}{5}$，解得 $m=2$.

例 7 甲、乙两人利用扑克牌玩"10 点"游戏，游戏规则如下：

（1）将牌面数字作为"点数"，如红桃 6 的"点数"就是 6（牌面点数与牌的花色无关）；

（2）两人摸牌结束时，将所摸牌的"点数"相加，若"点数"之和小于或等于 10，此时"点数"之和就是"最终点数"；若"点数"之和大于 10，则"最终点数"是 0；

（3）游戏结束前双方均不知道对方"点数"；

（4）判定游戏结果的依据是："最终点数"大的一方获胜，"最终点数"相等时不分胜负。

现甲、乙均各自摸了两张牌，数字之和都是 5，这时桌上还有四张背面朝上的扑克牌，牌面数字分别是 4，5，6，7，如图 4 - 10。

（1）若甲从桌上继续摸一张扑克牌，乙不再摸牌，则甲获胜的概率为____；

（2）若甲先从桌上继续摸一张扑克牌，接着乙从剩下的扑克牌中摸出一张牌，然后双方不再摸牌。请用树状图或列表法表示出这次摸牌后所有可能的结果，再列表呈现甲、乙的"最终点数"，并求乙获胜的概率。

图 4 - 10

【思维方法导引】

摸扑克牌游戏是一个典型的随机事件，①乙的数字之和是 5，甲的数字之和也是 5，甲要想获胜，摸到的牌面数字之和就必须大于 5，但不能大于 10，因此，甲摸到的牌面数字必须 4 与 5 才能获胜，而桌子上共有 4 张牌，直接利用概率公式求解即可求得答案；②这是扑克牌游戏中"摸出不放回"的概率问题，在使用列表法或画出树状图时应注意，第一次甲取出扑克牌有 4 种可能取法，由于不放回，乙再取出时还有 3 种可能取法，其中少了甲取走的那一张牌，然后根据树状图列出甲、乙的"最终点数"，继而求得答案。

【解答】

（1）∵ 现甲、乙均各自摸了两张牌，数字之和都是 5，甲从桌上继续摸一张扑克牌，乙不再摸牌，∴ 甲摸牌数字是 4 与 5 才能获胜，∴ 甲获胜的概率为

$$P = \frac{2}{4} = \frac{1}{2};$$

（2）解法一：画树状图得，如图 4 − 11。

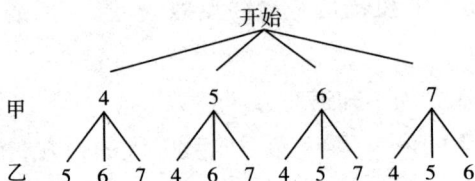

图 4 − 11

则共有 12 种等可能的结果。

解法二：列表得表 4 − 10。

表 4 − 10

甲	5											
	4			5			6			7		
甲"最终点数"	9			10			11			12		
乙	5											
	5	6	7	4	6	7	4	5	7	4	5	6
乙"最终点数"	10	11	12	9	11	12	9	10	12	9	10	11
获胜情况	乙胜	甲胜	甲胜	甲胜	甲胜	甲胜	乙胜	乙胜	平	乙胜	乙胜	平

∴ 乙获胜的概率为：$P = \frac{5}{12}.$

例 8 如图 4 − 12，是一个被等分成五个扇形的转盘，5 个扇形分别标有数字 −2，−1，0，1，2，无忌与无缺约定游戏规则如下：每人都转动转盘两次，将两次转盘停下后指针指向的数字相乘，谁的两个数字乘积大谁就获胜。两人都第一次转动了转盘，无忌转到的数字是 2，无缺转到的数字是 −1.

（1）无忌第二次转动转盘转到的数字是 0，接下来，

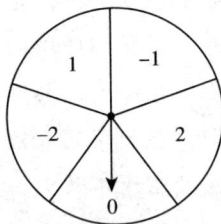

图 4 − 12

轮到无缺转动转盘，问无缺获胜的概率是多少？

（2）这个游戏公平吗？为什么？第二次谁获胜的概率更大？用列表法或树状图说明。

【思维方法导引】

（1）由于无忌转到的两个数字之积为0，因此，无缺要想获胜，转到的两个数字之积须为正数，而他第一次转得的数字为 −1，因此第二次转到的数字必须为负数，才有可能获胜。

（2）游戏是否公平，取决于两人获胜的概率是否相等，而转动转盘游戏相当于扑克牌游戏中的"摸出又放回"的游戏，在画树状图或列表时要注意，第一次甲转动转盘有5种可能，第二次乙转动转盘时依然有5种可能，但要计算好每个人转到的两个数字之积，由于数据偏多，最好使用列表法。

【解答】

（1）由于无忌转到的两个数字的乘积为0，无缺第一次转到负数，第二次应转到负数才能获胜，盘面五个数字中共有两个负数，故无缺获胜的概率为0.4；

（2）这个游戏是公平的，以下是无忌与无缺第二次转动转盘上的数字以及与第一个数的乘积的可能情况，见表4−11。

表4−11

无忌 无缺		−2 积为−4	−1 积为−2	0 积为0	1 积为2	2 积为4
−2	积为2	无缺胜	无缺胜	无缺胜		无忌胜
−1	积为1	无缺胜	无缺胜	无缺胜	无忌胜	无忌胜
0	积为0	无缺胜	无缺胜		无忌胜	无忌胜
1	积为−1	无缺胜	无缺胜	无缺胜	无忌胜	无忌胜
2	积为−2	无缺胜		无缺胜	无忌胜	无忌胜

由表4−11可知，无缺获胜的概率为 $\frac{11}{25}$，无忌胜的概率为 $\frac{11}{25}$. 两人获胜的概率一样大，所以游戏是公平的。

【易错点】

（1）寻找中位数时，经常会出现不将一组已知数据进行排序，而是直接找到原始数据中处于最中间位置的数或处于最中间两个数据的平均数。

（2）极差、方差、标准差都是用来判断一组数据的离散程度，会出现简单地将极差判断数据的稳定性代替方差判断数据的稳定性的现象，如有两组数据：①12，10，10，10，10，10，10，8；②12，11，11，10，9，9，9，9；第一组数据的极差为4，方差为1，第二组数据的极差为3，方差为1.25；以极差进行判断与以方差进行判断就会出现矛盾的结果，此时应以方差为准。

反比例函数是近年来江西省中考每年的必考题目，通常以考察反比例函数的图像与性质的选择题、填空题形式或以考察反比例函数综合应用的解答题形式出现。其中综合应用的解答题主要突出反比例函数与一次函数、三角形、四边形相结合，主要通过求解函数表达式、点坐标、线段长度、图形面积、三角函数值、坐标或线段之间的数量关系、点的存在性等考察学生综合应用数学知识的能力，综合性较强，题目难易程度适中。

一、反比例函数与一次函数综合

求反比例函数的表达式，根据题目给出反比例函数图像上的点坐标代入即可；如果点坐标未知，则可以通过与之相交的一次函数表达式求出交点坐标并代入。求一次函数与反比例函数交点坐标时，可将一次函数与反比例函数表达式联立成二元一次方程组进行求解；若已知正比例函数与反比例函数的一个交点坐标，可以根据中心对称的性质得出另一个交点坐标。如果求围成的图形面积或扫过的面积，可将图形转化为规则图形或方便求解的图形，凡是涉及平行四边形或三角形，尽可能转化为其底边及底边上的高与坐标轴平行或垂直。

例1 直线 $y = k_1 x$（$x \geqslant 0$）与双曲线 $y = \dfrac{k_2}{x}$（$x > 0$），相交于点 P（2，4）．已知点 A（4，0），B（0，3），连接 AB，将 Rt$\triangle AOB$ 沿 OP 方向平移，使点 O 移动到点 P，得到 $\triangle A'PB'$．过点 A' 作 $A'C // y$ 轴交双曲线于点 C．

（1）求 k_1 与 k_2 的值；

（2）求直线 PC 的表达式；

（3）直接写出线段 AB 扫过的面积。

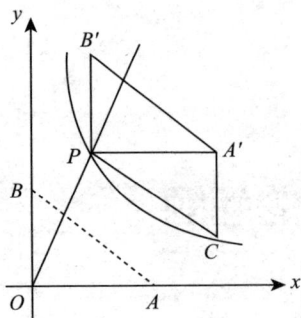
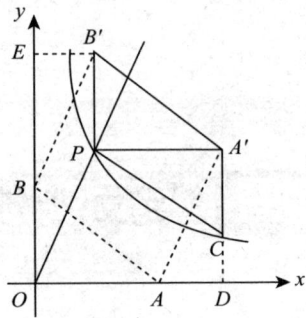

图 5-1   图 5-2

【思维方法导引】

(1) 把点 P 的坐标分别代入直线和双曲线表达式，可得到 k_1 与 k_2 的值。

(2) 根据点 O (0，0) 平移到点 P (2，4)，可由点 A (4，0) 得出点 A' (6，4)，点 A' 的横坐标和点 C 的横坐标相同，从而根据点 C 在双曲线上求出 C 点的纵坐标，再运用待定系数法，即可得到直线 PC 的表达式。

(3) AB 扫过的图形是平行四边形 $AA'B'B$，其底边上的高比较难求，此时根据 $\triangle AOB \cong \triangle A'PB'$ 不难发现平行四边形 $AA'B'B$ 的面积 = 平行四边形 $POBB'$ 的面积 + 平行四边形 $AOPA'$ 的面积，分别延长 $A'C$ 交 x 轴于 D，过 B' 作 $B'E \perp y$ 轴于 E，于是可以分别求出高 $A'D$ 和 $B'E$，从而求出平行四边形的面积。

【解答】

(1) 把点 P (2，4) 代入直线 $y = k_1 x$，可得 $4 = 2k_1$，$\therefore k_1 = 2$，把点 P (2，4) 代入双曲线 $y = \dfrac{k_2}{x}$，可得 $k_2 = 2 \times 4 = 8$；

(2) $\because A$ (4，0)，B (0，3)，$\therefore AO = 4$，$BO = 3$，如图 5-1，延长 $A'C$ 交 x 轴于 D，由平移可得，$A'P = AO = 4$，又 $\because A'C // y$ 轴，P (2，4)，$\therefore$ 点 C 的横坐标为 6，当 $x = 6$ 时，$y = \dfrac{4}{3}$，即 $C\left(6，\dfrac{4}{3}\right)$，设直线 PC 的解析式为 $y = kx + b$，

把 P (2，4)，$C\left(6，\dfrac{4}{3}\right)$ 代入可得 $\begin{cases} 4 = 2k + b \\ \dfrac{4}{3} = 6k + b \end{cases}$，解得 $\begin{cases} k = -\dfrac{2}{3} \\ b = \dfrac{16}{3} \end{cases}$．

$\therefore$ 直线 PC 的表达式为 $y = -\dfrac{2}{3}x + \dfrac{16}{3}$.

(3) 如图 5-2，延长 $A'C$ 交 x 轴于 D，由平移可得，$A'P // AO$，又 $\because A'C // y$

轴，P（2，4），$\therefore$ 点 A' 的纵坐标为 4，即 $A'D = 4$，如图，过 B' 作 $B'E \perp y$ 轴于 E，$\because PB' // y$ 轴，P（2，4），$\therefore$ 点 B' 的横坐标为 2，即 $B'E = 2$，又 $\because \triangle AOB \cong \triangle A'$ PB'，$\therefore$ 线段 AB 扫过的面积 = 平行四边形 $POBB'$ 的面积 + 平行四边形 $AOPA'$ 的面积 = $BO \times B'E + AO \times A'D = 3 \times 2 + 4 \times 4 = 22$.

例 2　如图 5 - 3，反比例函数 $y = \dfrac{k}{x}$（$k \neq 0$）的图像与正比例函数 $y = 2x$ 的图像相交于 A（1，a），B 两点，点 C 在第四象限，$CA // y$ 轴，$\angle ABC = 90°$.

（1）求 k 的值及点 B 的坐标。

（2）求 $\tan C$ 的值。

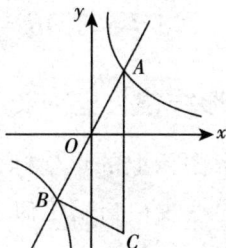

图 5 - 3

【思维方法导引】

欲求反比例函数表达式中的 k 值，须求出反比例函数与正比例函数交点 A 的坐标。A 点横坐标为 1，代入正比例函数表达式可得 A（1，2），将坐标（1，2）代入反比例函数表达式可得 k 值。点 B 是反比例函数与正比例函数的另一个交点，欲求交点坐标，可将正比例函数表达式与反比例函数表达式联立求出，也可以根据点 A 与点 B 关于原点对称得出点 B 坐标。

欲求 $\tan C$，如果利用 $Rt\triangle ABC$，则需求出 AB 和 BC 的长度，较为烦琐。可过点 B 作 $BH \perp AC$，将 $\angle C$ 置于 $Rt\triangle BCH$ 中，通过点 A 与点 B 的坐标求出 $\angle C$ 的对边 BH 和邻边 CH 的长度，从而求出 $\angle C$ 的正切值。

【解答】

（1）$\because$ 点 A（1，a）在 $y = 2x$ 的图像上，$\therefore a = 2$　$\therefore A$（1，2）　$\therefore k = 2$.

联立，$\begin{cases} y = \dfrac{2}{x} \\ y = 2x \end{cases}$，可得 B（-1，-2）.

（2）如图 5 - 4，过点 B 作 $BH \perp AC$ 于点 H，$\therefore \angle BHC = 90°$.

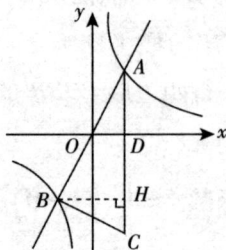

图 5－4

又 $\because \angle ABC = 90°$，$\therefore \angle C = \angle ABH$，$\therefore \tan C = \tan\angle ABH = \dfrac{AH}{BH}$，$\because A$（1，2）、$B$（－1，－2），$\therefore H$（1，－2），$\therefore BH = 2$，$AH = 4$，$\therefore \tan C = 2$.

二、反比例函数与三角形综合

题目未直接给出反比例函数图像上的点坐标，可在函数图像上选一合适的点，过这点分别作 x 轴、y 轴的垂线，利用相似三角形对应边成比例并结合题目已知线段的长度，间接求出点坐标。

例 3　如图 5－5，在平面直角坐标系中，点 A、B 分别在 x 轴、y 轴的正半轴上，$OA = 4$，$AB = 5$，点 D 在反比例函数 $y = \dfrac{k}{x}$（$k > 0$）的图像上，$OA \perp DA$，点 P 在 y 轴负半轴上，$OP = 7$.

（1）求点 B 的坐标和线段 PB 的长。

（2）当 $\angle PDB = 90°$时，求反比例函数的解析式。

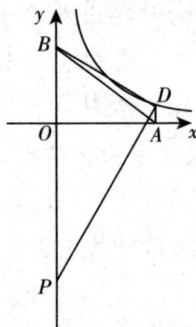

图 5－5

【思维方法导引】

（1）欲求点 B 的坐标，须求出 OB 的长度，根据勾股定理求出 OB，即可得

出点 B 的坐标和线段 PB 的长。

（2）如图 $5-6$，D 点在反比例函数图像上且横坐标已知，欲求函数解析式，只要求得点 D 的纵坐标即可。过点 D 作 $DM \perp y$ 轴，垂足为 M，通过构造并证明 $\triangle BDM$ 与 $\triangle DPM$ 相似，根据对应边成比例，即可求出点 D 的坐标，把 D 的坐标代入 $y = \dfrac{k}{x}$ 即可求出反比例函数的解析式。

【解答】

（1）$\because AB = 5$，$OA = 4$，$\angle AOB = 90°$，$\therefore$ 由勾股定理得：$OB = 3$，$\therefore B$（0，3）$\therefore OP = 7$，$\therefore$ 线段 $PB = OB + OP = 3 + 7 = 10$.

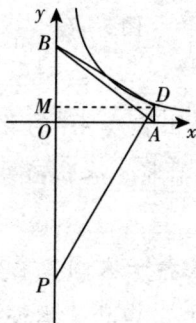

图 5 - 6

（2）过点 D 作 $DM \perp y$ 轴于 M，$\because \angle PDB = 90°$，$\therefore \angle BDP = \angle DMB = \angle DMP = 90°$.

$\therefore \angle DBM + \angle BDM = 90°$，$\angle BDM + \angle MDP = 90°$ $\therefore \angle DBM = \angle MDP$

$\therefore \triangle DBM \backsim \triangle PDM$．$\therefore \dfrac{DM}{BM} = \dfrac{PM}{DM} \because OA = 4$，$DM \perp y$ 轴，$DA \perp OA$，设 D 点的坐标为

（4，y）（$y > 0$），$\therefore \dfrac{4}{3-y} = \dfrac{y+7}{4}$，解得 $y_1 = -5$（舍）$y_2 = 1$，即点 D 的坐标为

（4，1），把点 D 的坐标代入 $y = \dfrac{k}{x}$，得 $k = 4$，即反比例函数的解析式是 $y = \dfrac{4}{x}$.

例4　如图 $5-7$，已知直线 $y = ax + b$ 与双曲线 $y = \dfrac{k}{x}$（$x > 0$）交于 A（x_1，y_1），B（x_2，y_2）两点（A 与 B 不重合），直线 AB 与 x 轴交于点 P（x_0，0），与 y 轴交于点 C.

（1）若 A，B 两点坐标分别为（1，3），（3，y_2），求点 P 的坐标；

（2）若 $b = y_1 + 1$，点 P 的坐标为（6，0），且 $AB = BP$，求 A，B 两点的

坐标；

（3）结合（1）（2）中的结果，猜想并用等式表示 x_1，x_2，x_0 之间的关系（不要求证明）。

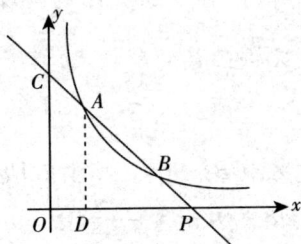

图 5 - 7

【思维方法导引】

（1）欲求点 P 坐标，先要求出直线 AB 的表达式。可根据点 A 的坐标求出反比例函数表达式，得出点 B 的坐标，求出直线 AB 的表达式即可得知点 P 的坐标。

（2）由于反比例函数表达式和一次函数表达式均未知，此时可根据点 A、点 B 都在双曲线上，故 $x_1 y_1 = x_2 y_2$，由点 A 坐标和点 P 坐标得出线段 AP 的中点 B 的坐标，代入 $x_1 y_1 = x_2 y_2$，可求出 x_1 和 x_2，进而得出 A，B 两点的横坐标。再通过构造 $\triangle PAD \backsim \triangle PCO$，结合题目条件 $b = y_1 + 1$，求出 A，B 两点的纵坐标。

（3）结合（1）（2）两问结果，可发现 $x_1 + x_2 = x_0$.

【解答】

（1）把 A（1，3）代入 $y = \dfrac{k}{x}$ 得：$k = 3$，把 B（3，y_2）代入 $y = \dfrac{3}{x}$ 得：$y_2 = 1$，$\therefore B$（3，1）. 把 A（1，3），B（3，1）分别代入 $y = ax + b$ 得：$\begin{cases} a + b = 3 \\ 3a + b = 1 \end{cases}$，解得：$\begin{cases} a = -1 \\ b = 4 \end{cases}$.

$\therefore y = -x + 4$，令 $y = 0$，得 $x = 4$，$\therefore P$（4，0）

（2）$\because AB = PB$，$\therefore B$ 是 AP 的中点，如图 5 - 8，由中点坐标公式知：$x_2 = \dfrac{x_1 + 6}{2}$，$y_2 = \dfrac{y_1}{2}$. $\because A$，B 两点都在双曲线上，$\therefore x_1 y_1 = \dfrac{x_1 + 6}{2} \times \dfrac{y_1}{2}$，解得 $x_1 = 2$，$\therefore x_2 = 4$. 作 $AD \perp x$ 于点 D，则 $\triangle PAD \backsim \triangle PCO$，$\therefore \dfrac{AD}{CO} = \dfrac{PD}{PO}$，即 $\dfrac{y_1}{b} = \dfrac{4}{6}$，又 $b = y_1 + 1$. $\therefore y_1 = 2$，$\therefore y_2 = 1$. $\therefore A$（2，2），B（4，1）

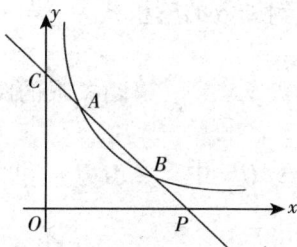

图 5 − 8

（3）结论：$x_1 + x_2 = x_0$.

三、反比例函数与三角函数综合

欲求反比例函数表达式，可充分利用题目条件中的三角函数值和线段的长度，求出反比例函数图像上某一点的坐标。反之，在已知反比例函数表达式的前提下，欲求出符合某一条件的点坐标，可以假设该点的横坐标，利用表达式表示出纵坐标，再根据题目条件列方程，从而求出点坐标。

例 5　如图 5 − 9，在平面直角坐标系中，直线 AB 与 x 轴交于点 B，与 y 轴交于点 A，与反比例函数 $y = \dfrac{x}{m}$ 的图像在第二象限交于点 C，$CE \perp x$ 轴，垂足为点 E，$\tan \angle ABO = \dfrac{1}{2}$，$OB = 4$，$OE = 2$. （1）求反比例函数的解析式；（2）若点 D 是反比例函数图像在第四象限上的点，过点 D 作 $DF \perp y$ 轴，垂足为点 F，连接 OD，BF，如果 $S_{\triangle BAF} = 4S_{\triangle DFO}$，求点 D 的坐标。

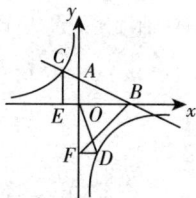

图 5 − 9

【思维方法导引】

（1）要求反比例函数表达式，可根据三角函数值及线段的长度，先求出点 C 的坐标，再代入反比例函数表达式求 m 的值。

（2）欲求点 D 坐标，可设点 $D\left(n, -\dfrac{n}{6}\right)$，利用字母 n 分别表示出 $\triangle BAF$ 和 $\triangle DFO$ 的底和高，从而表示出面积，根据 $S_{\triangle BAF} = 4S_{\triangle DFO}$ 列方程，求出 n.

【解答】

（1）$\because OB = 4$，$OE = 2$，$\therefore BE = OB + OE = 6$. $\because CE \perp x$ 轴，$\therefore \angle CEB = 90°$.

在 $Rt\triangle BEC$ 中，$BE = 6$，$\tan \angle ABO = \dfrac{1}{2}$，$\therefore CE = BE \cdot \tan \angle ABO = 6 \times \dfrac{1}{2} = 3$，

$\therefore C$（-2，3），可求出反比例函数的解析式为 $y = -\dfrac{x}{6}$；

（2）$\because$ 点 D 在反比例函数 $y = -\dfrac{x}{6}$ 第四象限的图像上，$\therefore$ 设点 D 的坐标为 $\left(n, -\dfrac{n}{6}\right)$ $(n > 0)$．在 $Rt\triangle AOB$ 中，$\angle AOB = 90°$，$OB = 4$，$\tan\angle ABO = \dfrac{1}{2}$，

$\therefore OA = OB \cdot \tan\angle ABO = 4 \times \dfrac{1}{2} = 2.$ $\because S_{\triangle BAF} = \dfrac{1}{2}AF \cdot OB = \dfrac{1}{2}(OA + OF) \cdot OB =$

$\dfrac{1}{2}\left(2 + \dfrac{6}{n}\right) \times 4 = 4 + \dfrac{12}{n}.$ $\because$ 点 D 在反比例函数 $y = -\dfrac{x}{6}$ 第四象限的图像上，

$\therefore S_{\triangle DFO} = \dfrac{1}{2} \times |-6| = 3.$ $\because S_{\triangle BAF} = 4 S_{\triangle DFO}$，$\therefore 4 + \dfrac{12}{n} = 4 \times 3$，解得 $n = \dfrac{3}{2}$，经

检验 $n = \dfrac{3}{2}$ 是分式方程的解，$\therefore$ 点 D 的坐标为 $\left(\dfrac{3}{2}, -4\right)$．

例 6　（改编题）已知：如图 5-10，在平面直角坐标系中，一次函数的图像 $y = ax + b$ $(a \neq 0)$ 与反比例函数 $y = \dfrac{k}{x}$ $(k \neq 0)$ 的图像交于第一、三象限内的 A、B 两点，与 x 轴交于 C 点，点 A 的坐标为 $(1, m)$，点 B 的坐标为 $(n, -1)$，$\tan\angle BOC = \dfrac{1}{3}$．

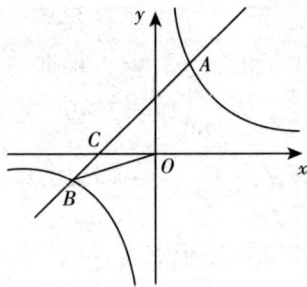

图 5-10

（1）求该反比例函数和一次函数的解析式；

（2）在 x 轴上有一点 E（O 点除外），使得 $\triangle BCE$ 是 $\triangle BCO$ 的面积的 3 倍，求出点 E 的坐标。

【思维方法导引】

（1）要求反比例函数表达式，即要求出点 B 的坐标，可过 B 点作 $BD \perp x$ 轴，由 $B(n, -1)$ 得 $BD = 1$，结合 $\tan\angle BOC = \dfrac{1}{3}$，求出 OD 的长度，从而确定 B 点坐标，得出反比例函数关系式，再由 A、B 两点横坐标与纵坐标的乘积相等求出 n 的值，由"两点法"求直线 AB 的解析式。

（2）点 E 为 x 轴上的点，要使得 $\triangle BCE$ 是 $\triangle BCO$ 的面积的 3 倍，只需要 $CE = 3CO$ 即可，根据直线 AB 解析式求出 CO，再确定 E 点坐标。

【解答】

（1）过 B 点作 $BD \perp x$ 轴，垂足为 D，如图 5-11，$\because B(n, -1)$，$\therefore BD = 1$，

在 Rt$\triangle OBD$ 中，$\tan\angle BOC = \dfrac{BD}{OD}$，解得 $OD = 3$，

又 $\because B$ 点在第三象限，$\therefore B$（-3，-1），将 B

（-3，-1）代入 $y = \dfrac{k}{x}$ 中，得 $k = 3$，$\therefore$ 反比例函数

解析式为 $y = \dfrac{3}{x}$，将 A（1，m）代入 $y = \dfrac{3}{x}$ 中，得 m

$= 3$，$\therefore A$（1，3），将 A（1，3），B（-3，-1）

代入 $y = ax + b$ 中，得一次函数解析式为 $y = x + 2$；

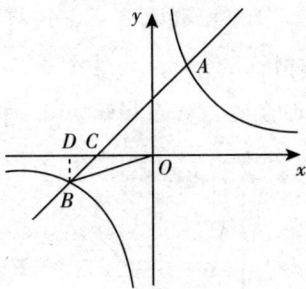

图 5 – 11

（2）由 $y = x + 2$ 得 C（-2，0），即 $OC = 2$，$\because S_{\triangle BCE} = 3S_{\triangle BCO}$，$\therefore CE = 3OC = 6$，$\therefore E$（$-8$，$0$）或 E（4，0）.

四、反比例函数与四边形综合

求反比例函数的表达式，如果题中出现了四边形面积的条件，这时可以将图形转化为能利用 | k | 表示面积的图形（矩形或三角形），从而结合题目条件求出反比例函数表达式。若图形的顶点在反比例函数 $y = kx$（$k \neq 0$）图像上，要求图形面积的最大（小）值，可以结合题意用 k 表示出图形面积，从而转化为求函数的最大（小）值问题。

例 7　如图 5 – 12，反比例函数 $y = \dfrac{k}{x}$（$x > 0$）

的图像与直线 $y = x$ 交于点 M，$\angle AMB = 90°$，其两边分别与两坐标轴的正半轴交于点 A，B，四边形 $OAMB$ 的面积为 6.

（1）求 k 的值；

（2）点 P 在反比例函数 $y = \dfrac{k}{x}$（$x > 0$）的图像

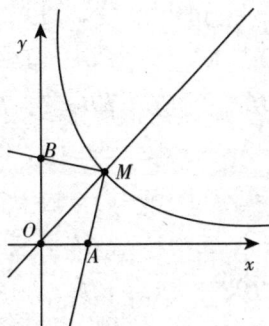

图 5 – 12

上，若点 P 的横坐标为 3，$\angle EPF = 90°$，其两边分别与 x 轴的正半轴，直线 $y = x$ 交于点 E，F，问是

否存在点 E，使得 $PE = PF$？若存在，求出点 E 的坐标；若不存在，请说明理由。

【思维方法导引】

（1）已知四边形 $OAMB$ 的面积为 6，由于过反比例函数图像上的点作 x 轴和 y 轴的垂线，构成的矩形面积为 | k |，结合图像在第一象限，得知 k 值。

（2）要求点 E，使得 $PE = PF$，可先求出点 P 的坐标，根据 E 的位置分两种情况讨论，构造全等三角形 $\triangle PGE \cong \triangle FHP$，得出线段 GE 的长度，得知 OE 的长度，从而得出点 E 的坐标。

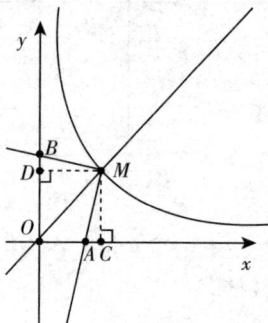
图 5-13

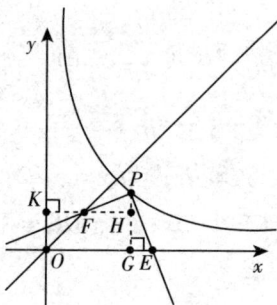
图 5-14

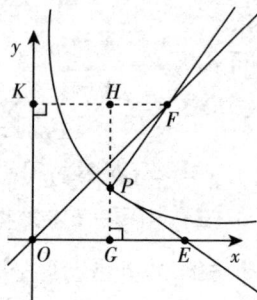
图 5-15

【解答】

（1）如图 5-13，过点 M 作 $MC \perp x$ 轴于点 C，$MD \perp y$ 轴于点 D，则 $\angle MCA = \angle MDB = 90°$，$\angle AMC = \angle BMD$，$MC = MD$，$\therefore \triangle AMC \cong \triangle BMD$，$\therefore S_{四边形 OCMD} = S_{四边形 OAMB} = 6$，$\therefore k = 6$.

（2）存在点 E，使得 $PE = PF$. 由题意得点 P 的坐标为（3，2），

① 如图 5-14，过点 P 作 $PG \perp x$ 轴于点 G，过点 F 作 $FH \perp PG$ 于点 H，交 y 轴于点 K，$\because \angle PGE = \angle FHP = 90°$，$\angle EPG = \angle PFH$，$PE = PF$，$\therefore \triangle PGE \cong \triangle FHP$，$\therefore PG = FH = 2$，$FK = OK = 3 - 2 = 1$，$GE = HP = 2 - 1 = 1$，$\therefore OE = OG + GE = 3 + 1 = 4$，$\therefore E$（4，0）；

② 如图 5-15，过点 P 作 $PG \perp x$ 轴于点 G，过点 F 作 $FH \perp PG$ 于点 H，交 y 轴于点 K，$\because \angle PGE = \angle FHP = 90°$，$\angle EPG = \angle PFH$，$PE = PF$，$\therefore \triangle PGE \cong \triangle FHP$，$\therefore PG = FH = 2$，$FK = OK = 3 + 2 = 5$，$GE = HP = 5 - 2 = 3$，$\therefore OE = OG + GE = 3 + 3 = 6$，$\therefore E$（6，0）. 综上可知，点 E 的坐标为（4，0）或（6，0）.

例8 如图 5-16，在矩形 $OABC$ 中，$OA = 3$，$OC = 2$，F 是 AB 上的一个动点（F 不与 A，B 重合），过点 F 的反比例函数 $y = \dfrac{x}{k}$（$k > 0$）的图像与 BC 边交于点 E.

（1）当 F 为 AB 的中点时，求该函数的解析式；

（2）当 k 为何值时，$\triangle EFA$ 的面积最大，最大面积是

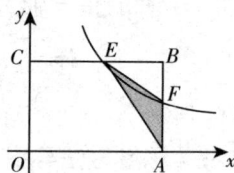
图 5-16

多少?

【思维方法导引】

(1) 由于点 A 和点 B 的坐标均已知,根据中点坐标公式可求出点 F 的坐标,从而求出函数表达式。

(2) 对于 $\triangle EFA$ 的面积表示,首先可以用字母 k 表示 $\triangle EFA$ 的底 AF 和高 BE,根据 $S_{\triangle EFA} = \dfrac{1}{2} AF \cdot BE$ 列式,不难发现问题转化为二次函数最值问题,从而得出面积的最大值。

【解答】

(1) $\because$ 在矩形 $OABC$ 中,$OA = 3$,$OC = 2$,$\therefore B$ $(3, 2)$,$\because F$ 为 AB 的中点,$\therefore F$ $(3, 1)$,$\because$ 点 F 在反比例函数 $y = \dfrac{k}{x}$ $(k > 0)$ 的图像上,$\therefore k = 3$,$\therefore$ 该函数的解析式为 $y = \dfrac{x}{3}$ $(x > 0)$.

(2) 由题意知 E,F 两点坐标分别为 $E\left(\dfrac{k}{2}, 2\right)$,$F\left(3, \dfrac{k}{3}\right)$,$\therefore S_{\triangle EFA} = \dfrac{1}{2} AF \cdot BE = \dfrac{1}{2} \times \dfrac{1}{3} k \left(3 - \dfrac{1}{2} k\right) = \dfrac{1}{2} k - \dfrac{1}{12} k^2 = -\dfrac{1}{12} (k^2 - 6k + 9 - 9) = -\dfrac{1}{12} (k - 3)^2 + \dfrac{4}{3}$,当 $k = 3$ 时,S 有最大值,$S_{最大值} = \dfrac{4}{3}$.

总之,在解答反比例函数与一次函数、三角函数、三角形、四边形综合题时,通常是结合图形,借助交点和关键点的坐标及图形的几何特征列方程求解,解题时注意区分反比例函数 $|k|$ 与 $\dfrac{1}{2} |k|$ 的几何意义。在涉及几何图形面积时,若所指图形是规则图形,则可以直接运用相应图形的面积公式,若不是规则图形,则可以采用割补法转化为规则图形求解。在遇到面积的最值问题时,可以先结合题意用 k 表示出图形面积,从而利用由"形"到"数"转化为求函数的最值问题。

　　圆的知识属于必考板块，考查重点多放在切线的证明、垂径定理的应用计算、动点（线）的弧长或扇形面积计算、借用圆的性质作图等方面。作为综合性习题的图形载体，无论是图形模型的构建，还是各类定理的灵活应用，都有一定的难度。为了更好地应变此类问题，积累处理解决问题的经验，本文对圆的知识点和考查类型梳理如下。

一、解题方法梳理

1. 利用圆的对称性解题

　　由圆的对称性研究了很多重要的定理：同圆或等圆的半径相等；垂径定理及其推论；同圆或等圆，圆心角、弧、弦之间的关系；圆周角定理等。这些性质在证明或计算时往往通过构造直角三角形，使其三边分别为"弦长的一半，圆的半径，圆心到弦的距离"，常与勾股定理相结合。巧用圆的对称性能妙解许多问题，使解题方法更灵活，思想更丰富，叙述更简洁，答案更完整。

2. 切线应用常用套路

　　圆的切线判定定理和性质定理作为圆的中考热点，近些年来，几乎成为江西省中考的必考知识点。而切线的证明更是高频出现，一般而言，对切线的证明包括以下三种方法：①定义法：直线和圆只有一个交点，这条直线是圆的切线；②数量关系法：圆心到这条直线的距离等于半径，直线与圆相切，常常简述为连半径证垂直；③判定定理：经过半径的外端且垂直于这条半径的直线是圆的切线，常常简述为作垂直证半径。根据题目条件，精准分析，选择合适的方法进行推理证明成为解题关键。

3. 动态定义巧得算理

江西省中考题对弧长和扇形面积计算多在实际情境应用问题中出现，特别是以旋转变换为基础的动点、动线问题，点动成线，线动成面，成为计算弧长和扇形面积的基本算理。解题时，充分把握弧长公式和扇形面积公式的基本要素——圆心角、半径即可快速求解。

4. 巧构隐圆模型妙解题

在中考数学中，有一类高频考题，明明图形中没有出现"圆"，但是解题中必须用到"圆"的知识点，我们称之为"隐圆模型"。正所谓，有"圆"千里来相会，无"圆"对面不相逢。该类问题的关键突破口就在于能否找到"隐藏的圆"。一旦"圆"形毕露，则问题解决手到擒来！构造隐圆的一般方法有：①利用圆的定义（共端点的三条线段）；②利用90°的圆周角所对的弦为直径；③利用圆的内接四边形对角互补。

5. 构建圆中的动态问题

圆中的动态问题，以圆为载体，通过点的运动、直线的运动，探究点和圆、直线和圆的位置关系。解答这类问题时，要求对几何元素的运动过程有一个完整、清晰的认识，不管点动、还是线动，要善于借助动态思维的观点来分析，不被"动"所迷惑，从特殊情形入手，变中求不变，动中求静，抓住静的瞬间，以静制动，把动态的问题转化为静态的问题来解决，从而找到"动"与"静"的联系，揭示问题的本质，发现运动中各个变量之间互相依存的函数关系，从而找到解决问题的突破口和途径。解决这类问题常常用到分类讨论、数形结合、方程与函数等数学思想方法。

6. 求解圆中的最值问题

以圆为载体的最值问题在中考试题中也多有出现，这类试题小而精，集多个知识点于一体能全方位考查基础知识、基本方法、基本思想以及数学思维。解决此类问题常用的方法技巧有：①根据"两点之间线段最短"；②根据"直线外一点到直线上各点的边线中，垂线段最短"；③利用轴对称性，求直线上一点到直线同一侧两点的线段之和最短；④根据"过圆内一点的所有弦中，直径是圆中最长的弦，与直径垂直的弦是最短的弦"；⑤根据函数的性质求最值。

二、典型例题赏析

1. 利用圆的对称性解题

例1 如图 6-1，△ABC 内接于 ⊙O，$AO = 2$，$BC = 2\sqrt{3}$，则 ∠BAC 的度数为_____.

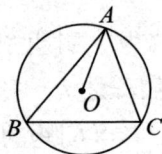

图 6-1

【思维方法导引】

在大多数的情况下求圆周角的度数问题，多半会转化为求圆心角的度数问题，再由圆周角定理推得圆周角的度数。$\angle BAC = \dfrac{1}{2}\angle BOC$. 该题条件明确给出半径为 2，弦 $BC = 2\sqrt{3}$，即可得到等腰△OBC 的三边长度，若过点 O 作 BC 的垂线段，便可得到两个直角三角形。根据垂径定理可轻松得到直角三角形两边的长度，通过三角函数值可求得角的度数，从而将所有问题串起来求得答案。

【解答】

∵ 如图 6-2，连接 OB、OC，过点 O 作 OD⊥BC，交 BC 于点 D.

∴ $OA = 2$，∵ $OB = OC = 2$. $OD \perp BC$，$BC = 2\sqrt{3}$，

∴ $BD = CD = \dfrac{1}{2}BC = \dfrac{1}{2} \times \sqrt{3} = \sqrt{3}$.

在 Rt△BDO 中，∵ $\sin \angle BOD = \dfrac{BD}{BO} = \dfrac{\sqrt{3}}{2}$，∴ $\angle BOD = 60°$.

∵ △BOC 是等腰三角形，∴ $\angle BOC = 2\angle BOD = 2 \times 60° = 120°$，

∴ $\angle BAC = \dfrac{1}{2} \times \angle BOC = \dfrac{1}{2} \times 120° = 60°$

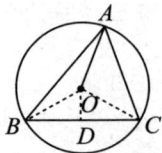

图 6-2

例2　在⊙O中，AB为直径，点C为圆上一点，将劣弧沿弦AC翻折交AB于点D，连接CD.

（1）如图6-3，若点D与圆心O重合，AC=2，求⊙O的半径r；

（2）如图6-4，若点D与圆心O不重合，∠BAC=25°，请直接写出∠DCA的度数。

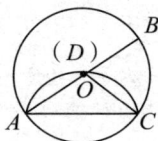
　　　　　　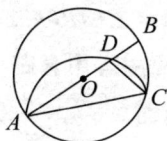

图6-3　　　　　　　　　　　　　　图6-4

【思维方法导引】

（1）已知弦长，求半径。作辅助线过点O作OE⊥AC于E构造出半径、半弦、弦心距为边的直角三角形是解决该类问题的常规套路。通过轴对称得出弦心距OE为半径长度的一半非常关键。最后利用勾股定理列式计算即可得解。

（2）该题比较容易从直径AB这个条件入手，通过连接BC得到∠ACB=90°，从而求得∠B的度数。解题的难点和关键在于，根据翻折的性质，看出$\overset{\frown}{AC}$所对的圆周角为∠B，$\overset{\frown}{ABC}$所对的圆周角为∠ADC，得到∠B和∠ADC互补这一结论。最后根据三角形的一个内角等于两个不相邻的内角和即可求得∠DCA的度数。

【解答】

（1）如图6-5，过点O作OE⊥AC于E，则$AE=\frac{1}{2}AC=\frac{1}{2}\times 2=1$，

∵翻折后点D与圆心O重合，∴$OE=\frac{1}{2}r$，

在Rt△AOE中，$AO^2=AE^2+OE^2$，即$r^2=1^2+\left(\frac{1}{2}r\right)^2$，解得$r=\frac{2\sqrt{3}}{3}$.

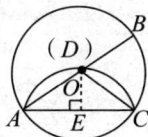
　　　　　　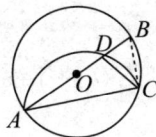

图6-5　　　　　　　　　　　　　　图6-6

（2）如图 6-6，连接 BC，

$\because AB$ 是直径，$\therefore \angle ACB = 90°$，

$\because \angle BAC = 25°$，$\therefore \angle B = 90° - \angle BAC = 90° - 25° = 65°$，

根据翻折的性质，$\overset{\frown}{AC}$ 所对的圆周角为 $\angle B$，$\overset{\frown}{ABC}$ 所对的圆周角为 $\angle ADC$

$\therefore \angle ADC + \angle B = 180°$，$\therefore \angle B = \angle CDB = 65°$，

$\therefore \angle DCA = \angle CDB - \angle A = 65° - 25° = 40°$。

2. 切线应用常用套路

例3 如图 6-7，在 $\triangle ABC$ 中，O 为 AC 上一点，以点 O 为圆心，OC 为半径做圆，与 BC 相切于点 C，过点 A 作 $AD \perp BO$ 交 BO 的延长线于点 D，且 $\angle AOD = \angle BAD$。

（1）求证：AB 为 $\odot O$ 的切线；

（2）若 $BC = 6$，$\tan \angle ABC = \dfrac{4}{3}$，求 AD 的长。

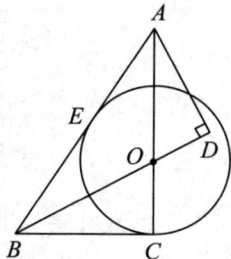

图 6-7

【思维方法导引】

（1）首先考虑用哪种方法证明切线。一般情况下，没有明确涉及直线与圆的交点个数，定义法证明切线相对较少。而切线判定定理法，通常需要先找到过半径外端的直线，该题条件中并没指出 AB 过半径外端。所以考虑使用数量关系法，即过圆心作 AB 的垂线，再证明垂线段的长度等于半径即可。

（2）先根据 $BC = 6$，$\tan \angle ABC = \dfrac{4}{3}$，在 Rt$\triangle ABC$ 中，求得 $AC = 8$，$AB = 10$，再由切线长定理知 $BE = BC = 6$、$AE = 4$、$OE = 3$，继而得 $BO = 3\sqrt{5}$，再证 $\triangle ABD \backsim \triangle OBC$，得 $\dfrac{OC}{AD} = \dfrac{OB}{AB}$，从而得出答案。

【解答】

（1）如图 6-8，过点 O 作 $OE \perp AB$ 于点 E，

$\because AD \perp BO$ 于点 D，$\therefore \angle D = 90°$。

$\therefore \angle BAD + \angle ABD = 90°$，$\angle AOD + \angle OAD = 90°$。

$\because \angle AOD = \angle BAD$，$\therefore \angle ABD = \angle OAD$。

又$\because BC$ 为 $\odot O$ 的切线，$\therefore AC \perp BC$，$\therefore \angle BCO = \angle D = 90°$。

$\therefore \angle BOC = \angle AOD$，$\therefore \angle OBC = \angle OAD = \angle ABD$。

在 $\triangle BOC$ 和 $\triangle BOE$ 中，

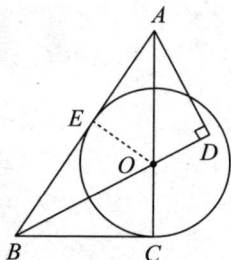

图 6-8

$$\because \begin{cases} \angle OBC = \angle OBE \\ \angle OCB = \angle OEB, \\ BO = BO \end{cases}$$

$\therefore \triangle BOC \cong \triangle BOE$（AAS），$\therefore OE = OC$.

$\because OE \perp AB$，$\therefore AB$ 是 $\odot O$ 的切线.

（2）$\because \angle ABC + \angle BAC = 90°$，$\angle EOA + \angle BAC = 90°$，$\therefore \angle EOA = \angle ABC$，

$\because \tan \angle ABC = \dfrac{4}{3}$，$BC = 6$，$\therefore AC = BC \cdot \tan \angle ABC = 8$，

则 $AB = 10$，由（1）知 $BE = BC = 6$，$\therefore AE = 4$，

$\because \tan \angle EOA = \tan \angle ABC = \dfrac{4}{3}$，$\therefore \dfrac{OE}{AE} = \dfrac{3}{4}$，

$\therefore OE = 3$，$OB = \sqrt{BE^2 + OE^2} = 3\sqrt{5}$，

$\because \angle ABD = \angle OBC$，$\angle D = \angle ACB = 90°$，$\therefore \triangle ABD \backsim \triangle OBC$.

$\therefore \dfrac{OC}{AD} = \dfrac{OB}{AB}$，即 $\dfrac{3}{AD} = \dfrac{3\sqrt{5}}{10}$，$\therefore AD = 2\sqrt{5}$.

3. 动态定义巧得算理

例4 图 6 – 9 是一种折叠门，由上下轨道和两扇长宽相等的活页门组成，整个活页门的右轴固定在门框上，通过推动左侧活页门开关。图 6 – 10 是其俯视简化示意图，已知轨道 $AB = 120\mathrm{cm}$，两扇活页门的宽 $OC = OB = 60\mathrm{m}$，点 B 固定，当点 C 在 AB 上左右运动时，OC 与 OB 的长度不变。（所有的结果保留小数点后一位）

（1）若 $\angle OBC = 50°$，求 AC 的长；

（2）当点 C 从点 A 向右运动 $60\mathrm{cm}$ 时，求点 O 在此过程中运动的路径长。

参考数据：$\sin 50° \approx 0.77$. $\cos 50° \approx 0.64$，$\tan 50° \approx 1.19$，π 取 3.14.

图 6 – 9

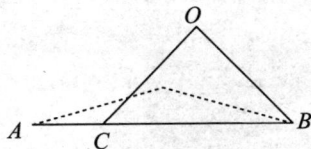

图 6 – 10

【思维方法导引】

首先由条件判断点的轨迹，根据圆的定义得到点 O 在此过程中运动路径是以 B 点为圆心，BO 为半径的弧；再探索弧所对的圆心角的大小，通过判断 $\triangle OBC$ 为等边三角形得到 $\angle OBC = 60°$，最后根据弧长公式计算即可。

【解答】

（1）作 $OH \perp BC$ 于 H，如图 6 – 11，

$\because OB = OC$，$\therefore BH = CH$，在 Rt $\triangle OBH$ 中，$\because$

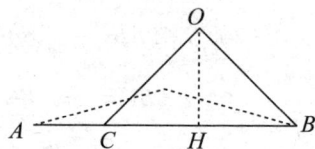

$\cos \angle OBH = \dfrac{BH}{OB}$，

$\therefore BH = 60 \cdot \cos 50° = 60 \times 0.64 = 38.4$，

图 6 – 11

$\therefore BC = 2BH = 2 \times 38.4 = 76.8$，$\therefore AC = AB - BC = 120 - 76.8 = 43.2$.

答：AC 的长为 43.2cm；

（2）$\because OB = OC = 60$，而 $BC = 60$，$\therefore \triangle OBC$ 为等边三角形，$\therefore \angle OBC = 60°$，$\therefore$ 当点 C 从点 A 向右运动 60cm 时，点 O 在此过程中运动路径是以 B 点为圆心，BO 为半径，圆心角为 $60°$ 的弧，$\therefore$ 点 O 在此过程中运动的路径长 $= \dfrac{60 \cdot \pi \cdot 60}{180} = 20\pi \approx 62.8$（cm）.

例 5 如图 6 – 12，一辆汽车的背面，有一种特殊形状的刮雨器，忽略刮雨器的宽度可抽象为一条折线 OAB，如图 6 – 13 所示，量得连杆 OA 长为 10cm，雨刮杆 AB 长为 48cm，$\angle OAB = 120°$. 若启动一次刮雨器，雨刮杆 AB 正好扫到水平线 CD 的位置，如图 6 – 14 所示。

（1）求雨刮杆 AB 旋转的最大角度及 O、B 两点之间的距离；（结果精确到 0.01）

（2）求雨刮杆 AB 扫过的最大面积。（结果保留 π 的整数倍）（参考数据：$\sin 60° = \dfrac{\sqrt{3}}{2}$，$\cos 60° = \dfrac{1}{2}$，$\tan 60° = \sqrt{3}$，$\sqrt{721} \approx 26.851$，可使用科学计算器）

图 6 – 12

图 6 – 13

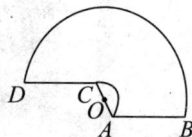

图 6 – 14

【思维方法导引】

典型的线动成面问题，线段 AB 绕点 O 旋转扫过的图形如图 6-16 所示（非扇形），由问题（1）可知 AB 旋转的最大角度为 $180°$，即 D、O、B 三点共线，C、O、A 三点共线，由中心对称可知 $\triangle BAO \cong \triangle DCO$. 故而，雨刮杆 AB 扫过的最大面积可转化为以 BO、AO 为半径的半圆环。

【解答】

（1）如图 6-16 所示，A 点转到 C 点，B 点转到 D 点，启动一次刮雨器，雨刮杆 AB 正好扫到水平线 CD 的位置，故雨刮杆 AB 旋转的最大角度为 $180°$，如图 6-15，过点 O 作 $OE \perp BA$，交 BA 延长线于点 E，连接 BO，

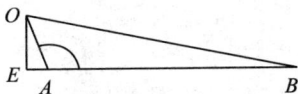

图 6-15

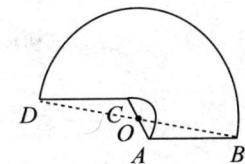

图 6-16

$\because \angle OAB = 120°$，$\therefore \angle OAE = 60°$，$\therefore \angle EOA = 30°$，

$\because OA$ 长为 10cm，$\therefore EA = \dfrac{1}{2}OA = 5$（cm），

$\therefore EO = \sqrt{10^2 - 5^2} = 5\sqrt{3}$（cm），

$\because AB$ 长为 48cm，$\therefore EB = 48 + 5 = 53$（cm），

$\therefore BO = \sqrt{53^2 + \left(5\sqrt{3}\right)^2} = \sqrt{2884} = 2\sqrt{721} \approx 53.70$（cm）；

答：雨刮杆 AB 旋转的最大角度为 $180°$，O、B 两点之间的距离为 53.70cm；

（2）$\because$ 雨刮杆 AB 旋转 $180°$ 得到 CD，即 $\triangle OCD$ 与 $\triangle OAB$ 关于点 O 中心对称，

$\therefore \triangle BAO \cong \triangle DCO$，$\therefore S_{\triangle BAO} = S_{\triangle DCO}$，

$\therefore$ 雨刮杆 AB 扫过的最大面积 $S = \dfrac{1}{2}\pi\left(OB^2 - OA^2\right) = 1392\pi$（cm²）．

答：雨刮杆 AB 扫过的最大面积为 $1392\pi\text{cm}^2$．

4. 巧构隐圆模型妙解题

例 6 在平面直角坐标系中，A，B，C 三点的坐标分别为（4，0），（4，4），（0，4），点 P 在 x 轴上，点 D 在直线 AB 上，若 $DA = 1$，$CP \perp DP$ 于点 P，则点 P 的坐标为_____.

【思维方法导引】

根据已知条件构建基本图形，一方面通过 $DA=1$ 确定点 D 的位置，从而进行分类讨论；另一方面从 $CP \perp DP$ 入手，联想到"90°的圆周角所对的弦为直径"，以 CD 为直径作圆，直观找到点 P 的位置，最后利用相似三角形的知识解决问题。

【解答】

设 $P(m, 0)$，如图 $6-17$，$\angle CPD = 90°$，$\triangle OCP \backsim \triangle APD$，$\therefore \dfrac{OC}{AP} = \dfrac{OP}{AD}$，

即：$\dfrac{4}{4-m} = \dfrac{m}{1}$，$\therefore m = 2$，$\therefore P(2, 0)$

如图 $6-18$，$\angle CPD = 90°$，$\triangle OCP \backsim \triangle APD$，$\therefore \dfrac{OC}{AP} = \dfrac{OP}{AD}$. 即：$\dfrac{4}{m-4} = \dfrac{m}{1}$，

$\therefore m = 2 \pm 2\sqrt{2}$，$\therefore P(2 \pm 2\sqrt{2}, 0)$

综上所述，$P_1(2, 0)$，$P_2(2+2\sqrt{2}, 0)$，$P_3(2-2\sqrt{2}, 0)$

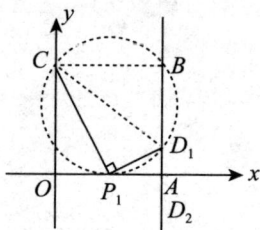

图 6-17

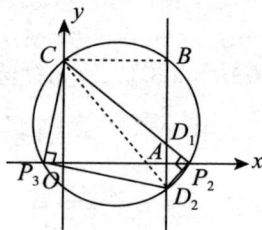

图 6-18

5. 构建圆中的动态问题

例 7 如图 $6-19$，在菱形 $ABCD$ 中，对角线 AC，BD 相交于点 O，$AC = 12$cm，$BD = 16$cm，动点 N 从点 D 出发，沿线段 DB 以 2cm/s 的速度向点 B 运动，同时动点 M 从点 B 出发，沿线段 BA 以 1cm/s 的速度向点 A 运动，当其中一个动点停止运动时另一个动点也随之停止，设运动时间为 t（s）（$t > 0$），以点 M 为圆心，MB 长为半径的 $\odot M$ 与射线 BA，线段 BD 分别交于点 E，F，连接 EN.

（1）求 BF 的长（用含有 t 的代数式表示），并求出 t 的取值范围。

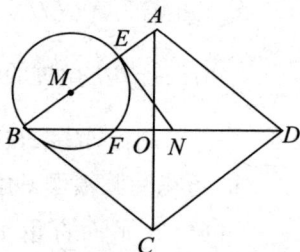

图 6-19

（2）当 t 为何值时，线段 EN 与 $\odot M$ 相切？

（3）若 $\odot M$ 与线段 EN 只有一个公共点，求 t 的取值范围。

【思维方法导引】

该题属于中考压轴题，综合性较强。解题的关键是灵活运用所学知识解决问题。学会用构建方程的思想思考问题。①需要构造几何模型找到等量关系。连接半径 MF. 很快发现 $MF /\!/ AD$，通过平行线分线段成比例，列方程求解即可；②由切线判定定理入手，当 $\angle BEN = 90°$ 时，线段 EN 与 $\odot M$ 相切，再利用菱形的性质判断 $\triangle BEN \backsim \triangle BOA$，通过对应边成比例列方程求解即可；③从特殊情况入手分类讨论，情况1：$\odot M$ 与线段 EN 相切；情况2：点 N 在 $\odot M$ 上。动态分析临界状态，易求出 t 的取值范围。

【解答】

（1）如图 $6-20$，连接 MF.

∵ 四边形 $ABCD$ 是菱形，∴ $AB = AD$，$AC \perp BD$，$OA = OC = 6$，$OB = OD = 8$，

在 Rt$\triangle AOB$ 中，$AB = \sqrt{6^2 + 8^2} = 10$，

∵ $MB = MF$，$AB = AD$，∴ $\angle ABD = \angle ADB = \angle MFB$，

∴ $MF /\!/ AD$，∴ $\dfrac{BM}{BA} = \dfrac{BF}{BD}$，∴ $\dfrac{t}{10} = \dfrac{BF}{16}$，∴ $BF = \dfrac{8}{5}$

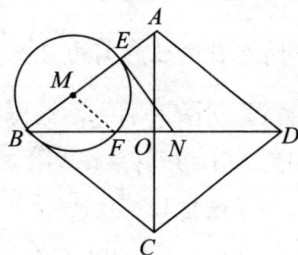
图 $6-20$

$t\ (0 < t \leqslant 8)$.

（2）当线段 EN 与 $\odot M$ 相切时，易知 $\triangle BEN \backsim \triangle BOA$，

∴ $\dfrac{BE}{OB} = \dfrac{BN}{AB}$，∴ $\dfrac{2t}{8} = \dfrac{16 - 2t}{10}$，

∴ $t = \dfrac{32}{9}$. ∴ 当 $t = \dfrac{32}{9}$（s）时，线段 EN 与 $\odot M$ 相切。

（3）由题意可知，当 $0 < t \leqslant \dfrac{32}{9}$ 时，$\odot M$ 与线段 EN 只有一个公共点。

当点 N 在 $\odot M$ 内部时，也满足条件，当 F 与 N 重合时，$\dfrac{8}{5}t + 2t = 16$，解得

$t = \dfrac{40}{9}$（s），

∴ 当 $\dfrac{40}{9} < t < 8$ 时，$\odot M$ 与线段 EN 只有一个公共点，

综上所述，满足条件 t 的取值范围为 $0 < t \leqslant \dfrac{32}{9}$ 或 $\dfrac{40}{9} < t < 8$.

6. 求解圆中的最值问题

例8 如图6-21，AB 是圆 O 的直径，点 C 在 AB 的延长线上，$AB = 4$，$BC = 2$，P 是圆 O 上半部分的一个动点，连接 OP，CP.

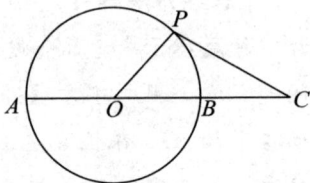

(1) 求 $\triangle OPC$ 的最大面积；

(2) 求 $\angle OCP$ 的最大度数。

图6-21

【思维方法导引】

在动点情况下判断面积或角度的最大值，需找准决定性变量因素。如在边 OC 的长为定值的前提下，$\triangle OPC$ 的最大面积取决于 OC 边上的高，即点 P 到 OC 的距离。此时很快可以做出判断，对于在圆 O 上的动点 P 而言，当 $OP \perp OC$ 时，OC 边长的高为最大值。同理，因为 $\sin \angle PCO = \dfrac{d}{OC}$（$d$ 为点 O 到 PC 的距离），$\angle OCP$ 的大小取决于 d 的大小，当 PC 相切与圆时，即 $OP \perp PC$ 时，d 最大，$\angle OCP$ 的度数也最大，根据切线的性质即可求得。

【解答】

(1) $\because \triangle OPC$ 的边长 OC 是定值。

$\therefore$ 当 $OP \perp OC$ 时，OC 边上的高为最大值，此时 $\triangle OPC$ 的面积最大。

$\because AB = 4$，$BC = 2 \therefore OP = OB = 2$，$OC = OB + BC = 4$，

$\therefore S_{\triangle OPC} = \dfrac{1}{2} OC \cdot OP = \dfrac{1}{2} \times 4 \times 2 = 4$，即 $\triangle OPC$ 的最大面积为 4.

(2) 当 PC 与 $\odot O$ 相切即 $OP \perp PC$ 时，$\angle OCP$ 的度数最大。

在 Rt$\triangle OPC$，$\angle OPC = 90°$，$OC = 4$，$OP = 2$，$\because \sin \angle OCP = \dfrac{OP}{OC} = \dfrac{2}{4} = \dfrac{1}{2}$，

$\therefore \angle OCP = 30°$，即 $\angle OCP$ 的最大度数为 30°.

在实际解题过程中，有可能出现以下情况造成失分，这就有必要加以防范与规避。

(1) 与圆有关的计算，通常与勾股定理、垂径定理、三角形全等、三角形相似等知识联系，规律性不明显，分析时要重点注意观察已知条件，有逻辑地进行线段或角度的转化。特别是角、弧、弦之间的相互转化，构建方程，从而化未知为已知，解决问题。

(2) 圆的相关问题，大多涉及辅助线的构造，而如何添加有用的辅助线成

为许多学生的瓶颈。常用构造模型包括：垂径定理模型、勾股定理模型、三角函数模型、射影定理模型等。连接半径（直径）、做弦的垂线段、构造直径所对的圆周角等是常用辅助线。

（3）缺乏建模意识，学生需借助基本图形的结论发现问题中的线段关系，把问题分解为若干基本图形中的基本结论，进而找出隐藏的线段之间的数量关系。

专题七 代数应用题

代数应用题主要是让学生运用数学知识解决实际问题，解代数应用题的通常思路是先把实际问题转化为数学问题，通过解决数学问题从而得出实际问题的解。新课程标准越来越重视对学生思维能力和实际应用能力的培养，所以中考的代数应用题会变得更灵活、更贴近实际生活，学生需要学会从数学的角度去看待实际问题。

（1）仅含文字的方程或不等式应用题：题目用文字引入实际情境并提出问题，我们要从文字中提取信息，读懂题目的背景知识，分析关键语句，来找到已知量、未知量和它们之间的等量关系或不等关系，从而列出方程或不等式来解题。

（2）含表格的方程或不等式应用题：题目的信息以表格的形式呈现，我们要充分挖掘表格中的量和数量关系，一般情况下，可以直接从表格中读出等量关系或不等关系，但有时候它们是隐藏的，这时我们可以根据题目背景、实际生活或自然科学知识来找，然后列出方程或不等式来解题。

（3）含表格的函数应用题：和上面类似，我们需要结合题意提炼表格中的信息，找到关键数据求出函数的解析式，再以此为基础联系题目情境和其他数学知识解决问题。

（4）含图像的函数应用题：题目以函数图像为主并辅以文字进行说明，是典型的数形结合；在解题时需要将图像和文字说明有机地结合在一起，正确理解和处理图像信息，从图像的形状、位置、变化趋势等信息中找出图像中的关键点或关键线段，求出相应函数的解析式，再以此解决其他问题。

一、仅含文字的方程或不等式应用题

例1　为厉行节能减排，倡导绿色出行，今年3月以来"共享单车"（俗称"小黄车"）公益活动登陆我市中心城区，某公司拟在甲、乙两个街道社区投放一批"小黄车"，这批自行车包括 A、B 两种不同款型，请回答下列问题：

（1）单价。

该公司早期在甲街区进行了试点投放，共投放 A、B 两种类型自行车各50辆，投放成本共计7500元，其中 B 型车的成本单价比 A 型车高10元，A、B 两型自行车的成本单价各是多少？

（2）投放方式。

该公司决定采取如下投放方式：甲街区每1000人投放 a 辆"小黄车"，乙街区每1000人投放 $\dfrac{8a+240}{a}$ 辆"小黄车"，按照这种投放方式，甲街区共投放1500辆，乙街区共投放1200辆，如果两个街区共有15万人，试求 a 的值．

【思维方法导引】

（1）本小题有两个对象：A 型自行车和 B 型自行车，涉及的量有：成本单价、小黄车数量、成本总价；给了两个等量关系：B 型车的成本单价 = A 型车的成本单价 +10，A 型车的成本总价 + B 型车的成本总价 =7500；设 A 型车的成本单价为 x 元，B 型车的成本单价为 y 元，所有的量通过列表分析如下，见表7-1。

表7-1

	A 型自行车	B 型自行车
成本单价	x 元	y 元
小黄车数量	50 辆	50 辆
成本总价	50x 元	50y 元

再根据两个等量关系列二元一次方程组即可求解。

（2）本小题有两个对象：甲街区和乙街区，涉及的量有：每千人小黄车投放数量、小黄车总数量、人数；给了一个等量关系：甲街区人数 + 乙街区人数 =15 万；所有的量通过列表分析如下，见表7-2：

表 7 - 2

	甲街区	乙街区
每千人小黄车投放数量	a 辆	$\dfrac{8a+240}{a}$ 辆
小黄车总数量	1500 辆	1200 辆
人数	$\dfrac{1500}{a} \cdot 1000$ 人	$\dfrac{1200}{\frac{8a+240}{a}} \cdot 1000$ 人

再根据等量关系列分式方程即可求解。

【解答】

(1) 设 A 型车的成本单价为 x 元，B 型车的成本单价为 y 元，

依题意得：$\begin{cases} y = x + 10 \\ 50x + 50y = 7500 \end{cases}$，解得 $\begin{cases} x = 70 \\ y = 80 \end{cases}$.

答：A，B 两型自行车的成本单价分别是 70 元和 80 元。

(2) 由题可得 $\dfrac{1500}{a} \times 1000 + \dfrac{1200}{\frac{8a+240}{a}} \times 1000 = 150000$.

解得 $a = 15$. 经检验：$a = 15$ 是所列方程的解。

故 a 的值为 15.

例 2 某旅行团 32 人在景区 A 游玩，他们由成人、少年和儿童组成。已知儿童 10 人，成人比少年多 12 人。

(1) 求该旅行团中成人与少年分别是多少人？

(2) 因时间充裕，该团准备让成人和少年（至少各 1 名）带领 10 名儿童去另一景区 B 游玩。景区 B 的门票价格为 100 元/张，成人全票，少年 8 折，儿童 6 折，一名成人可以免费携带一名儿童。

① 若由成人 8 人和少年 5 人带队，则所需门票的总费用是多少元？

② 若剩余经费只有 1200 元可用于购票，在不超额的前提下，最多可以安排成人和少年共多少人带队？求所有满足条件的方案，并指出哪种方案购票费用最少。

【思维方法导引】

(1) 设成人与少年的人数为未知数，根据等量关系：成人人数＋少年人数＋儿童人数＝32，成人人数－少年人数＝12，分别列方程，解方程组即可。

（2）①一名成人可以免费携带一名儿童，所以儿童只需再买 2 张票，分别求出 8 个成人，5 个少年和 2 个儿童的费用，三者相加即可；②设可以安排成人 a 人，少年 b 人，则 $1 \leq a \leq 17$，$1 \leq b \leq 5$。因为一名成人可以免费携带一名儿童，所以分两种情况讨论：当 $a \geq 10$ 时，儿童不用买票；当 $a < 10$ 时，则 $(10 - a)$ 名儿童需要买票；

当 $10 \leq a \leq 17$ 时，容易发现 $a \geq 12$ 时，不符合题意，所以只需讨论 $a = 11$ 和 $a = 10$ 这两种情况；

当 $1 \leq a < 10$ 时，费用为 $100a + 80b + 60(10 - a) \leq 1200$，化简得 $b \leq 7.5 - 0.5a$，由此可知，当 a 减少 1 个单位时，b 增加 0.5 个单位的变化范围，则 a 越小，$a + b$ 的最大值越小。所以从 $a = 9$ 开始讨论，可以发现当 $a \leq 8$ 时，$a + b$ 达不到最大，此时只有 $a = 9$ 符合题意。

最后比较符合条件的方案，在人数相等的条件下再比较费用，得出费用最少的方案。

【解答】

（1）设成人有 x 人，少年 y 人，

根据题意，得 $\begin{cases} x + y + 10 = 32 \\ x = y + 12 \end{cases}$，解得 $\begin{cases} x = 17 \\ y = 5 \end{cases}$.

答：该旅行团中成人与少年分别是 17 人、5 人。

（2）①由题意可得，由成人 8 人和少年 5 人带队，则所需门票的总费用是：$100 \times 8 + 5 \times 100 \times 0.8 + (10 - 8) \times 100 \times 0.6 = 1320$（元）.

答：由成人 8 人和少年 5 人带队，则所需门票的总费用是 1320 元。

②设可以安排成人 a 人，少年 b 人带队，则 $1 \leq a \leq 17$，$1 \leq b \leq 5$，

当 $10 \leq a \leq 17$ 时，若 $a \geq 12$，则成人门票至少是 1200 元，而少年至少有 1 人，此时会超出经费，不符合题意，舍去。

若 $a = 11$，则费用为 $100 \times 11 + 100 \times b \times 0.8 \leq 1200$，得 $b \leq 1.25$，

∴ b 的最大值是 1，此时 $a + b = 12$，费用为 1180 元；

若 $a = 10$，则费用为 $100 \times 10 + 100 \times b \times 0.8 \leq 1200$，得 $b \leq 2.5$，

∴ b 的最大值是 2，此时 $a + b = 12$，费用为 1160 元；

当 $1 \leq a < 10$ 时，则费用为 $100a + 80b + 60(10 - a) \leq 1200$，化简得 $b \leq 7.5 - 0.5a$，可知当 a 减少 1 个单位时，b 增加 0.5 个单位的变化范围，所以 a 越小，$a + b$ 的最大值越小。

若 $a = 9$，得 $b \leq 3$，此时 b 的最大值是 3，$a + b = 12$，费用为 1200 元；

若 $a=8$，得 $b \le 3.5$，此时 b 的最大值是 3，$a+b=11<12$，不符合题意，舍去；

所以，当 $a<8$ 时，$a+b<12$，不符合题意，舍去；

综上所述，最多安排成人和少年 12 人带队，有三个方案：成人 10 人，少年 2 人；成人 11 人，少年 1 人；成人 9 人，少年 3 人；其中成人 10 人，少年 2 人时购票费用最少。

二、含表格的方程或不等式应用题

例 3 某厂按用户的月需求量 x（件）完成一种产品的生产，其中 $x>0$，每件的售价为 18 万元，每件的成本 y（万元）是基础价与浮动价的和，其中基础价保持不变，浮动价与月需求量 x（件）成反比，经市场调研发现，月需求量 x 与月份 n（n 为整数，$1 \le n \le 12$），符合关系式 $x=2n^2-2kn+9$（$k+3$）（k 为常数），且得到了表中的数据，见表 7-3。

表 7-3

月份 n（月）	1	2
成本 y（万元/件）	11	12
需求量 x（件/月）	120	100

（1）求 y 与 x 满足的关系式，请说明一件产品的利润能否是 12 万元；

（2）求 k 的值，并推断是否存在某个月既不盈利也不亏损；

（3）在这一年 12 个月中，若第 m 个月和第（$m+1$）个月的利润相差最大，求 m。

【思维方法导引】

（1）成本 y（万元）是基础价与浮动价的和：基础价保持不变，可设基础价为 a 万元；浮动价与月需求量 x（件）成反比，可设浮动价为 $\dfrac{b}{x}$ 万元；则 $y=a+\dfrac{b}{x}$，将表中相关数据代入可求得 a、b 的值。看一件产品的利润能否是 12 万元，只需把 $y=12$ 时对应的 x 的值求出来，看是否符合题意即可。

（2）将 $n=1$，$x=120$ 代入 $x=2n^2-2kn+9$（$k+3$）即可求得 k 的值；当某个月既不盈利也不亏损，则售价等于成本，即 $y=18$，求出此时 x 的值，再代入 $x=2n^2-2kn+9$（$k+3$），看此方程是否有解，即可判断是否存在某个月既不盈利也不亏损。

（3）设第 m 个月的利润为 W，第 $(m+1)$ 个月的利润为 W' $(1 \leqslant m \leqslant 11)$，把 W 和 W' 都用含 m 的式子表示出来，然后对 W 和 W' 的大小进行分类讨论，用大的减去小的，最后结合 m 的范围和一次函数的性质即可得出结果。

【解答】

（1）由题意，设 $y = a + \dfrac{b}{x}$，由表中数据可得：$\begin{cases} 11 = a + \dfrac{b}{120} \\ 12 = a + \dfrac{b}{100} \end{cases}$，解

得：$\begin{cases} a = 6 \\ b = 600 \end{cases}$，

$\therefore y = 6 + \dfrac{600}{x}$，由题意，若利润为 12 万元，则 $12 = 18 - \left(6 + \dfrac{600}{x} \right)$，则 $\dfrac{600}{x} = 0$，

$\because x > 0$，$\therefore \dfrac{600}{x} > 0$，$\therefore$ 一件产品的利润不可能是 12 万元。

（2）将 $n = 1$，$x = 120$ 代入 $x = 2n^2 - 2kn + 9 (k + 3)$，得：$120 = 2 - 2k + 9k + 27$，解得：$k = 13$，$\therefore x = 2n^2 - 26n + 144$.

若某个月既不盈利也不亏损，则：$18 = 6 + \dfrac{600}{x}$，解得：$x = 50$，

$\therefore 50 = 2n^2 - 26n + 144$，即 $n^2 - 13n + 47 = 0$，

$\because \Delta = (-13)^2 - 4 \times 1 \times 47 < 0$，$\therefore$ 方程无实数根，

$\therefore$ 不存在某个月既不盈利也不亏损。

（3）设第 m 个月的利润为 W，第 $(m+1)$ 个月的利润为 W' $(1 \leqslant m \leqslant 11)$，则 $W = x (18 - y) = 18x - x \left(6 + \dfrac{600}{x} \right) = 12 (x - 50) = 24 (m^2 - 13m + 47)$，

$\therefore$ 第 $(m+1)$ 个月的利润为 $W' = 24 \left[(m+1)^2 - 13 (m+1) + 47 \right] = 24 (m^2 - 11m + 35)$，若 $W \geqslant W'$，$W - W' = 48 (6 - m)$，m 取最小值 1，$W - W'$ 取得最大值 240；若 $W < W'$，$W' - W = 48 (m - 6)$，m 取最大值 11，$W' - W$ 取得最大值 240；

$\therefore m = 1$ 或 11.

例 4 某商场的运动服装专柜，对 A、B 两种品牌的运动服分两次采购试销后，效益可观，计划继续采购进行销售。已知这两种服装过去两次的进货情况如表 7 - 4。

表 7 – 4

	第一次	第二次
A 品牌运动服装数/件	20	30
B 品牌运动服装数/件	30	40
累计采购款/元	10200	14400

（1）问 A、B 两种品牌运动服的进货单价各是多少元？

（2）由于 B 品牌的销量明显好于 A 品牌，商家决定采购 B 品牌的件数比 A 品牌件数的 $\frac{3}{2}$ 倍多 5 件，在采购总价不超过 21300 元的情况下，最多能购进多少件 B 品牌运动服？

【思维方法导引】

（1）分别设出 A、B 两种品牌运动服的进货单价，根据表 7 – 4 可以找出两个等量关系：第一次 A 品牌运动服装采购款 + 第一次 B 品牌运动服装采购款 = 10200，第二次 A 品牌运动服装采购款 + 第二次 B 品牌运动服装采购款 = 14400，列出方程组即可求解。

（2）设出购进 A 品牌运动服的件数，由"采购 B 品牌的件数比 A 品牌件数的 $\frac{3}{2}$ 倍多 5 件"可以表示出购进 B 品牌运动服的件数，再根据不等关系：A 品牌运动服装采购款 + B 品牌运动服装采购款 ≤ 21300，列出不等式即可求解。

【解答】

（1）设 A、B 两种品牌运动服的进货单价分别为 x 元和 y 元. 根据题意，得

$$\begin{cases} 20x + 30y = 10200 \\ 30x + 40y = 14400 \end{cases}, \text{解得} \begin{cases} x = 240 \\ y = 180 \end{cases}. \text{经检验，方程组的解符合题意。}$$

答：A、B 两种品牌运动服的进货单价分别为 240 元和 180 元。

（2）设购进 A 品牌运动服 m 件，则购进 B 品牌运动服 $\left(\frac{3}{2}m + 5\right)$ 件，所以

$$240m + 180\left(\frac{3}{2}m + 5\right) \leqslant 21300, \text{解得 } m \leqslant 40. \text{经检验，不等式的解符合题意。}$$

所以 $\frac{3}{2}m + 5 \leqslant \frac{3}{2} \times 40 + 5 = 65$.

答：最多能购进 65 件 B 品牌运动服。

三、含表格的函数应用题

例 5 如图 7 – 1，是一种斜挎包，其挎带由双层部分、单层部分和调节扣构成。小敏用后发现，通过调节扣加长或缩短单层部分的长度，可以使挎带的长度（单层部分与双层部分长度的和，其中调节扣所占的长度忽略不计）加长或缩短。设单层部分的长度为 x cm，双层部分的长度为 y cm，经测量，得到如下数据，见表 7 – 5。

表 7 – 5

单层部分的长度 x（cm）	…	4	6	8	10	…
双层部分的长度 y（cm）	…	73	72	71		…

（1）根据表中数据的规律，完成以上表格，并直接写出 y 关于 x 的函数解析式；

（2）根据小敏的身高和习惯，挎带的长度为 120cm 时，背起来正合适，请求出此时单层部分的长度；

（3）设挎带的长度为 l cm，求 l 的取值范围。

图 7 – 1

【思维方法导引】

（1）观察表格可知，y 是 x 的一次函数，设 $y = kx + b$，取两组 x、y 的值即可求出 y 关于 x 的函数解析式。

（2）由题意可得 x 与 y 的一个数量关系式，再结合（1）中 y 关于 x 的函数解析式，联立二元一次方程组，即可求出 x 的值。

（3）由题意可知，当 $x = 0$ 时，y 达到最大值，此时挎带的长度 l 达到最小值；当 $y = 0$ 时，x 达到最大值，此时挎带的长度 l 达到最大值；由此求出 l 的取值范围。

【解答】

（1）观察表格可知，y 是 x 的一次函数，设 $y = kx + b$，由表格可得

$$\begin{cases} 4k + b = 73 \\ 6k + b = 72 \end{cases}, \text{解得} \begin{cases} k = -\dfrac{1}{2} \\ b = 75 \end{cases}, \therefore y = -\dfrac{1}{2}x + 75.$$

（2）由题意可得 $\begin{cases} x + y = 120 \\ y = -\dfrac{1}{2}x + 75 \end{cases}$，解得 $\begin{cases} x = 90 \\ y = 30 \end{cases}$，$\therefore$ 单层部分的长度为 90cm.

（3）由题意当 $y=0$ 时，$x=150$；当 $x=0$ 时，$y=75$，$\therefore 75 \leqslant l \leqslant 150$.

例6 攀枝花得天独厚，气候宜人，农产品资源极为丰富，其中晚熟杧果远销北上广等大城市。某水果店购进一批优质晚熟杧果，进价为 10 元/千克，售价不低于 15 元/千克，且不超过 40 元/千克，根据销售情况，发现该杧果在一天内的销售量 y（千克）与该天的售价 x（元/千克）之间的数量满足如表 7-6 所示的一次函数关系。

表 7-6

销售量 y（千克）	…	32.5	35	35.5	38	…
售价 x（元/千克）	…	27.5	25	24.5	22	…

（1）某天这种杧果售价为 28 元/千克，求当天该杧果的销售量。

（2）设某天销售这种杧果获利 m 元，写出 m 与售价 x 之间的函数关系式。如果水果店该天获利 400 元，那么这天杧果的售价为多少元？

【思维方法导引】

（1）根据题意 y 与 x 满足一次函数关系，任选表格中的两组数据用待定系数法求出这个函数解析式，再求出当 $x=28$ 时对应的 y 值即可。

（2）根据数量关系：总利润 = 销售量 × (售价 - 成本)，得出杧果获利 m（元）与售价 x（元/千克）之间的函数关系式；当水果店该天获利 400 元时，求出 $m=400$ 对应的 x 值，再结合 x 的取值范围确定符合题意的结果。

【解答】

（1）设该一次函数解析式为 $y=kx+b$，则 $\begin{cases} 25k+b=35 \\ 22k+b=38 \end{cases}$，解得 $\begin{cases} k=-1 \\ b=60 \end{cases}$.

$\therefore y=-x+60$（$15 \leqslant x \leqslant 40$）. $\therefore$ 当 $x=28$ 时，$y=32$.

$\therefore$ 杧果售价为 28 元/千克时，当天该杧果的销售量为 32 千克。

（2）由题意知 $m=y(x-10)=(-x+60)(x-10)=-x^2+70x-600$，

当 $m=400$ 时，$-x^2+70x-600=400$，解得 $x_1=20$，$x_2=50$.

$\therefore 15 \leqslant x \leqslant 40$，$\therefore x=20$. 所以这天杧果的售价为 20 元。

四、含图像的函数应用题

例7 甲、乙两人在 100 米直道 AB 上练习匀速往返跑，若甲、乙分别在 A，B 两端同时出发，分别到另一端点处掉头，掉头时间不计，速度分别为 5m/s 和 4m/s.

（1）如图 7-2，在坐标系中，虚线表示乙离 A 端的距离 s（单位：m）与运动时间 t（单位：s）之间的函数图像（0≤t≤200），请在同一坐标系中用实线画出甲离 A 端的距离 s 与运动时间 t 之间的函数图像（0≤t≤200）；

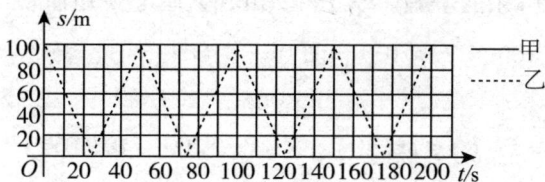

图 7-2

（2）根据（1）中所画图像，完成下列表格，见表 7-7；

表 7-7

两人相遇次数（次）	1	2	3	4	…	n
两人所跑路程之和（m）	100	300			…	

（3）①直接写出甲、乙两人分别在第一个 100m 内，s 与 t 的函数解析式，并指出自变量 t 的取值范围；②求甲、乙第 6 次相遇时 t 的值。

【思维方法导引】

（1）根据甲的速度求出甲跑 100m 所花的时间，画出图像即可。

（2）由图 7-3 可知实线与虚线的交点表示甲乙相遇，由此分别求出甲乙第 3 次相遇、第 4 次相遇所跑路程之和，再通过表格数据找规律，得出第 n 次相遇所跑路程之和。

（3）①根据图 7-3 的图像可以求出相应的函数解析式，再由甲、乙的速度分别求出对应的自变量的取值范围；②要求甲、乙第 6 次相遇的时间，只需求出此时甲、乙所跑路程之和以及甲、乙速度之和。

【解答】

（1）如图 7-3：

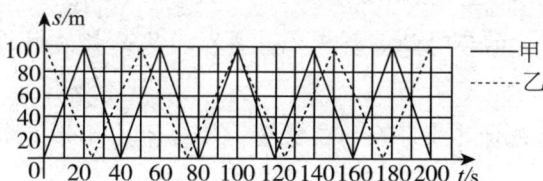

图 7-3

91

（2）甲和乙第一次相遇时，两人所跑路程之和为 100（m），甲和乙第二次相遇时，两人所跑路程之和为 $100 \times 2 + 100 = 300$（m），甲和乙第三次相遇时，两人所跑路程之和为 $200 \times 2 + 100 = 500$（m），甲和乙第四次相遇时，两人所跑路程之和为 $300 \times 2 + 100 = 700$（m），…甲和乙第 n 次相遇时，两人所跑路程之和为 $(n-1) \times 100 \times 2 + 100 = 200n - 100$（m），故答案为：500，700，$200n - 100$.

（3）①甲：$s = 5t$（$0 \leqslant t \leqslant 20$），乙：$s = 100 - 4t$（$0 \leqslant t \leqslant 25$）．②当 $n = 6$ 时，甲乙所跑路程之和为 $200n - 100 = 200 \times 6 - 100 = 1100$（m），所花时间 $t = 1100 \div (5 + 4) = \dfrac{1100}{9}$（s）．

例8 某乡镇实施产业扶贫，帮助贫困户承包了荒山种植某品种蜜柚。到了收获季节，已知该蜜柚的成本价为 8 元/千克，投入市场销售时，调查市场行情，发现该蜜柚销售不会亏本，且每天销售量 y（千克）与销售单价 x（元/千克）之间的函数关系如图 7－4 所示。

（1）求 y 与 x 的函数关系式，并写出 x 的取值范围；

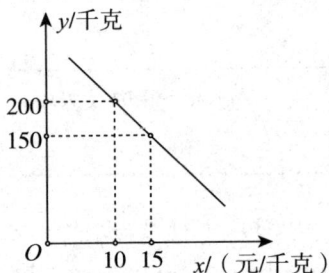

图 7－4

（2）当该品种蜜柚定价为多少时，每天销售获得的利润最大？最大利润是多少？

（3）某农户今年共采摘蜜柚 4800 千克，该品种蜜柚的保质期为 40 天，根据（2）中获得最大利润的方式进行销售，能否销售完这批蜜柚？请说明理由。

【思维方法导引】

（1）从图像上可以找到两个关键点的坐标，利用待定系数法即可求出 y 与 x 的函数关系式，再根据蜜柚销售不会亏本以及销售量 $y > 0$ 求得自变量 x 的取值范围。

（2）设利润为 w 元，根据数量关系：利润 =（销售单价－成本）×销售量，可求得 w 关于 x 的二次函数解析式，再对二次函数的解析式进行配方即可求出最大利润。

（3）根据题意先计算出每天的销售量，然后计算出 40 天销售总量，进行对比即可得出结论。

【解答】

（1）设 $y = kx + b$，将点（10，200）、（15，150）分别代入，

则 $\begin{cases} 10k + b = 200 \\ 15k + b = 150 \end{cases}$，解得 $\begin{cases} k = -10 \\ b = 300 \end{cases}$，$\therefore y = -10x + 300$.

$\because$ 蜜柚销售不会亏本，$\therefore x \geq 8$，又 $y > 0$，$\therefore -10x + 300 \geq 0$，$\therefore x \leq 30$，

$\therefore 8 \leq x \leq 30$.

（2）设利润为 w 元，

则 $w = (x - 8)(-10x + 300) = -10x^2 + 380x - 2400 = -10(x - 19)^2 + 1210$，

$\therefore$ 当 $x = 19$ 时，w 最大值为 1210，

$\therefore$ 定价为 19 元时，利润最大，最大利润是 1210 元。

（3）当 $x = 19$ 时，$y = 110$，$110 \times 40 = 4400 < 4800$，

$\therefore$ 不能销售完这批蜜柚。

在解代数应用题时，有可能出现以下失分情况，需要加以防范和规避：

（1）审题错误，不理解题意或题意理解错误，提取不到有用的信息；

（2）分析错误，遇到比较复杂的量不知如何下手，很难建立它们之间的联系；

（3）列式错误，比如单位不统一、代数式表述错误、找错等量关系或不等关系等；

（4）计算错误，包括去分母错误、移项错误、检验错误等。

专题八　几何应用题

几何应用题是近年来江西省中考每年的必考题目，基本上与三角函数的应用相关，它们都有一个共同的特点，就是题目的背景都来自生活的某个实物或情景。不外乎三个模型：直角三角形模型、特殊四边形模型、圆的模型。这几种模型综合性较强，属中档难度试题，要求学生对几何图形性质等方面的知识非常熟悉，并能在解答时能灵活运用这些知识进行解题。

（1）这类问题与生活中某个实际场景是紧密相联的，解题时需要首先从题干中抽象出几何模型，然后再进行分析、求解。

（2）在解直角三角形时应遵循"有斜用弦，无斜用切；宁乘勿除，化斜为直"的原则。

具体含义是：在解直角三角形时，要根据已知条件合理地运用不同的三角函数进行求解。

有斜用弦的含义是"已知斜边就用正弦或余弦进行求解"。

无斜用切的含义是"若斜边的长未知，只有两个直角边就用正切求解"。

宁乘勿除的含义是"能用乘法就尽量用乘法，不要用除法，减少出错概率"。

化斜为直的含义是"把斜三角形（锐角三角形与钝角三角形）化为直角三角形进行求解"。

（3）解决几何模型的实际问题时，有以下三种情况：

① 如果是三角形模型，可以利用三角形的性质作辅助线构造直角三角形，比如等腰三角形的三线合一，一般的三角形则过某一点作对边的垂线，再利用三角函数解直角三角形，达到解决问题的目的。

② 如果是特殊四边形模型，可以利用特殊四边形的性质构造直角三角形，比如矩形的内角等于90°，菱形的对角线互相垂直，然后解直角三角形即可达到

解决问题的目的。

③ 如果图形是圆或弧，可以利用圆的性质作辅助线构造直角三角形，比如垂径定理，圆周角的性质及其推论等，然后解直角三角形即可达到解决问题的目的。

（4）在双直角三角形的模型中，如果利用三角函数不能直接求出结果，可以考虑三角函数与方程相结合，比如，设某条公共边长或公共线段长为 x，根据三角函数利用 x 表示其他边长或线段的长，再根据题意列出方程，从而达到解决问题的目的。

（5）作辅助线时，不要轻易破坏特殊角或已知的角，否则会造成解题过于烦琐甚至解不出来的麻烦。

例1 如图 8-1 是一副创意卡通圆规，图 8-2 是其平面示意图，OA 是支撑臂，OB 是旋转臂，使用时，以点 A 为支撑点，铅笔芯端点 B 可绕点 A 旋转作出圆。已知 $OA = OB = 10cm.$

（1）当 $\angle AOB = 18°$ 时，求所作圆的半径；（结果精确到 $0.01cm$）

（2）保持 $\angle AOB = 18°$ 不变，在旋转臂 OB 末端的铅笔芯折断了一截的情况下，作出的圆与（1）中所作圆的大小相等，求铅笔芯折断部分的长度。（结果精确到 $0.01cm$）

（参考数据：$\sin 9° \approx 0.1564$，$\cos 9° \approx 0.9877$，$\sin 18° \approx 0.3090$，$\cos 18° \approx 0.9511$，可使用科学计算器）

图 8-1

图 8-2

【思维方法导引】

（1）题中的等腰三角形本质上可转化为直角三角形模型进行求解。要想求所作圆的半径，其实是求等腰三角形底边 AB 的长，由于 $\triangle OAB$ 是一个等腰三角形，可以利用等腰三角形三线合一的性质作辅助线 $OC \perp AB$ 于点 C，可以求得 $\angle BOC$ 的度数，再利用三角函数先求出 BC 的长，进而可以求得 AB 的长。

（2）要求作出的圆与（1）题中所作圆的大小相等，则两圆半径相等，即 $AE = AB$，从而形成一个新的等腰三角形 ABE，同样，可以利用等腰三角形三线合一的性质作辅助线 $AD \perp OB$ 于 D，构成一个 $\mathrm{Rt}\triangle ABD$，可求出 $\angle BAD$ 的度数，再利用三角函数先求出 BD 的长，再求得 BE 的长。也可先证 $\triangle ABE \backsim \triangle OBA$，利用相似三角形对应边成比例求得 BE 的长。

【解答】

（1）作 $OC \perp AB$ 于点 C，如图 8 - 3 所示。

由题意可得，$OA = OB = 10\mathrm{cm}$，$\angle OCB = 90°$，$\angle AOB = 18°$，$\therefore \angle BOC = 9°$

$\therefore AB = 2BC = 2OB \cdot \sin 9° \approx 2 \times 10 \times 0.1564 \approx 3.13\mathrm{cm}$，即所作圆的半径约为 3.13cm.

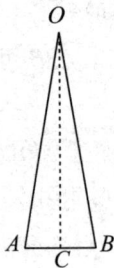

图 8 - 3

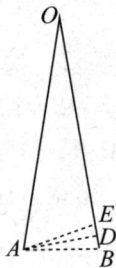

图 8 - 4

（2）解法一：作 $AD \perp OB$ 于点 D，作 $AE = AB$，如图 8 - 4 所示；

$\because$ 保持 $\angle AOB = 18°$ 不变，在旋转臂 OB 末端的铅笔芯折断了一截的情况下，作出的圆与（1）题中所作圆的大小相等，$\therefore$ 折断的部分为 BE.

$\because \angle AOB = 18°$，$OA = OB$，$\angle ODA = 90°$，$\therefore \angle OAB = 81°$，$\angle OAD = 72°$，

$\therefore \angle BAD = 9°$.

$\therefore BE = 2BD = 2AB \cdot \sin 9° \approx 2 \times 3.13 \times 0.1564 \approx 0.98\mathrm{cm}$，即铅笔芯折断部分的长度是 0.98cm.

解法二：如图 8 - 4 所示，$\because OA = OB$，$\angle AOB = 18°$，$\therefore \angle B = \angle OAB = 81°$.

又 $\because AE = AB$，$\therefore \angle AEB = \angle B = 81°$，$\therefore \triangle OAB \backsim \triangle AEB$.

$\therefore OB : AB = AB : BE$，即 $10 : 3.13 = 3.13 : BE$，求得：$BE \approx 0.98\mathrm{cm}$.

例2 如图 8 - 5，研究发现，科学使用计算机时，望向荧光屏幕画面的"视线角" α 约为 20°，而当手指接触键盘时，肘部形成的"手肘角" β 约为 100°. 图 8 - 6 是其侧面简化示意图，其中视线 AB 水平，且与屏幕 BC 垂直。

（1）若屏幕上下宽 $BC = 20\mathrm{cm}$，科学使用电脑时，求眼睛与屏幕的最短距

离 AB 的长；

（2）若肩膀到水平地面的距离 $DG=100\text{cm}$，上臂 $DE=30\text{cm}$，下臂 EF 水平放置在键盘上，其到地面的距离 $FH=72\text{cm}$. 请判断此时 β 是否符合科学要求的 $100°$？

（参考数据：$\sin69°\approx\dfrac{14}{15}$，$\cos21°\approx\dfrac{14}{15}$，$\tan20°\approx\dfrac{4}{11}$，$\tan43°\approx\dfrac{14}{15}$，所有结果精确到个位）

图 8 - 5

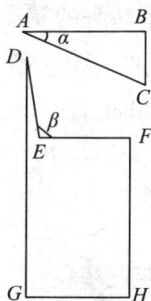

图 8 - 6

【思维方法导引】

（1）这是一个典型的直角三角形模型。在 Rt$\triangle ABC$ 中，已知一条直角边和一个锐角的度数，可以直接利用三角函数求解。

（2）问题的关键在于构造直角三角形。要求 β 的度数，只要求出它的邻补角的度数即可，延长 FE 交 DG 于点 I，先求出 DI 的长度，又已知 DE 的长度，在直角三角形中，可利用三角函数求得 $\angle DEI$ 的度数，也就可求得 β 的值，从而作出正确的判断。

【解答】

（1）$\because$ 在 Rt$\triangle ABC$ 中，$\tan A=\dfrac{BC}{AB}$，$\therefore AB=\dfrac{BC}{\tan A}=\dfrac{BC}{\tan20°}=$

$\dfrac{20}{\frac{4}{11}}=55$（cm）；

（2）如图 8 - 7，延长 FE 交 DG 于点 I. 由矩形的性质可知，$FH=GI$ 则 $DI=DG-FH=100-72=28$（cm）

在 Rt$\triangle DEI$ 中，$\sin\angle DEI=\dfrac{DI}{DE}=\dfrac{28}{30}=\dfrac{14}{15}$，$\therefore \angle DEI=69°$，

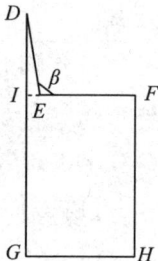

图 8 - 7

∴ $\angle \beta = 180° - 69° = 111° \neq 100°$，∴ 此时 β 不是符合科学要求的 $100°$．

例 3 图 8-8 是一台实物投影仪，图 8-9 是它的示意图，折线 $B - A - O$ 表示固定支架，AO 垂直水平桌面 OE 于点 O，点 B 为旋转点，BC 可转动，当 BC 绕点 B 顺时针旋转时，投影探头 CD 始终垂直于水平桌面 OE，经测量：$AO = 6.8 \text{cm}$，$CD = 8 \text{cm}$，$AB = 30 \text{cm}$，$BC = 35 \text{cm}$．（结果精确到 0.1）

（1）如图 8-9，$\angle ABC = 70°$，$BC // OE$．

① 填空：$\angle BAO = \underline{\hspace{3cm}}°$；

② 求投影探头的端点 D 到桌面 OE 的距离。

（2）如图 8-10，将（1）中的 BC 向下旋转，当投影探头的端点 D 到桌面 OE 的距离为 6cm 时，求 $\angle ABC$ 的大小。

（参考数据：$\sin 70° \approx 0.94$，$\cos 20° \approx 0.94$，$\sin 36.8° \approx 0.60$，$\cos 53.2° \approx 0.60$）

图 8-8

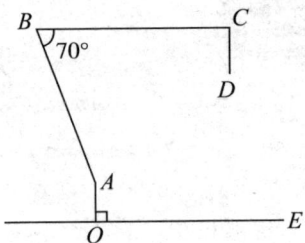
图 8-9

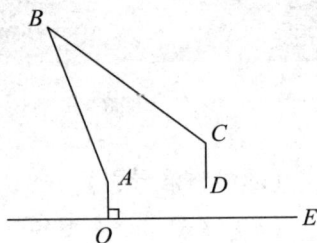
图 8-10

【思维方法导引】

（1）延长 OA 交 BC 于一点 F，可根据直角三角形的性质先求出 $\angle BAF$ 的度数，再求出 $\angle BAO$ 的度数，或者过 A 点作 OE 的平行线可求出 $\angle BAO$ 的度数，再利用三角函数求出 AF 的长，可知 OF 的长，进而可求出端点 D 到桌面 OE 的距离。

（2）问题的关键在于构造直角三角形。可过 B 点作 OE 的平行线交 DC 的延长线于点 H，在 Rt$\triangle BCH$ 中，BC 的长度已知，CG 的长度可求。利用三角函数可求出 $\angle CBH$ 的度数，用 $\angle ABH - \angle CBH$ 即可求出 $\angle ABC$ 的度数。

【解答】

（1）①如图 8-11，过点 A 作 $AF // BC$，则 $\angle BAO = \angle BAF + \angle OAF = \angle ABC + \angle AOE = 70° + 90° = 160°$．

②如图 8-12，过点 A 作 $AG \perp BC$ 交 BC 于点 G，

∵ $AB = 30$，$OA = 6.8$，$\angle ABC = 70°$，∴ $AG = 30\sin 70° = 28.2$

∴ $OG = OA + AG = 28.2 + 6.8 = 35$，∴ $OG - CD = 27$

∴ 点 D 到桌面 OE 的距离是 27cm．

（2）如图 8-13，延长 CD 交 OE 于 M 点，过 B 点作 OE 的平行线交 DC 的延长线于 H 点。

∵ $CD \perp OE$，$OE // BH$，∴ $CD \perp BH$，$\angle ABH = 70°$．

由题意得 $CM = 14$cm，由（1）得 $HM = 35$cm，所以 $CH = 21$cm．

在 $\text{Rt}\triangle BCH$ 中，$\sin\angle CBH = \dfrac{CH}{BC} = \dfrac{21}{35} = 0.60$，∴ $\angle CBH \approx 36.8°$

∴ $\angle ABC = \angle ABH - \angle CBH = 70° - 36.8° = 33.2°$．

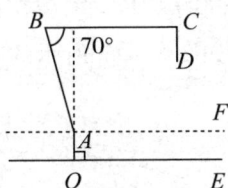

图 8-11

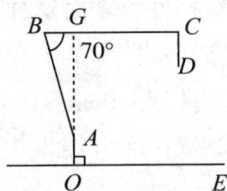

图 8-12

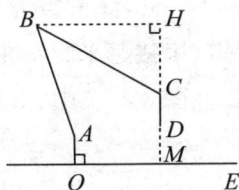

图 8-13

例4 芜湖长江大桥是中国跨度最大的公路和铁路两用桥梁，大桥采用低塔斜拉桥桥型（如图 8-14），图 8-15 是从图 8-14 引申出的平面图，假设你站在桥上测得拉索 AB 与水平桥面的夹角是 30°，拉索 CD 与水平桥面的夹角是 60°，两拉索顶端的距离 BC 为 2 米，两拉索底端距离 AD 为 20 米，请求出立柱 BH 的长（结果精确到 0.1 米，$\sqrt{3} \approx 1.732$）。

图 8-14

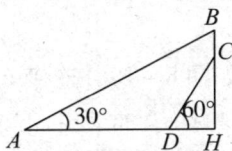

图 8-15

【思维方法导引】

这是一个双直角三角形模型。在每个直角三角形中，根据已知条件，要想直接求出 CH 或 BH 的长，都是不可能的。只能借助于方程，可设 DH 或 CH 的

长为 xm，但为了计算的方便，设 DH 的长为 xm 更好。

【解答】

如图 8 – 15，设 $DH = x$，

∵ $\angle CDH = 60°$，$\angle AHB = 90°$，∴ $CH = DH \cdot \tan60° = \sqrt{3}\,x$，∴ $BH = BC +$

$CH = 2 + \sqrt{3}x$.

∵ $\angle A = 30°$，∴ $AH = \sqrt{3}BH = 2\sqrt{3} + 3x$.

∵ $AH = AD + DH$，∴ $2\sqrt{3} + 3x = 20 + x$，解得：$x = 10 - \sqrt{3}$，

∴ $BH = 2 + \sqrt{3}\,(10 - \sqrt{3}) = 10\sqrt{3} - 1 \approx 16.3$（m）.

答：立柱 BH 的长约为 16.3m.

例5 如图 8 – 16 是一个中国结挂件，若由这样四个相同的菱形中国结在顶点处依次串接起来，每相邻两个菱形均成30°的夹角，形成如图 8 – 17 所示的示意图。在图 8 – 17 中，每个菱形的边长为 10cm，锐角为60°.

图 8 – 16

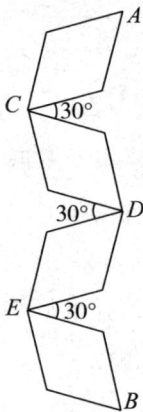

图 8 – 17

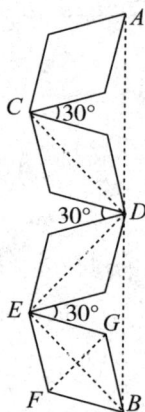

图 8 – 18

（1）如图 8 – 18，连接 CD、EB，猜想它们的位置关系并加以证明；

（2）求 A、B 两点之间的距离（结果取整数，可以使用计算器）。

（参考数据：$\sqrt{2} \approx 1.414$，$\sqrt{3} \approx 1.732$，$\sqrt{6} \approx 2.45$）

【思维方法导引】

（1）根据图形可以猜想这两条线段互相平行，要想证明这个结论，就得从平行线的判定定理下手。连接 DE. 只要证明到 $\angle CDE = \angle BED$ 即可，根据菱形的性质与角的和差关系可得这两个角均为90°，从而得证。

（2）要求 AB 的长，首先应证 A、D、B 三点在同一条直线上，根据菱形的性质可求得 BE 与 DE 的长，再利用勾股定理可求得 BD 与 AD 的长，最后根据 $AB = BD + AD$，即可求解。

【解答】

（1）$CD/\!/EB.$ 连接 $DE.$

∵ 中国结挂件是四个相同的菱形，每相邻两个菱形均成 30° 的夹角，菱形的锐角为 60°，

∴ $\angle CDE = 60° \div 2 \times 2 + 30° = 90°$，∴ $\angle BED = 60° \div 2 \times 2 + 30° = 90°$.

∴ $\angle CDE = \angle BED$，∴ $CD/\!/EB.$

（2）连接 AD、$BD.$

∵ $\angle ACD = 90°$，$AC = DC$，∴ $\angle DAC = \angle ADC = 45°.$

同理可证，$\angle BDE = \angle EBD = 45°$，$\angle CDE = 90°$，∴ $\angle ADB = \angle ADC + \angle BDE + \angle CDE = 180°$，

即点 A、D、B 在同一条直线上。

∵ $BE = 2OE = 2 \times 10 \times \cos 30° = 10\sqrt{3}\,\text{cm}$，∴ $DE = BE = 10\sqrt{3}\,\text{cm}$，

在 Rt$\triangle BED$ 中，$BD = \sqrt{BE^2 + DE^2} = \sqrt{(10\sqrt{3})^2 + (10\sqrt{3})^2} = 10\sqrt{6}\,\text{cm}.$

同理可得，$AD = BD = 10\sqrt{6}\,\text{cm}$，

∴ $AB = BD + AD = 20\sqrt{6} \approx 20 \times 2.45 = 49\,\text{cm}.$ 即 A、B 两点之间的距离大约为 49cm.

例 6 如图 8 - 19 是一个演讲台实物图，图 8 - 20 是演讲台的侧面示意图，支架 BC 是一段圆弧，台面与两支架的连接点 A、B 之间的距离为 30cm，CD 为水平底面，且 BD 所在的直线垂直于底面，$\angle ADC = 75°$，$\angle DAB = 60°$.

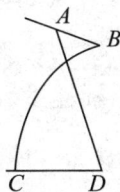
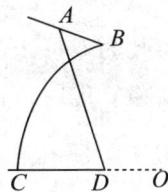

图 8 - 19　　　　　　图 8 - 20　　　　　　图 8 - 21

（1）求台面上点 B 处的高度；（保留整数，参考数据：$\sin 75° \approx 0.97$，$\cos 75° \approx 0.26$，$\sqrt{3} \approx 1.73$）

（2）如图 8-21，若圆弧 BC 所在圆的圆心 O 在 CD 的延长线上，且 $OD = CD$，求支架 BC 的长度。（结果保留根号）

【思维方法导引】

（1）要求台面上点 B 处的高度，即 BD 的长度，而 $\triangle ABD$ 不是直角三角形，因此，有必要构造直角三角形，过 B 点作 AD 的垂线 BE，就构成两个直角三角形，先在 $\mathrm{Rt}\triangle ABE$ 中利用三角函数求出 BE 的长，再在 $\mathrm{Rt}\triangle DBE$ 中利用三角函数求出 BD 的长。

（2）由 $BD \perp OC$，$OD = CD$ 可推导出 $\triangle OBC$ 是等边三角形，第（1）问已求出 BD 的长，所以在 $\mathrm{Rt}\triangle OBD$ 中，很容易求出半径 OB 的长，再利用弧长计算公式可求弧 BC 的长。

【解答】

（1）连接 BD，过 B 作 $BE \perp AD$ 于点 E，

在 $\mathrm{Rt}\triangle ABE$ 中，$AB = 30\mathrm{cm}$，$\angle DAB = 60°$，$\therefore BE = AB \cdot \sin\angle DAB = 15\sqrt{3}$

在 $\mathrm{Rt}\triangle DBE$ 中，$\angle BDA = \angle BDC - \angle ADC = 15°$，$\angle EBD = 75°$，$BD = \dfrac{BE}{\cos 75°} \approx 100\mathrm{cm}$.

（2）由 $BD \perp OC$，$OD = CD$ 可知，$BC = OB$，而 $OB = OC$，$\therefore \triangle OBC$ 是等边三角形，$\angle COB = 60°$.

在 $\mathrm{Rt}\triangle OBD$ 中，$OB = \dfrac{DB}{\sin\angle BOD} = 100 \div \dfrac{\sqrt{3}}{2} = \dfrac{200\sqrt{3}}{3}$，$\therefore$ 弧 BC 的长为 $\dfrac{200\sqrt{3}\pi}{9}\mathrm{cm}$.

例7 如图 8-22 是一个水桶模型示意图，水桶提手结构的平面图是轴对称图形。当点 O 到 BC（或 DE）的距离大于或等于 $\odot O$ 的半径时（$\odot O$ 是桶口所在圆，半径为 OA），提手才能从图 8-22 的位置转到图 8-23 的位置，这样的提手才合格。现用金属材料做了一个水桶提手（如图 8-24 中 $A - B - C - D - E - F$，$C - D$ 是 $\overset{\frown}{CD}$，其余是线段），O 是 AF 的中点，桶口直径 $AF = 34\mathrm{cm}$，$AB = FE = 5\mathrm{cm}$，$\angle ABC = \angle FED = 149°$。请通过计算判断这个水桶提手是否合格。（参考数据：$\sqrt{314} \approx 17.72$，$\tan 73.6° \approx 3.40$，$\sin 75.4° \approx 0.97$.）

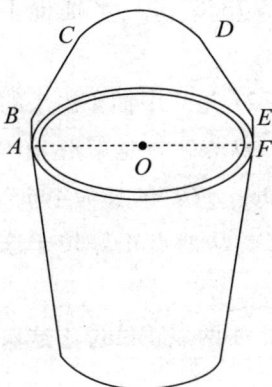

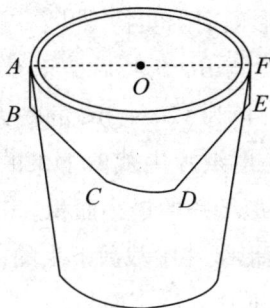

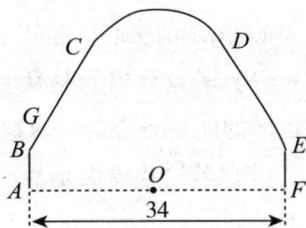

图 8－22　　　　　　　图 8－23　　　　　　　图 8－24

【思维方法导引】

要判断这个提手是否合格，就要过 O 点作 BC 的垂线，垂足为 G，若 $OG \geqslant OA$，则提手合格。要求 OG 的长，只要连接 OB，将四边形 $OGBA$ 分割成两个直角三角形，在 $Rt\triangle OAB$ 中，利用三角函数求出 OB 的长与 $\angle OBA$ 的度数，进而求出 $\angle OBC$ 的度数及 OG 的长度。

【解答】

解法一：如图 8－25，连接 OB，过点 O 作 $OG \perp$ BC 于点 G.

在 $Rt\triangle ABO$ 中，$AB = 5$，$AO = 17$，

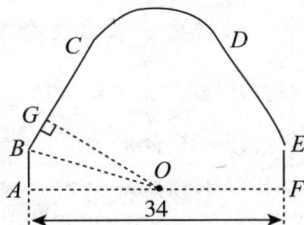

图 8－25

$\therefore \tan\angle ABO = \dfrac{AO}{AB} = \dfrac{17}{5} = 3.4$，$\therefore \angle ABO \approx 73.6°$，

$\therefore \angle GBO = \angle ABC - \angle ABO \approx 149° - 73.6° = 75.4°$.

又 $\because OB = \sqrt{5^2 + 17^2} = \sqrt{314} \approx 17.72$，

$\therefore$ 在 $Rt\triangle OBG$ 中，$OG = OB \times \sin\angle OBG = 17.72 \times 0.97 \approx 17.19 > 17$.

$\therefore$ 水桶提手合格。

解法二：连接 OB，过点 O 作 $OG \perp BC$ 于点 G.

在 $Rt\triangle ABO$ 中，$AB = 5$，$AO = 17$，$\therefore \tan\angle ABO = \dfrac{AO}{AB} = \dfrac{17}{5} = 3.4$，$\therefore \angle ABO \approx$

$73.6°$.

要使 $OG \geqslant OA$，只需 $\angle OBC \geqslant \angle ABO$，

∵ ∠OBC = ∠ABC – ∠ABO = 149° – 73.6° = 75.4° > 73.6°, ∴ 水桶提手合格。

例 8 如图 8 – 26 是一块扇形扇面的实物图片, 图 8 – 27 是从中抽象出来的几何图形。若将图 8 – 27 中的 AC 与 BD 延长后交于 O 点, O 点正好是扇形 AOB 与扇形 COD 的圆心, 量得此圆心角为 120°, AC 的长为 20cm, OC 的长为 4cm.

(1) 若这块扇面是从一块矩形纸片中裁剪下来的, C、D 两点正好位于这块矩形的同一条边上。求这个矩形纸片的最小面积。

(2) 若这块扇面是从一块矩形纸片中裁剪下来的, C、A 两点正好位于这块矩形的同一条边上。求这个矩形纸片的最小面积。

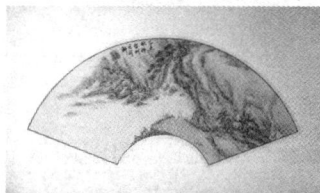
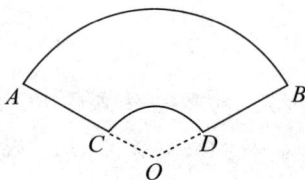
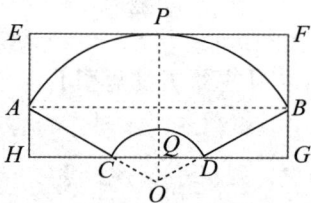

图 8 – 26 　　　　　　　图 8 – 27 　　　　　　　图 8 – 28

【思维方法导引】

(1) 要想求出这个矩形纸片的最小面积, 首先要画出这个最小面积的矩形, 根据分析可知, 这个最小的矩形是以 CD 所在直线、与 CD 平行的 $\overset{\frown}{AB}$ 的一条切线以及分别过 A、B 两点与 CD 的垂线等四条直线围成的。很显然, 这块扇面是一个轴对称图形, 因此 A、B 两点是对称点, 这个矩形的长是线段 AB 的长, 宽可以是 $\overset{\frown}{AB}$ 的半径减去 △OCD 中 CD 边的高。

(2) 由于 C、A 两点正好位于这块矩形的同一条边上, 因此这个最小的矩形纸片是以 AC 所在直线、与 AC 平行的 $\overset{\frown}{AB}$ 的一条切线以及分别过 A、B 两点与 AC 的垂线等四条直线围成的。根据图形可知, 这个矩形的宽其实就是 $\overset{\frown}{AB}$ 的半径, 矩形的长可以利用特殊角的三角函数求得。

【解答】

(1) 如图 8 – 28, 连接 CD 并向两边延长, 分别过 A、B 两点作 CD 的垂线交 CD 于 H、G, 连接 AB, 过 O 点作 AB 的垂线交弧 AB 于 P 点, 过 P 点作 OP 的垂线分别交 HA、GB 于点 E、F, 则四边形 $EFGH$ 就是要求的最小面积的矩形

纸片。

∵ $OC = 4$cm，$\angle COD = 120°$，∴ $\angle COQ = 60°$，∴ $OQ = OC \cdot \cos \angle COQ = 2$cm.

而 $OP = 24$cm，∴ $PQ = OP - OQ = 22$cm.

在 $\triangle AOB$ 中，$OA = OB$，$\angle AOB = 120°$，∴ $AB = 2OA \cdot \sin \angle AOP = 24\sqrt{3}$cm.

∴ $S_{矩形EFGH} = AB \times PQ = 24\sqrt{3} \times 22 = 528\sqrt{3}$.

所以这个矩形纸片的最小面积为 $528\sqrt{3}$cm^2.

（2）如图 8-29，过 B 点作 AC 的垂线交 AC 的延长线于点 E，过 A 点作 AC 的垂线 AG，过 O 点作 BE 的平行线交弧 AB 于点 P，过 P 作 OP 的垂线交 AG 于点 G，交 BE 于点 F，则矩形 $AEFG$ 是要求的最小面积的矩形。连接 AB，OP.

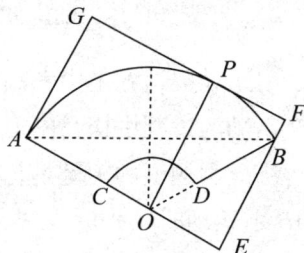

在 Rt$\triangle OEB$ 中，$\angle BOE = 180° - \angle AOB = 60°$，$OB = 24$cm，则 $OE = OB\cos \angle BOE = 12$cm，

∴ $AE = OA + OE = 36$cm.

又 $OP // BF$，$OP \perp GF$，$\angle F = \angle E = 90°$，∴ 四边形 $OEFP$ 也是矩形，

∴ $EF = OP = OA = 24$cm.

∴ $S_{矩形} = AE \cdot EF = 36 \times 24 = 864$，所以这个矩形纸片的最小面积为 864cm^2.

图 8-29

专题九　动态几何问题

运动类试题是中考高频题，它往往是以点、线、面的运动形式出现，要求在运动的过程中探究图形中几何元素之间的数量关系、位置关系或图形的形状。解决此类题型的关键是将动态问题静态看，动中取静，比如将"当点 P 在直线 AB 上运动时"理解为"在直线 AB 上存在一点 P"。

在解决的过程中，一是要把时间 t 看做参数，用含有 t 的代数式把图形中有关的线段长表示出来，达到"以静制动"的目的；二是要把握图形运动与变化的全过程，抓住其中的等量关系或变量关系；三是由于动点位置的不确定性，要考虑对动点的所有位置进行分类讨论。

这类试题不外乎以下几种情况：

（1）在运动变化的过程中，当动点到达特殊位置时，会形成特殊图形，求某个变量的值。

（2）求运动变化过程中的某几个几何元素之间的数量关系或位置关系。

（3）在变化过程中，求其中不变量的值，如线段的长度、比值、图形面积或定值或最大（小）值。

在解答过程中，要合理利用解题的方法与手段，有效使用几何图形的性质：

（1）在运动变化过程中，要想求自变量的值，往往要建立方程模型进行解答。此时要善于捕捉题中所给的信息建立方程模型，如：等腰三角形的两腰相等，直角三角形满足勾股定理，特殊平行四边形的对边相等，全等三角形的对应边相等，相似三角形的对应边成比例等。

（2）在运动变化过程中，若要探究几个几何元素之间的数量关系，在利用图形的性质不能顺利地解决时，也可利用一些特殊的解决方法，如等积法，作对称图形等方法。

（3）在探究的过程中，有时会涉及动态图形的面积，解题的关键是看决定这个图形的几个量是否会产生变化，如果有，则其中的变量用含自变量的形式表示，再利用面积计算公式可求解。

一、运动产生特殊三角形

当点的运动到达一个特殊位置，如在线段的垂直平分线或角的平分线上，应使用线段的垂直平分线性质定理或角平分线性质定理。

当点的运动到达特殊位置可能产生特殊的三角形，若产生的是等腰三角形，一般要用等腰三角形的性质进行求解，比如，等腰三角形有两条边相等或等腰三角形的三线合一。若产生的是直角三角形，一般要利用勾股定理或三角函数进行求解。在求解过程中，由于线段相等的原因，经常要用到全等三角形，由于直角的原因，经常要用到相似三角形。

例1　如图 9 - 1，在 Rt△ABC 中，$\angle C = 90°$，$AC = BC = 4$cm，动点 P 从点 C 出发以 1cm/s 的速度沿 CA 匀速运动，同时动点 Q 从点 A 出发以 $\sqrt{2}$cm/s 的速度沿 AB 匀速运动，当点 P 到达点 A 时，点 P、Q 同时停止运动，设运动时间为 t（s）.

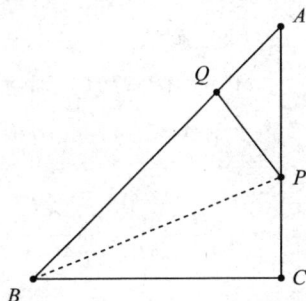

（1）当 t 为何值时，点 B 在线段 PQ 的垂直平分线上？

图 9 - 1

（2）是否存在某一时刻 t，使△APQ 是以 PQ 为腰的等腰三角形？若存在，求出 t 的值；若不存在，请说明理由。

（3）以 PC 为边，往 CB 方向作正方形 $CPMN$，设四边形 $QNCP$ 的面积为 S，求 S 关于 t 的函数关系式。

【思维方法导引】

由于 P、Q 两点的运动时间相同，运动速度已知，所以线段 PC、AP、AQ、BQ 以及 PB 的长均可以用含 t 的形式表示出来。①点 B 在线段 PQ 的垂直平分线上，意味着 $BP = BQ$，可列方程解出；②因为△APQ 是以 PQ 为腰的等腰三角形，由于不知道另一条腰是哪条线段，故有必要进行分类讨论。若从 PQ 的长分别与 AP、AQ 的长相等列方程解答，PQ 的长用 t 表示是一个比较艰难的工作，当此路不通时，可以考虑利用等腰三角形的另一个特性：等腰三角形的三线合一进行解答。当 $AP = PQ$ 或 $AQ = PQ$ 时均可过顶角顶点作对边的垂线，此时会存在一个与 Rt△ABC 相似的三角形，利用相似三角形的性质可求出 t 的值。当然，由于 $\angle A$ 是 45°，可得△APQ 是等腰直角三角形，也可根据等腰直角三角形的特性求解。③当精确画图时，会发现 Q、M、N 三点似乎在同一条直线上，必须进行证明，此时可以发现四边形 $QNCP$ 是一个直角梯形，可用梯形的面积公式解答。

【解答】

由题意可知，$PC = t\text{cm}$，$AP = (4-t)\ \text{cm}$，$AQ = \sqrt{2}t\text{cm}$，$BQ = (4\sqrt{2} - \sqrt{2}t)\ \text{cm}$，

（1）$\because \angle C = 90°$，$BC = 4\text{cm}$，$\therefore BP^2 = 16 + t^2$.

又 $\because$ 点 B 在线段 PQ 的垂直平分线上，$\therefore BP = BQ$，$\therefore BP^2 = BQ^2$

即 $16 + t^2 = (4\sqrt{2} - \sqrt{2}t)^2$，解得，$t_1 = 8 + 4\sqrt{3}$，$t_2 = 8 - 4\sqrt{3}$.

$\because t_1 = 8 + 4\sqrt{3} > 4$（舍去），$\therefore t = 8 - 4\sqrt{3}$.

（2）解法一：分两种情况进行讨论，

① 若 $AP = PQ$，则过 P 作 $PD \perp AQ$ 于 D 点，如图 9-2。

$\because \angle A = \angle A$，$\angle ADP = \angle C = 90° \therefore \triangle APD \backsim \triangle ABC.$

$\therefore \dfrac{AD}{AP} = \dfrac{AC}{AB}$，即 $\dfrac{\frac{\sqrt{2}}{2}t}{4-t} = \dfrac{4}{4\sqrt{2}}$，解得：$t = 2$.

② 若 $AQ = PQ$，则过 Q 作 $QD \perp AP$ 于 D 点，如图 9-3。

$\because \angle A = \angle A$，$\angle ADQ = \angle C = 90°$，$\therefore \triangle AQD \backsim \triangle ABC.$

$\therefore \dfrac{AD}{AQ} = \dfrac{AC}{AB}$，即 $\dfrac{\frac{4-t}{2}}{\sqrt{2}t} = \dfrac{4}{4\sqrt{2}}$，解得：$t = \dfrac{4}{3}$.

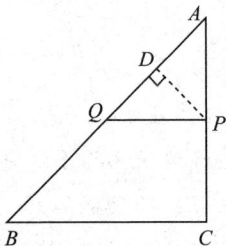
图 9-2

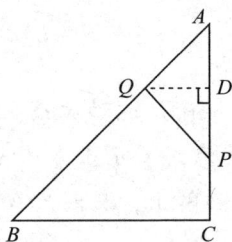
图 9-3

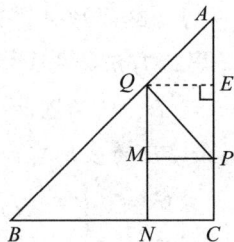
图 9-4

解法二：分两种情况进行讨论，

① 若 $AP = PQ$，$\because \angle A = 45°$，$\therefore \angle AQP = 45°$，$\therefore \triangle APQ$ 是等腰直角三角形。

∴ $AP : AQ = 1 : \sqrt{2}$，即 $\sqrt{2}t = \sqrt{2}(4-t)$，解得 $t = 2$.

② 若 $AQ = PQ$，∵ $\angle A = 45°$，∴ $\angle APQ = 45°$，∴ $\triangle APQ$ 是等腰直角三角形。

∴ $AP : AQ = \sqrt{2} : 1$，即 $4 - t = \sqrt{2} \cdot \sqrt{2}t$，解得 $t = \dfrac{4}{3}$.

综上所述，$t = \dfrac{4}{3}$s 或 2s 时，$\triangle APQ$ 是以 PQ 为腰的等腰三角形。

（3）如图 9-4，连接 QM，过 Q 作 $QE \perp AC$ 于 E 点，∵ $AQ = \sqrt{2}t$cm，$\angle A = 45°$，∴ $QE = t$cm.

又∵ 四边形 $CPMN$ 是正方形，∴ $PM = PC = t$cm. $PM \perp AC$，$\angle PMN = 90°$.

∴ $QE // PM$，$QE = PM$. ∴ 四边形 $PEQM$ 是矩形。

∴ $\angle QMP = 90°$. ∴ $\angle PMN + \angle QMP = 180°$.

∴ 四边形 $QNCP$ 是一个直角梯形。

∴ $S = \dfrac{(PC + QN) \cdot CN}{2} = \dfrac{(CE + AE) \cdot CN}{2} = \dfrac{4t}{2} = 2t \ (0 < t < 4)$.

例 2 如图 9-5，在等边 $\triangle ABC$ 中，$AB = 6$cm，动点 P 从点 A 出发以 1cm/s 的速度沿 AB 匀速运动。动点 Q 同时从点 C 出发以同样的速度沿 BC 的延长线方向匀速运动，当点 P 到达点 B 时，点 P、Q 同时停止运动。设运动时间为以 $t\ (s)$. 过点 P 作 $PE \perp AC$ 于 E，连接 PQ 交 AC 边于 D. 以 CQ、CE 为边作 $\square CQFE$.

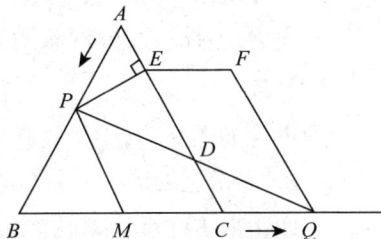

图 9-5

（1）当 t 为何值时，$\triangle BPQ$ 为直角三角形。

（2）是否存在某一时刻 t，使点 F 在 $\angle ABC$ 的平分线上？若存在，求出 t 的值，若不存在，请说明理由。

（3）求 DE 的长。

（4）取线段 BC 的中点 M，连接 PM，将 $\triangle BPM$ 沿直线 PM 翻折，得 $\triangle B'PM$，连接 AB'，当 t 为何值时，AB' 的值最小？并求出最小值。

【思维方法导引】

（1）因为 $\triangle BPQ$ 为直角三角形，只能 $\angle BPQ = 90°$，而 $\angle B = 60°$，可以利用定理"直角三角形中，30° 的角所对的直角边是斜边的一半"构建方程解决问题。

（2）若连接 BF 会发现，$\angle FBQ = 30°$，而 $\angle FQB = 60°$，同样可以利用定理"直角三角形中，$30°$ 的角所对的直角边是斜边的一半"构建方程解决问题。

（3）要想求 DE 的长，可以根据图形猜测 ED 的长是 AC 的一半，而 AC 共分成了三段，如果能将 DE 分成两段，其中一段等于 AE，一段等于 CD，问题就迎刃而解。可过 P 作 BC 的平行线交 AC 于 N 点，可发现，$\triangle APD$ 被分成了两个三角形，一个是等边三角形，另一个与 $\triangle DCQ$ 全等，再利用等边三角形可以求出 EN 与 AN 的关系，利用全等三角形的性质可以求出 DN 与 CN 的关系，然后可以求出 DE 的长。

（4）由于 M 是等边三角形的一边的中点，故连接 AM 后会发现，AM 与 BC 垂直，折叠后的 B' 与 A、M 三点构成一个三角形，要想求 AB' 的最小值，可根据定理"三角形的两边之差小于第三边"解决问题。

【解答】

（1）$\because \triangle ABC$ 是等边三角形，$\therefore \angle B = 60°$.

$\therefore$ 当 $BQ = 2BP$ 时，$\angle BPQ = 90°$.

$\therefore 6 + t = 2(6 - t)$，$\therefore t = 3$.

$\therefore$ 当 $t = 3$ 时，$\triangle BPQ$ 是直角三角形。

（2）存在。

理由：如图 9－6 中，连接 BF 交 AC 于 M.

$\because BF$ 平分 $\angle ABC$，$\therefore \angle FBQ = 30°$.

$\because$ 四边形 $EFCQ$ 是平行四边形，$\therefore FQ // AC$，$\therefore \angle FQB = \angle ACB = 60°$.

$\therefore \triangle BFQ$ 是直角三角形. $\therefore BQ = 2FQ$.

而 $FQ = EC = 6 - 0.5t$，$BQ = BC + CQ = 6 + t$.

$\therefore 6 + t = 2(6 - 0.5t)$. 解得 $t = 3$.

（3）如图 9－7 中，作 $PK // BC$ 交 AC 于 K.

$\because \triangle ABC$ 是等边三角形，$\therefore \angle B = \angle A = 60°$.

$\because PK // BC$，$\therefore \angle APK = \angle B = 60°$，$\angle PKD = \angle DCQ$.

$\therefore \angle A = \angle APK = \angle AKP = 60°$，$\therefore \triangle APK$ 是等边三角形. $\therefore PA = PK$.

$\because PE \perp AK$，$\therefore AE = EK$.

$\because AP = CQ = PK$，$\angle PKD = \angle DCQ$，$\angle PDK = \angle QDC$，

$\therefore \triangle PKD \cong \triangle QCD$（AAS）. $\therefore DK = DC$.

$\therefore DE = EK + DK = \dfrac{1}{2}(AK + CK) = \dfrac{1}{2}AC = 3$（cm）.

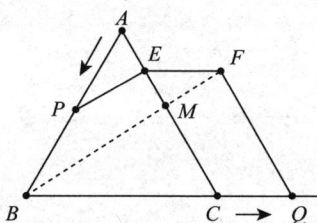
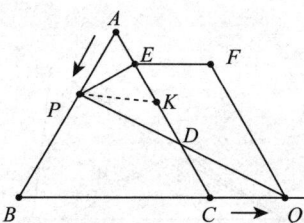
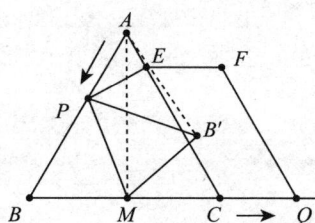

图 9 - 6　　　　　　　　图 9 - 7　　　　　　　　图 9 - 8

（4）如图 9 - 8 中，连接 AM，AB'

$\because BM = CM = 3$，$AB = AC$，$\therefore AM \perp BC$．$\therefore AM = \sqrt{AB^2 - BM^2} = 3\sqrt{3}$．

$\because AB' \geqslant AM - MB'$，$\therefore AB' \geqslant 3\sqrt{3} - 3$．$\therefore AB'$ 的最小值为 $3\sqrt{3} - 3$．

二、运动产生特殊四边形

当点的运动到达特殊位置可能产生特殊的四边形，就应利用特殊四边形的性质进行求解。

例 3　在菱形 $ABCD$ 中，$\angle ABC = 60°$，点 P 是射线 BD 上一动点，以 AP 为边向右侧作等边 $\triangle APE$，点 E 的位置随点 P 的位置变化而变化。

（1）如图 9 - 9，当点 E 在菱形 $ABCD$ 内部或边上时，连接 CE，BP 与 CE 的数量关系是_____，CE 与 AD 的位置关系是_____；

（2）当点 E 在菱形 $ABCD$ 外部时，（1）中的结论是否还成立？若成立，请予以证明；若不成立，请说明理由（选择图 9 - 10，图 9 - 11 中的一种情况予以证明或说理）。

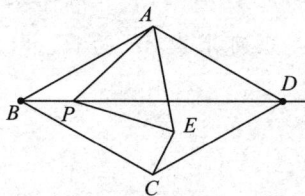
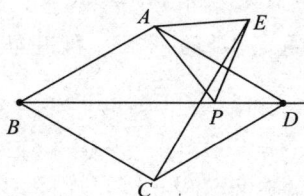
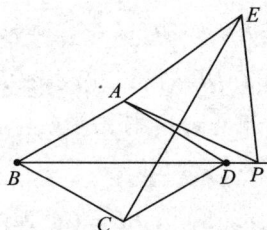

图 9 - 9　　　　　　　　图 9 - 10　　　　　　　　图 9 - 11

（3）如图 9 - 12，当点 P 在线段 BD 的延长线上时，连接 BE，若 $AB = 2\sqrt{3}$，$BE = 2\sqrt{19}$，求四边形 $ADPE$ 的面积。

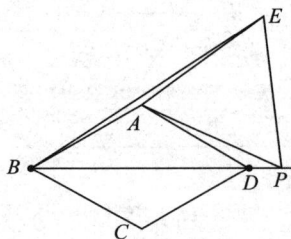

图 9 – 12

【思维方法导引】

（1）可以猜想 BP 与 CE 相等，CE 与 AD 垂直。由于 BP 与 CE 不在同一个三角形中，要想证明它们相等，第一个反应就是证明这两条线段所在的三角形全等，如果连接 DE，通过观察发现在△CDE 中没有角与∠BAP 相等，从而不可能证明这个三角形与△ABP 全等。如果连接 AC，可以发现能利用 SAS 证明△ACE 与△ABP 全等，从而可以得到 CE 与 BP 的数量关系。

若想得出 CE 与 AD 的位置关系，可进行如下推理：由于∠$ADC=60°$，只需证明∠$ECD=30°$，而由△$ACE≌△ABP$ 可以发现∠$ACE=∠ABP=30°$，△ACD 是等边三角形，从而可求出∠ECD 的度数。

（2）当第（2）问的条件与前一问的条件基本一致，只是位置不同时，可以类比第（1）问进行思考，类比第（1）问得到相同的结论。

（3）四边形 $ADPE$ 的面积由△ADP 与△APE 两部分组成，△APE 是等边三角形，只要求其边长即可，而 $DP=BP-BD$，根据前一问的结论可知 $BP=CE$，CE 与 AD 垂直，故可知△BCE 是直角三角形，由于已知 BE 与 AB 的长，也就知道 BE 与 BC 的长，可根据勾股定理求出 CE 的长，即求出了 BP 的长，进而求出了 DP 的长，而△ADP 的高是 AC 的一半，利用勾股定理可求出 AP 的长，故可求出四边形 $ADPE$ 的面积。

【解答】

（1）①$BP=CE$ 理由如下：如图 9 – 13，连接 AC

∵菱形 $ABCD$，∠$ABC=60°$，∴△ABC 和△ACD 是等边三角形。

∴$AB=AC$，∠$BAC=60°$.

∵△APE 是等边三角形，∴$AP=AE$，∠$PAE=60°$.

∴∠$BAP=∠CAE$.∴△$ABP≌△ACE$.∴$BP=CE$.

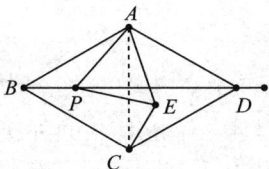

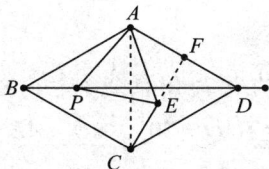

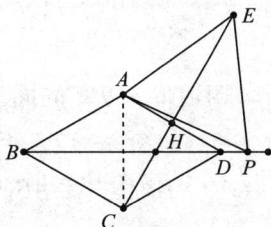

图 9 − 13　　　　　　图 9 − 14　　　　　　图 9 − 15

②$CE \perp AD$，如图 9 − 14

∵ 菱形对角线平分对角，∴ $\angle ABD = 30°$。

∵ $\triangle ABP \cong \triangle ACE$，∴ $\angle ACF = \angle ABD = 30°$。

∵ $\triangle ACD$ 是等边三角形，∴ $\angle ACD = \angle ADC = 60°$。

∴ $\angle DCF = 30°$．∴ $\angle DCF + \angle ADC = 90°$．∴ $\angle DFC = 90°$．∴ $CE \perp AD$。

（2）（1）中的结论：$BP = CE$，$CE \perp AD$ 仍然成立。

理由如下：如图 9 − 15，连接 AC．∵ 菱形 $ABCD$，$\angle ABC = 60°$，∴ $\triangle ABC$ 和 $\triangle ACD$ 都是等边三角形。

∴ $AB = AC$，$\angle BAD = 120°$．∴ $\angle BAP = 120° + \angle DAP$。

∵ $\triangle APE$ 是等边三角形，∴ $AP = AE$，$\angle PAE = 60°$。

∴ $\angle CAE = 60° + 60° + \angle DAP = 120° + \angle DAP$，∴ $\angle BAP = \angle CAE$。

∴ $\triangle ABP \cong \triangle ACE$，∴ $BP = CE$．∴ $\angle DCE = 30°$。

∵ $\angle ADC = 60°$，∴ $\angle DCE + \angle ADC = 90°$ ∴ $\angle CHD = 90°$，∴ $CE \perp AD$。

∴ （1）中的结论：$BP = CE$，$CE \perp AD$ 仍然成立。

（3）连接 AC 交 BD 于点 O，连接 CE，作 $EH \perp AP$ 于 H．如图 9 − 16。

∵ 四边形 $ABCD$ 是菱形，∴ $AC \perp BD$，BD 平分 $\angle ABC$。

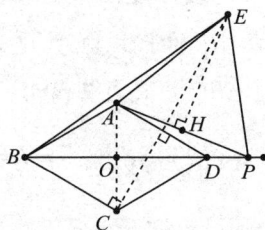

图 9 − 16

∵ $\angle ABC = 60°$，$AB = 2\sqrt{3}$，∴ $\angle ABO = 30°$。

∴ $AO = \sqrt{3}$，$BO = DO = 3$．∴ $BD = 6$。

由（2）可知，$CE \perp AD$，∵ $AD // BC$，∴ $CE \perp BC$。

∵ $BE = 2\sqrt{19}$，而 $BC = AB = 2\sqrt{3}$，根据勾股定理可得 $CE = 8$。

由（2）可知，$BP = CE = 8$ ∴ $DP = 2$ ∴ $OP = 5$．∴ $AP = \sqrt{AO^2 + OP^2} = \sqrt{3 + 25} = 2\sqrt{7}$．

$$\therefore S_{\triangle ADP} = \frac{DP \cdot OA}{2} = \sqrt{3}, \quad S_{\triangle APE} = \frac{AP^2}{2}\sin 60° = 7\sqrt{3}.$$

$\therefore$ 四边形 $ADPE$ 的面积是 $8\sqrt{3}$.

例4 如图9－17，点 A 和动点 P 在直线 l 上，点 P 关于点 A 的对称点为 Q，以 AQ 为边作 Rt$\triangle ABQ$，使 $\angle BAQ = 90°$，$AQ : AB = 3 : 4$，作 $\triangle ABQ$ 的外接圆 O. 点 C 在点 P 右侧，$PC = 4$，过点 C 作直线 $m \perp l$，过点 O 作 $OD \perp m$ 于点 D，交 AB 右侧的圆弧于点 E. 在射线 CD 上取点 F，使 $DF = \frac{3}{2}CD$，以 DE，DF 为邻边作矩形 $DEGF$. 设 $AQ = 3x$.

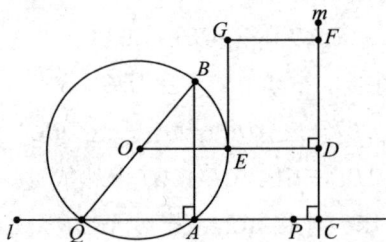

图9－17

（1）用关于 x 的代数式表示 BQ，DF.

（2）当点 P 在点 A 右侧时，若矩形 $DEGF$ 的面积等于90，求 AP 的长。

（3）在点 P 的整个运动过程中，①当 AP 为何值时，矩形 $DEGF$ 是正方形？②作直线 BG 交 $\odot O$ 于点 N，若 BN 的弦心距为1，求 AP 的长。

【思维方法导引】

（1）设 AB 与 OD 相交于 H 点，显然，$CD = AH$，所以要求 CD 的长，可先求 AH 的长，由于 O 是 BQ 的中点，$OD // CQ$，所以 AH 是 AB 的一半. 根据 $\triangle ABQ$ 是直角三角形，$AQ : AB = 3 : 4$，可用 x 表示 AB 与 BQ 的长。

（2）$S_{\text{矩形}DEGF} = DE \cdot DF$，由于 $DF = \frac{3}{2}CD$，所以 DF 可用 x 表示，$DE = OD - OE$，而 OD 可以过 O 点作 CQ 的垂线，利用 $OD = CQ - \frac{1}{2}AQ$ 可得。

（3）①由于 P 点是在直线 l 上运动，所以要分类讨论，很显然，分类标准是 P 点在 A 点的左边或右边，但题中提到点 C 在 P 点的右侧，并没有说明它在 Q 点的左边还是右边，故还要进行第二次分类. 应根据图形画出相应的图形后，再利用正方形的邻边长相等列方程解答。②同样地，由于不知道 P 点与 N 点的位置，也需要进行分类讨论。通过画图可知，应从 N 点是在 AB 的左侧还是右侧两个部分进行分类。由 O 点到 NB 的弦心距为 1 可知 NQ 的值，显然，$\triangle ABI$ 与 $\triangle NQI$ 相似，但 $AB = 4x$，AI 的值未知，可再构造相似三角形，如过 B 点作 AC 的平行线交 GE 于点 M，则 GM 与 BM 均可用 x 表示，至此，问题迎刃而解。当 N 点在 AB 的另一侧时，可采用类比思想进行思考。

【解答】

（1）在 $\mathrm{Rt}\triangle ABQ$ 中，$\because AQ : AB = 3 : 4$，$AQ = 3x$，$\therefore AB = 4x$．$\therefore BQ = 5x$．

$\because OD \perp m$，$m \perp l$，$\therefore OD // l$，

$\because OB = OQ$，$\therefore AH = BH = \dfrac{1}{2}AB = 2x$．$\therefore CD = 2x$，$\therefore FD = \dfrac{3}{2}CD = 3x$．

（2）$\because AP = AQ = 3x$，$PC = 4$，$\therefore CQ = 6x + 4$，作 $OM \perp AQ$ 于点 M（见图 9－18），$\therefore OM // AB$．

$\because \odot O$ 是 $\triangle ABQ$ 的外接圆，$\angle BAQ = 90°$，$\therefore$ 点 O 是 BQ 的中点。

$\therefore QM = AM = \dfrac{3}{2}x$，$\therefore OD = MC = \dfrac{9}{2}x + 4$，$\therefore OE = \dfrac{1}{2}BQ = \dfrac{5}{2}x$．

$\therefore ED = 2x + 4$，$S_{矩形DEGF} = DF \cdot DE = 3x\,(2x + 4) = 90$．

解得：$x_1 = -5$（舍去），$x_2 = 3$，$\therefore AP = 3x = 9$；

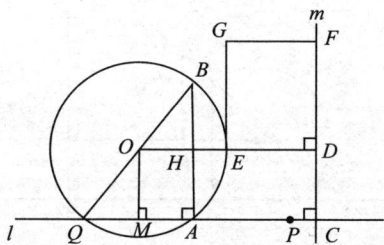

图 9－18

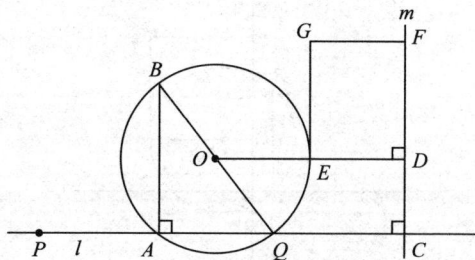

图 9－19

（3）①若矩形 $DEGF$ 是正方形，则 $ED = DF$，

1）点 P 在 A 点的右侧时（见图 9－18）$\therefore 2x + 4 = 3x$，解得：$x = 4$，$\therefore AP = 3x = 12$；

2）点 P 在 A 点的左侧时，当点 C 在点 Q 的右侧，当 $0 < x < \dfrac{4}{7}$ 时（见图 9－19），

$\because ED = 4 - 7x$，$DF = 3x$，$\therefore 4 - 7x = 3x$，解得：$x = \dfrac{2}{5}$，$\therefore AP = \dfrac{6}{5}$；

当 $\dfrac{4}{7} \leqslant x < \dfrac{2}{3}$ 时（见图 9-20）：

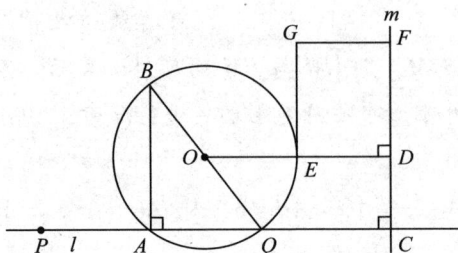

图 9-20

∵ $ED = 4 - 7x$，$DF = 3x$，∴ $4 - 7x = 3x$，解得：$x = \dfrac{2}{5}$（舍去），

当点 C 在 Q 的左侧时，即 $x \geqslant \dfrac{2}{3}$（见图 9-21），$DE = 7x - 4$，$DF = 3x$，

∴ $7x - 4 = 3x$，解得：$x = 1$，∴ $AP = 3$.

综上所述，当 AP 为 12、$\dfrac{6}{5}$、3 时，矩形 $DEGF$ 是正方形。

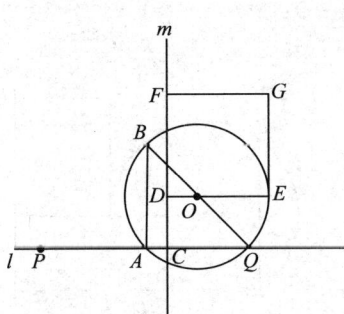

图 9-21

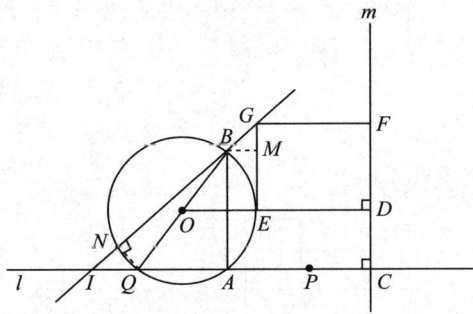

图 9-22

②连接 NQ，由点 O 到 BN 的弦心距为 1，得 $NQ = 2$，当点 N 在 AB 的左侧时（见图 9-22），过点 B 作 $BM \perp EG$ 于点 M，

∵ $GM = x$，$BM = x$，∴ $\angle GBM = 45°$．∴ $BM // AQ$，∴ $AI = AB = 4x$，∴ $IQ = x$.

∴ $NQ = \dfrac{x}{\sqrt{2}} = 2$，∴ $x = 2\sqrt{2}$，∴ $AP = 6\sqrt{2}$.

当点 N 在 AB 的右侧时（如图 9-23），过点 B 作 $BJ \perp GE$ 于点 J，

∵ $GJ = x$，$BJ = 4x$，∴ $\tan\angle GBJ = \dfrac{1}{4}$，∴ $AI = 16x$，∴ $QI = 19x$.

$$\therefore NQ = \frac{19x}{\sqrt{17}} = 2, \ \therefore x = \frac{2\sqrt{17}}{19}, \ \therefore AP = \frac{6\sqrt{17}}{19}.$$

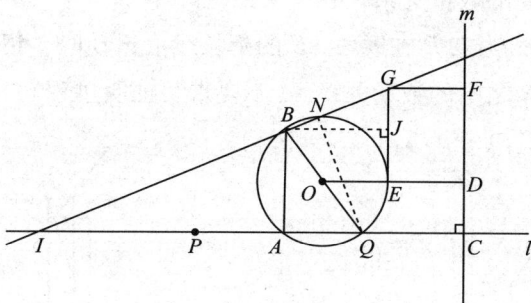

图 9 – 23

综上所述，AP 的长为 $6\sqrt{2}$ 或 $\dfrac{6\sqrt{17}}{19}$.

三、运动产生特殊关系

当点的运动到达一个特殊位置可能使某两条线段的位置关系产生变化，若产生的是两条线段平行，一般要用到平行线分线段成比例定理；若产生的是两条线段垂直，则把它转化为直角三角形求解或充分利用垂直则极易产生两个三角形相似，再利用相似三角形的性质求解。

例5　操作体验：如图 9 – 24，在矩形 $ABCD$ 中，点 E、F 分别在边 AD、BC 上，将矩形 $ABCD$ 沿直线 EF 折叠，使点 D 恰好与点 B 重合，点 C 落在点 C' 处。点 P 为直线 EF 上一动点（不与 E、F 重合），过点 P 分别作直线 BE、BF 的垂线，垂足分别为点 M 和 N，以 PM、PN 为邻边构造平行四边形 $PMQN$.

（1）如图 9 – 24，求证：$BE = BF$；

（2）特例感知：如图 9 – 25，若 $DE = 5$，$CF = 2$，当点 P 在线段 EF 上运动时，求平行四边形 $PMQN$ 的周长；

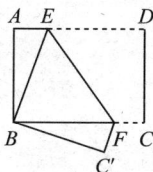

图 9 – 24

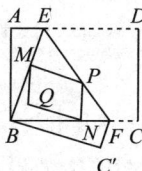

图 9 – 25

（3）类比探究：若 $DE = a$，$CF = b$.

① 如图 9 - 26，当点 P 在线段 EF 的延长线上运动时，试用含 a、b 的式子表示 QM 与 QN 之间的数量关系，并证明；

② 如图 9 - 27，当点 P 在线段 FE 的延长线上运动时，请直接用含 a、b 的式子表示 QM 与 QN 之间的数量关系。（不要求写证明过程）

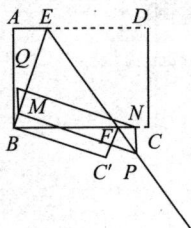

图 9 - 26

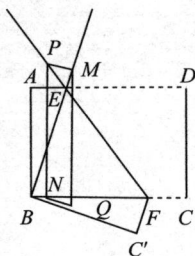

图 9 - 27

【思维方法导引】

（1）当图形中有折叠，有平行时，一般都会有等腰三角形产生。因为折叠有一个角与 $\angle DEF$ 相等，因为平行，会有一个角与 $\angle DEF$ 相等，如此就产生了等腰三角形。

（2）由于 PM 与 PN 分别与 BE、BF 垂直，如果连接 BP，则 PM 与 PN 分别是 $\triangle PBE$ 与 $\triangle PBF$ 的高，利用 $S_{\triangle BEF} = S_{\triangle PBE} + S_{\triangle PBF}$，可以求出 $PM + PN$ 与 $\triangle BEF$ 的高相等，而这个高与 AB 相等，也等于 BC' 的长，而 BC' 是 Rt $\triangle BC'F$ 的边，可以利用勾股定理求出它的长。当然，BF 与 CF 的长可以利用第（1）题的结论与折叠的性质得到。

（3）与上一题不同的是 P 点在 EF 的延长线（第①小问）或 FE 的延长线上（第②小问），两条线段的长改成了字母，其他条件都没有改变，因此可以采用类比思想进行分析与解答。此题可以类比第（2）题作辅助线，同样可以利用等积法求解，不同的是 $S_{\triangle BEF} = S_{\triangle PBE} - S_{\triangle PBF}$（第①小问），或 $S_{\triangle BEF} = S_{\triangle PBF} - S_{\triangle PBE}$（第②小问），计算时将数字改为字母。

【解答】

（1）证明：如图 9 - 24 中，

∵ 四边形 $ABCD$ 是矩形，∴ $AD // BC$. ∴ $\angle DEF = \angle EFB$.

由翻折可知：$\angle DEF = \angle BEF$，∴ $\angle BEF = \angle EFB$. ∴ $BE = BF$.

（2）解：如图 9 - 28 中，连接 BP，作 $EH \perp BC$ 于 H，则四边形 $ABHE$ 是矩

形，$EH = AB$.

$\because DE = EB = BF = 5$，$CF = 2$，$\therefore AD = BC = 7$，$AE = 2$.

在 Rt$\triangle ABE$ 中，$\because \angle A = 90°$，$BE = 5$，$AE = 2$，$\therefore AB = \sqrt{5^2 - 2^2} = \sqrt{21}$.

$\because S_{\triangle BEF} = S_{\triangle PBE} + S_{\triangle PBF}$，$PM \perp BE$，$PN \perp BF$，$\therefore \frac{1}{2} \cdot BF \cdot EH = \frac{1}{2} \cdot BE \cdot PM + \frac{1}{2} \cdot BF \cdot PN$.

$\because BE = BF$，$\therefore PM + PN = EH = \sqrt{21}$.

$\because$ 四边形 $PMQN$ 是平行四边形，$\therefore$ 四边形 $PMQN$ 的周长 $= 2(PM + PN) = 2\sqrt{21}$.

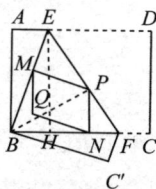

图 9 – 28

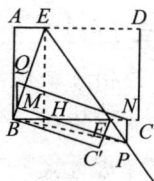

图 9 – 29

（3）①证明：如图 9 – 29 中，连接 BP，作 $EH \perp BC$ 于 H.

$\because ED = EB = BF = a$，$CF = b$，$\therefore AD = BC = a + b$.

$\therefore AE = AD - DE = b$，$\therefore EH = AB = \sqrt{a^2 - b^2}$.

$\because S_{\triangle EBP} - S_{\triangle BFP} = S_{\triangle EBF}$，$\therefore \frac{1}{2}BE \cdot PM - \frac{1}{2} \cdot BF \cdot PN = \frac{1}{2} \cdot BF \cdot EH$.

$\because BE = BF$，$\therefore PM - PN = EH = \sqrt{a^2 - b^2}$.

$\because$ 四边形 $PMQN$ 是平行四边形，$\therefore QN - QM = PM - PN = \sqrt{a^2 - b^2}$.

②如图 9 – 27，当点 P 在线段 FE 的延长线上运动时，同法可证：$QM - QN = PN - PM = \sqrt{a^2 - b^2}$.

例 6 已知，如图 9 – 30 所示，在 $\square ABCD$ 中，$AB = 3$cm，$BC = 5$cm，$AC \perp AB$，$\triangle ACD$ 沿 AC 的方向匀速平移得到 $\triangle PNM$，速度为 1cm/s；同时，点 Q 从点 C 出发，沿 CB 方向匀速移动，速度为 1cm/s，当 $\triangle PNM$ 停止平移时，点 Q 也停止移动，如图 9 – 31 所示，设移动时间为 t（s）（$0 < t < 4$），连接 PQ，MQ，MC，解答下列问题：

（1）当 t 为何值时，$PQ // MN$？

（2）设△QMC 的面积为 y（cm^2），求 y 与 t 之间的函数关系式。

（3）是否存在某一时刻 t，使 $S_{\triangle QMC}:S_{\text{四边形}ABQP}=1:4$？若存在，求出 t 的值；若不存在，请说明理由。

（4）是否存在某一时刻 t，使 $PQ\perp MQ$？若存在，求出 t 的值；若不存在，请说明理由。

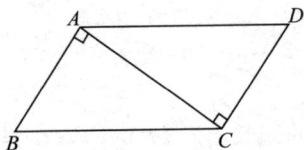
图 9 - 30

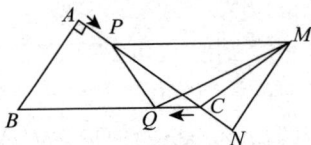
图 9 - 31

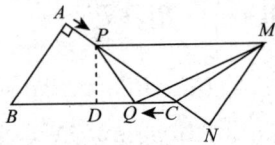
图 9 - 32

【思维方法导引】

首先可以将相关线段用 t 的形式表示。

（1）要想求 t 的值，可逆向思考，由于 $PQ // MN$，则△$PQC \backsim$△ABC，根据相似三角形的性质可求。

（2）要想求三角形的面积，只要求这个三角形的底与高即可，底是 QC，已经用含 t 的形式表示，高可以过 P 点作 BC 上的垂线段 PD，它与 C 点构成的三角形是一个直角三角形，而△ABC 也是一个直角三角形，两个三角形能否相似，如果相似，就可以利用相似三角形的性质求解。

（3）很显然，根据等底等高的两个三角形面积相等可知，△QMC 的面积与△QPC 的面积相等，$S_{\triangle QMC}:S_{\text{四边形}ABQP}=1:4$ 可转化为 $S_{\triangle QPC}:S_{\text{四边形}ABQP}=1:4$，可转化为 $S_{\triangle QPC}:S_{\triangle ABC}=1:5$，至此，问题迎刃而解。

（4）由 $PQ\perp MQ$ 可得△PMQ 是直角三角形，首先想到的是勾股定理，即 $PQ^2+QM^2=PM^2$，而 PQ^2 与 QM^2 的长都可以用 t 的形式表示，只不过计算比较复杂。也可以采用其他方法，比如，由△PDQ 与△MQP 相似，由相似三角形的对应边成比例，得出 PQ 正好是两个相似三角形的比例中项，而 PQ 可根据勾股定理用 t 的形式表示，两者相等列出方程，得到结果。

【解答】

（1）在 Rt△ABC 中，$AC=\sqrt{BC^2-AB^2}=4$，由平移得 $MN // AB$.

∵ $PQ // MN$，∴ $PQ // AB$. ∴ $\dfrac{CP}{CA}=\dfrac{CQ}{CB}$，∴ $\dfrac{4-t}{4}=\dfrac{t}{5}$，$t=\dfrac{20}{9}$.

（2）过点 P 作 $PD\perp BC$ 于 D，如图 9 - 32。

$\because \triangle CPD \backsim \triangle CBA$, $\therefore \dfrac{CP}{CB} = \dfrac{PD}{BA}$, $\therefore \dfrac{4-t}{5} = \dfrac{PD}{3}$. $\therefore PD = \dfrac{12}{5} - \dfrac{3}{5}t$.

$\because PD \perp BC$, $\therefore S_{\triangle QMC} = S_{\triangle QPC}$.

$\therefore y = S_{\triangle QMC} = \dfrac{1}{2}QC \cdot PD = \dfrac{1}{2}t\left(\dfrac{12}{5} - \dfrac{3}{5}t\right) = \dfrac{6}{5}t - \dfrac{3}{10}t^2$ $(0 < t < 4)$.

（3）$\because S_{\triangle QMC} : S_{四边形ABQP} = 1 : 4$, $\therefore S_{\triangle QPC} : S_{四边形ABQP} = 1 : 4$.

$\therefore S_{\triangle QPC} : S_{\triangle ABC} = 1 : 5$. $\therefore \left(\dfrac{6}{5}t - \dfrac{3}{10}t^2\right) : 6 = 1 : 5$, $\therefore t = 2$.

（4）解法一：如图 $9-32$，由（2）可知，$PD = \dfrac{12}{5} - \dfrac{3}{5}t$.

同理可得，$CD = \dfrac{16-4t}{5}$，而 $DQ = CD - CQ = \dfrac{16-9t}{5}$.

$\therefore PQ^2 = PD^2 + DQ^2 = \left(\dfrac{12-3t}{5}\right)^2 + \left(\dfrac{16-9t}{5}\right)^2$.

过 Q 作 $QE \perp PM$ 于 E，则 $EM = PM - DQ = 5 - \dfrac{16-9t}{5} = \dfrac{9+9t}{5}$.

$\therefore QM^2 = QE^2 + EM^2 = PD^2 + EM^2 = \left(\dfrac{12-3t}{5}\right)^2 + \left(\dfrac{9+9t}{5}\right)^2$.

又 $\because PQ^2 + QM^2 = PM^2$，$\therefore \left(\dfrac{12-3t}{5}\right)^2 + \left(\dfrac{16-9t}{5}\right)^2 + \left(\dfrac{12-3t}{5}\right)^2 + \left(\dfrac{9+9t}{5}\right)^2 = 25$.

解得：$t_1 = 0$（舍去），$t_2 = \dfrac{3}{2}$.

解法二：如图 $9-32$，若 $PQ \perp MQ$，则 $\angle PQM = \angle PDQ$.

$\because \angle MPQ = \angle PQD$，$\therefore \triangle PDQ \backsim \triangle MQP$.

$\therefore \dfrac{PQ}{MP} = \dfrac{DQ}{PQ}$，$\therefore PQ^2 = MP \cdot DQ$. $\therefore PD^2 + DQ^2 = MP \cdot DQ$.

$\because CD = \dfrac{15-4t}{5}$，$\therefore DQ = CD - CQ = \dfrac{16-4t}{5} - t = \dfrac{16-9t}{5}$.

$\therefore \dfrac{(12-3t)^2}{5} + \dfrac{(16-9t)^2}{5} = 5 \times \dfrac{16-9t}{5}$.

$\therefore t_1 = 0$（舍去），$t_2 = \dfrac{3}{2}$. $\therefore$ 当 $t = \dfrac{3}{2}$ 时，$PQ \perp MQ$.

四、运动产生分类讨论

由于运动的位置不确定，极易产生分类讨论，就应对动点所在的不同位置进行具体分析，要就不同的位置都画出正确的图形，再观察图形，找到相关的数量关系，避免产生重解和漏解。

例7 如图9-33，在矩形 $ABCD$ 中，$AB=8$，$AD=10$，E 是 CD 边上一点，连接 AE，将矩形 $ABCD$ 沿 AE 折叠，顶点 D 恰好落在 BC 边上点 F 处，延长 AE 交 BC 的延长线于点 G.

（1）求线段 CE 的长；

（2）如图9-34，M，N 分别是线段 AG，DG 上的动点（与端点不重合），且 $\angle DMN = \angle DAM$，设 $AM=x$，$DN=y$.

① 写出 y 关于 x 的函数解析式，并求出 y 的最小值。

② 是否存在这样的点 M，使 $\triangle DMN$ 是等腰三角形？若存在，请求出 x 的值；若不存在，请说明理由。

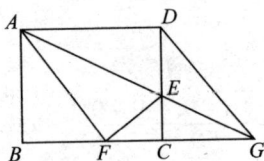

图 9-33

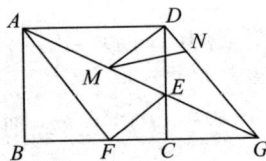

图 9-34

【思维方法导引】

（1）要想求 EC 的长，可在 $\text{Rt}\triangle CEF$ 中，利用勾股定理解答，但 EF 的长未知，不过知道它与 DE 相等。可设 CE 为 x，EF 的长可用 x 表示，而 $CF = BC - BF$，BF 的长可在 $\text{Rt}\triangle ABF$ 中利用勾股定理求得，再构建方程即可解决问题。

（2）①由于 $\angle DMN = \angle DAM$，所以首先可能考虑到这两个角所在的三角形相似，但 $\angle AMD > \angle MDN$，所以这两个三角形不可能相似。可以考虑证明 $\triangle ADM \backsim \triangle GMN$，可得对应边成比例，$AD$ 与 AM 已知，它们的对应边 MG 与 NG 能否用 x 或 y 表示，由于 EC 的长在（1）中已求，根据 $\triangle ECG$ 与 $\triangle ADE$ 相似可求得 AG 的长，进而可用 x 表示 MG. 要求 NG 的长，先求 DG 的长，此时就考虑能否证明四边形 $AFGD$ 是菱形。如果是，则 $DG = AD$，NG 能用 y 表示，至此问题得以解决。②一般来说，是否存在这样的点 M，使 $\triangle DMN$ 是等腰三角形，可以从三个方面考虑，就是每两条边相等。但由于 $\triangle MNG$ 的外角 $\angle DNM$ 大于它的内角 $\angle DGM$，也就大于 $\angle DMN$，所以不可能出现 $DM = DN$. 考虑其他两种情形，当 $MN = MD$ 时，可使用前面得出的结论。当 $MN = DN$ 时，可以得到 $\triangle DMN$ 也是等腰三角形，从而得到 $\triangle DMG$ 与 $\triangle AGD$ 相似，从而得解。也可作 $MH \perp DG$ 于 H，得到 $\triangle GHM \backsim \triangle GBA$，根据相似三角形的性质即可解决问题。

【解答】

（1）如图 9-35 中，

∵ 四边形 $ABCD$ 是矩形，∴ $AD = BC = 10$，$AB = CD = 8$．∴ $\angle B = \angle BCD = 90°$．

由翻折可知：$AD = AF = 10$，$DE = EF$，设 $EC = x$，则 $DE = EF = 8 - x$．

在 $Rt \triangle ABF$ 中，$BF = \sqrt{AF^2 - AB^2} = 6$，∴ $CF = BC - BF = 10 - 6 = 4$．

在 $Rt \triangle EFC$ 中，则有 $(8 - x)^2 = x^2 + 4^2$，解得 $x = 3$．∴ $EC = 3$．

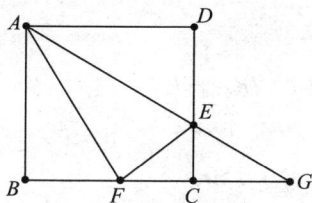
图 9-35

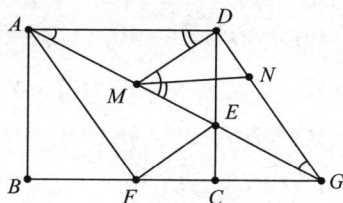
图 9-36

（2）① 如图 9-36 中，∵ $AD // CG$，∴ $\dfrac{AD}{CG} = \dfrac{DE}{CE}$．

∴ $\dfrac{10}{CG} = \dfrac{5}{3}$，∴ $CG = 6$．∴ $BG = BC + CG = 16$．

在 $Rt \triangle ABG$ 中，$AG = \sqrt{8^2 + 16^2} = 8\sqrt{5}$，在 $Rt \triangle DCG$ 中，$DG = \sqrt{6^2 + 8^2} = 10$，

∵ $AD = DG = 10$，∴ $\angle DAG = \angle AGD$．

∵ $\angle DMG = \angle DMN + \angle NMG = \angle DAM + \angle ADM$，$\angle DMN = \angle DAM$，∴ $\angle ADM = \angle NMG$．

∴ $\triangle ADM \backsim \triangle GMN$，∴ $\dfrac{AD}{MG} = \dfrac{AM}{GN}$．∴ $\dfrac{10}{8\sqrt{5} - x} = \dfrac{x}{10 - y}$，∴ $y = \dfrac{1}{10}x^2 - \dfrac{4\sqrt{5}}{5}x + 10$．

当 $x = 4\sqrt{5}$ 时，y 有最小值，最小值为 2．

② 存在。有两种情形：第一种情形，如图 9-37 中，当 $MN = MD$ 时，

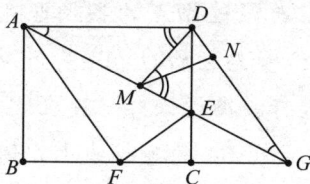
图 9-37

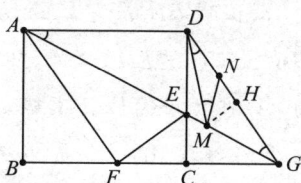
图 9-38

$\because \angle MDN = \angle GMD$，$\angle DMN = \angle DGM$，$\therefore \triangle DMN \backsim \triangle DGM$．$\therefore \dfrac{DM}{DG} = \dfrac{MN}{GM}$．

$\because MN = DM$，$\therefore DG = GM = 10$，$\therefore x = AM = 8\sqrt{5} - 10$．

第二种情形，解法一：如图 9 – 38，当 $MN = DN$ 时，$\therefore \angle NDM = \angle DMN$．

$\because \angle DMN = \angle DAG = \angle AGD$，$\therefore \angle DAG = \angle NDM$．

又 $\because \angle DGM = \angle AGD$，$\therefore \triangle DGM \backsim \triangle AGD$．

$\therefore \dfrac{MG}{DG} = \dfrac{DG}{AG}$，$\therefore \dfrac{8\sqrt{5} - x}{10} = \dfrac{10}{8\sqrt{5}}$．解得：$x = \dfrac{11\sqrt{5}}{2}$．

解法二：如图 9 – 38，当 $MN = DN$ 时，作 $MH \perp DG$ 于 H．

$\because MN = DN$，$\therefore \angle MDN = \angle DMN$．

$\because \angle DMN = \angle DGM$，$\therefore \angle MDG = \angle MGD$，$\therefore MD = MG$．

$\because MH \perp DG$，$\therefore DH = GH = 5$．

由 $\triangle GHM \backsim \triangle GBA$，可得 $\dfrac{GH}{GB} = \dfrac{MG}{AG}$，$\therefore \dfrac{5}{16} = \dfrac{MG}{8\sqrt{5}}$．

$\therefore MG = \dfrac{5\sqrt{5}}{2}$，$\therefore x = AM = 8\sqrt{5} - \dfrac{5\sqrt{5}}{2} = \dfrac{11\sqrt{5}}{2}$．

综上所述，满足条件的 x 的值为 $8\sqrt{5} - 10$ 或 $\dfrac{11\sqrt{5}}{2}$．

例 8 已知在平面直角坐标系中，点 A $(3, 0)$，B $(-3, 0)$，C $(-3, 8)$，以线段 BC 为直径作圆，圆心为 E，直线 AC 交 $\odot E$ 于点 D，连接 OD．

（1）求证：直线 OD 是 $\odot E$ 的切线；

（2）点 F 为 x 轴上任意一动点，连接 CF 交 $\odot E$ 于点 G，连接 BG；

① 当 $\tan \angle ACF = \dfrac{1}{7}$ 时，求所有 F 点的坐标_____（直接写出）．

② 求 $\dfrac{BG}{CF}$ 的最大值。

【思维方法导引】

（1）欲证明 OD 是 $\odot E$ 的切线，只要证明它与经过切点的半径垂直即可，故连接 DE，证明 $\angle EDO = 90°$ 即可；只要证明 $\angle EDO$ 与 $\angle EBO$ 相等即可。

（2）①由于 F 的位置不确定，因此有必要进行分类讨论，一般应从三个角度考虑，F 在线段 AB 上，F 在 AB 的延长线上，F 在 BA 的延长线上，但显然，当 F 在 AB 的延长线时，$\tan \angle ACF$ 不可能为 $\dfrac{1}{7}$，所以分"F 位于 AB 上"和"F

位于 BA 的延长线上"结合相似三角形进行求解即可；由于三角函数是直角三角形中边与角的关系，所以可以过 F 点作 $FN \perp AC$ 于 N 点，构造直角三角形，因为 $\tan \angle ACF = \dfrac{1}{7}$，故可设 $FN = k$，则 $CF = 7k$，借此，可求出 CN、AN 的长，再利用三角函数或相似三角形可求出 k 的值，至此，F 点的坐标顺利求出。

②由于 F 点是动点，所以 BG 与 CF 的长度都是不定的，由此有必要找到与 $\dfrac{BG}{CF}$ 相等的且其中有一条线段是定值的比值，由于 CF 与 BG 分别是 $\text{Rt}\triangle BCF$ 的斜边与斜边上的高，故应该在一个直角三角形找到对应的线段，显然 $\triangle BCG$ 是直角三角形，过 G 作 $GM \perp BC$ 于点 M，就可以找到符合要求的线段，根据两个三角形相似，可得 $\dfrac{BG}{CF} = \dfrac{MG}{BC}$，$MG$ 是一个未知的线段，而 BC 的值是定值，只要 MG 的值最大，$\dfrac{BG}{CF}$ 的值也最大，从而得解。

【解答】

（1）证明：连接 DE，如图 $9-39$

$\because BC$ 为直径，$\therefore \angle BDC = 90°$，$\therefore \angle BDA = 90°$.

$\because OA = OB$，$\therefore OD = OB = OA$，$\therefore \angle OBD = \angle ODB$.

$\because EB = ED$，$\therefore \angle EBD = \angle EDB$. $\therefore \angle EBD + \angle OBD = \angle EDB + \angle ODB$. 即 $\angle EBO = \angle EDO$.

$\because CB \perp x$ 轴，$\therefore \angle EBO = 90°$，$\therefore \angle EDO = 90°$. $\therefore$ 直线 OD 为 $\odot E$ 的切线。

（2）解法一：如图 $9-40$，过 F 点作 $FN \perp AC$ 于 N 点，在 $\text{Rt}\triangle CNF$ 中，设 $FN = k$，则 $CN = 7k$.

① 当 F 位于 AB 上时，$AN = 10 - 7k$.

$\because \tan \angle CAB = \dfrac{FN}{AN} = \dfrac{BC}{AB}$，即 $k : (10 - 7k) = 4 : 3$. 解得：$k = \dfrac{40}{31}$，即 $FN = \dfrac{40}{31}$.

$\therefore AF = \dfrac{40}{31} \div \sin \angle CAB = \dfrac{50}{31}$. $OF = OA - AF = \dfrac{43}{31}$. $\therefore F\left(\dfrac{43}{31}, \ 0\right)$.

② 当 F 位于 BA 的延长线上时，$AN = 7k - 10$. 如图 $9-41$，$\because \tan \angle FAN = \tan \angle CAB$，即 $\dfrac{FN}{AN} = \dfrac{BC}{AB}$，即 $k : (7k - 10) = 4 : 3$.

解得：$k = \dfrac{8}{5}$，即 $FN = \dfrac{8}{5}$，$\therefore AF = \dfrac{8}{5} \div \sin \angle FAN = \dfrac{8}{5} \div \dfrac{4}{5} = 2$.

$OF = OA + AF = 5. \therefore F\ (5,\ 0)$.

解法二：①如图 9-40，当 F 位于 AB 上时，

$\because \triangle ANF_1 \sim \triangle ABC, \therefore \dfrac{AN}{AB} = \dfrac{NF_1}{BC} = \dfrac{AF_1}{AC}. \therefore$ 设 $AN = 3x$，则 $NF_1 = 4x$，

$AF_1 = 5x$.

$\therefore CN = CA - AN = 10 - 3x. \therefore \tan \angle ACF = \dfrac{F_1 N}{CN} = \dfrac{4x}{10 - 3x} = \dfrac{1}{7}$，解得：$x = \dfrac{10}{31}$.

$\therefore AF_1 = 5x = \dfrac{50}{31}$，$OF_1 = 3 - \dfrac{50}{31} = \dfrac{43}{31}$，即 $F_1 \left(\dfrac{43}{31},\ 0 \right)$.

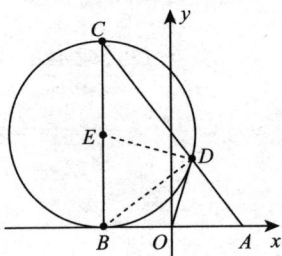

图 9-39

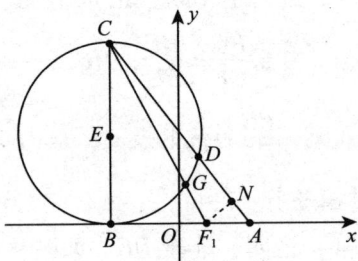

图 9-40

如图 9-41，当 F 位于 BA 的延长线上时，

$\because \triangle AMF_2 \sim \triangle ABC, \therefore$ 设 $AM = 3x$，则 $MF_2 = 4x$，$AF_2 = 5x. \therefore CM = CA + AM = 10 + 3x$.

$\therefore \tan \angle ACF_2 = \dfrac{F_2 M}{CM} = \dfrac{4x}{10 + 3x} = \dfrac{1}{7}$，解得：$x = \dfrac{2}{5}$.

$\therefore AF_2 = 5x = 2$，$OF_2 = 3 + 2 = 5$. 即 $F_2\ (5,\ 0)$.

综上所述，F 点的坐标为 $\left(\dfrac{43}{31},\ 0 \right)$ 或 $(5,\ 0)$.

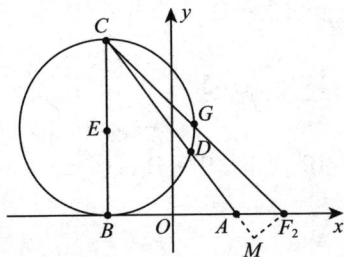

图 9-41

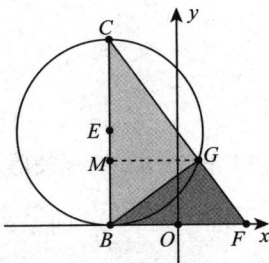

图 9-42

②如图 9 – 42，作 $GM \perp BC$ 于点 M.

∵ BC 是直径，∴ $\angle CGB = \angle CBF = 90°$. ∴ $\triangle CBF \sim \triangle CGB$. ∴ $\dfrac{BG}{CF} = \dfrac{MG}{BC} = \dfrac{MG}{8}$.

∵ $MG \leqslant$ 半径 = 4，∴ $\dfrac{BG}{CF} = \dfrac{MG}{8} \leqslant \dfrac{4}{8} = \dfrac{1}{2}$. ∴ $\dfrac{BG}{CF}$ 的最大值为 $\dfrac{1}{2}$.

【易错点】

（1）在运动变化过程中，经常不注意题中所标示的点是在直线或坐标轴上运动，求解时仅针对线段或射线或正半轴进行思考，没有进行分类讨论或出现漏解。为避免这种情况的发生，应多注意在直线的另一方向或坐标轴的正半轴上考虑。

（2）在锐角三角形与钝角三角形中，由于没有直角出现，容易忽视三角形的边角关系。此时，可以作三角形一边上的高构成直角三角形，或将其中一个角的三角函数值转化另一个与它相等的角的三角函数值进行计算。

专题十 与线段最值相关的函数问题

从近几年江西中考试题来看，二次函数综合应用成为中考必考内容和压轴题，具有一定的选拔作用。考查内容较多，综合性较强，计算量较大。该类型是数形结合思想的完美体现，也是代数和几何紧密联系的典范，以高度的抽象性、严谨的逻辑性、广泛的应用性和大计算量、综合性强而著称。解决该题时学生一定要仔细阅读题目，养成边读题边画图边分析的习惯，计算务必准确，弄清所有量之间的关系，考虑问题要全面。

线段的最值是该题型常考内容之一，本文着重介绍与线段最值相关的二次函数问题的思路方法引导。

一、模型："将军饮马"问题

依据"三角形任意两边之和大于第三边，任意两边之差小于第三边"的有关定理，利用轴对称、线段的平移、等量代换的相关知识方法，结合函数性质进行解题。

一般以"两定一动"的设问方式存在。"两定"指两个定点，"一动"指一个动点（"定直线"一般指该"动点"所在的直线）。

【问题】

如图 10-1，A、B 为 l 直线同侧的两定点，求 l 上点 P 使得 $PA + PB$ 最短。

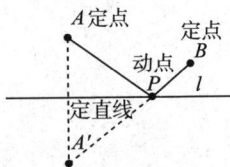

图 10-1

【作图方法】

作点 A 关于直线 l 的对称点 A'，连接 $A'B$ 与 l 交于点 $P.$

【解题策略】　"定点"关于"定直线"作对称点，连接另一"定点"和"对称点"的距离 $A'B$ 即所求最小距离。若是求此时"动点" P 的坐标，则需求出直线 $A'B$ 的解析式，求出其与 l 交点坐标 P 即可。

拓展模型一：

一般以"一定，两动"的设问方式存在。"一定"指一个定点，"两动"指两个动点。

【问题】

如图 10－2，点 P 为角内一定点，A、B 分别为 l_1、l_2 上两动点，求 $PA + PB + AB$ 的最小值。

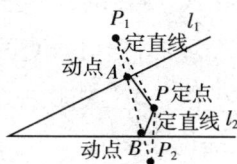

图 10－2

【作图方法】

定点 P 分别关于动点 A、B 所在的定直线作对称点 P_1、P_2，连接 P_1P_2，线段 P_1P_2 的长即所求 $PA + PB + AB$ 的最小值。

【解题策略】

"定点"关于两"定直线"分别作对称点，连接两"对称点"的线段 P_1P_2 即所求最小距离，线段 P_1P_2 与 l_1、l_2 的交点是最小值时 A、B 两点的位置。

拓展模型二：

一般以"两定，两动"的设问方式存在。"两定"指两个定点，"两动"指两个动点。

【问题】

如图 10－3，A、B 为两定点，C、D 分别为 l_1、l_2 上两动点，求 $AB + BC + CD + DA$ 的最小值。

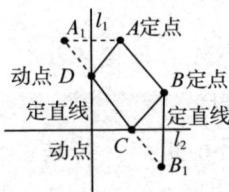

图 10－3

【作图方法】

定点 A 关于动点 D 所在的定直线 l_1 作对称点 A_1，定点 B 关于动点 C 所在的定直线 l_2 作对称点 B_1，连接 A_1B_1，$BC+CD+DA$ 的最小值为 A_1B_1，AB 为定值，A_1B_1+AB 为所求最小值。

【解题策略】

两定点分别关于它所连接的动点所在的定直线（例：AD 是定点 A，动点 D 组成，则 A 关于动点 D 所在的定直线 l_1 作对称点）作对称点，连接两对称点的线段 A_1B_1 即 $BC+CD+DA$ 的最小值，AB 为定值，线段 A_1B_1 与 l_1、l_2 的交点是 $BC+CD+DA$ 最小时 D、C 两点的位置。

拓展模型三：

一般以"三定，一动"的设问方式存在。"三定"指两个定点和线段值"定值"，"一动"指长为定值的"动线段"。

【问题】

如图 10－4，A、B 为两定点，CD 是 l 上长为定值的线段，求 $AB+BC+CD+DA$ 的最小值。

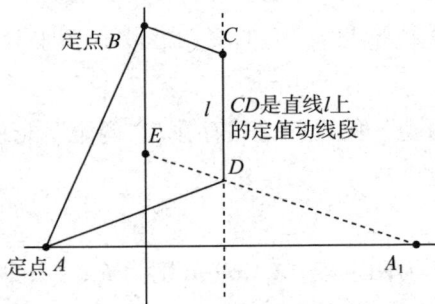

图 10－4

【作图方法】

过点 B 靠近 A 作平行且等于 CD 的线段 BE，作 A 关于 CD 所在直线的对称

点 A_1，连接 EA_1 交 l 于点 D，此时 $BC+AD$ 的最小值为 EA_1，因为 AB、CD 为定值，故 $EA_1+AB+CD$ 为所求最小值。

【解题策略】

$\because AB$、CD 为定值，$\therefore$ 只需 $BC+AD$ 最小即可，过点 B 靠近 A 作平行且等于 CD 的线段 BE，$\therefore$ 四边形 $BCDE$ 为平行四边形，$\therefore BC=ED$，作点 A 关于 CD 所在直线的对称点 A_1.

$\therefore DA=DA_1 \therefore BC+AD$ 最小，即 $ED+DA_1$ 最小，$\therefore$ 当 E、D、A_1 三点共线时 $ED+DA_1$ 的最小值为 EA_1，$\therefore AB+BC+CD+DA$ 的最小值为 $EA_1+AB+CD$.

拓展模型四：

一般以"两定，一动"的设问方式存在。"两定"指两个定点，"一动"指一个动点。

【问题】

如图 $10-5$，A、B 为两定点，P 为直线 l 上一动点，求 $PA-PB$ 的最大值。

【作图方法】

如图 $10-6$，作 A 关于 l 对称的点 A_1，连接 A_1B 与直线 l 交于点 P，此时 $PA-PB$ 值最大。

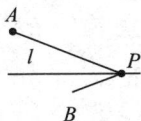

图 10 － 5

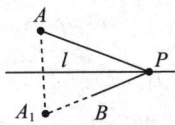

图 10 － 6

【解题策略】

"定点"关于"定直线"作对称点，连接另一"定点"和"对称点"的直线与已知直线的交点即所求 $PA-PB$ 值最大时动点 P 所在位置，该最大值 = "对称点"与另一"定点"所连线段的长，即 $PA-PB$ 最大值为 A_1B，若是求此时"动点" P 的坐标，则只需求出直线 A_1B 的解析式，再求出其与 l 的交点坐标即可。

二、模型二："胡不归"模型

一般以"两定一动"的设问方式存在，"两定"指有两个定点，"一动"指有一个动点且其中一定点和动点在同一条直线上。

【问题】

如图 10 - 7，A、C 是定点，点 A 在直线 l 上，点 B 是直线 l 上的动点，求 $BC + kAB$ 的最小值（$0 < k < 1$）。

【作图方法】

如图 10 - 8，以 AB 为斜边，在 l 异于点 C 的另一边作 $BE \perp AE$ 于点 E，使得 $\sin \angle BAE = k$，过点 C 作 $CE_1 \perp AE$ 交 AE 于点 E_1，CE_1 的长即所求 $BC + kAB$ 的最小值。

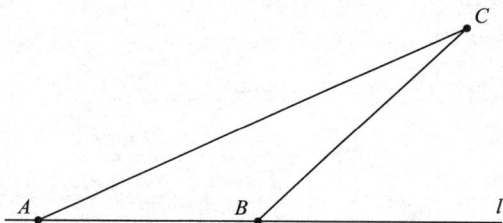

图 10 - 7

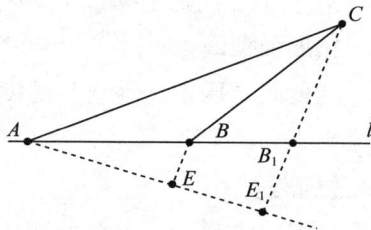

图 10 - 8

【解题策略】

利用正弦函数将 kAB 转化后就简单了．在 l 的另一边作 $BE \perp AE$ 于点 E，使得 $\sin \angle BAE = k$，$\therefore BE = kAB$，$\therefore$ 求 $BC + kAB$ 最小，即求 $BC + BE$ 最小。

$\therefore$ 当 C、B、E 三点共线时 $BC + BE$ 最小，过点 C 作 $CE_1 \perp AE$ 交 AE 于点 E_1 交 l 于点 B_1，即此时三点共线，$\therefore CE_1$ 长即所求 $BC + kAB$ 的最小值。

【解答模式】

①在系数不为 1 的线段的定端点处作一个角，使其的正弦值等于此线段的系数（题目中有无特殊角）。②过动点作上一步的角的边的垂线，构造直角三角形。③根据两点之间线段最短，找到最小值的位置。④计算。

例 1 已知：抛物线 $y = ax^2 + 4ax + m$（$a > 0$）与 x 轴的一个交点为 A（$-1, 0$）.

（1）求抛物线以 x 轴的另一个交点 B 的坐标；

（2）点 D 是抛物线与 y 轴的交点，点 C 是抛物线上的一个点，且以 AB 为底的梯形 $ABCD$ 的面积为 9，求此抛物线的解析式；

（3）点 E 是第二象限内到 x 轴，y 轴的距离比为 5：2 的点，如果点 E 在（2）中的抛物线上，且点 E 与点 A 在此抛物线对称轴的同侧。问：在抛物线的对称轴上是否存在点 P，使 $\triangle APE$ 的周长最小。若存在，求出点 P 的坐标；若不存在，请说明理由。

【思维方法导引】

（1）已知抛物线与 x 轴的一个交点，利用抛物线的对称性即可求出抛物线与 x 轴的另一个交点。

（2）设 D 为 $(0, m)$，则可知 C 为 $(-4, m)$，已知梯形的面积则可求出 m，再将（1）中所求 B 代入则求出 a 值，即求出抛物线的解析式。

（3）∵点 E 是第二象限内到 x 轴，y 轴的距离比为 $5 : 2$ 的点，∴设 $E(-2c, 5c)$，且 E 在（2）中抛物线上，∴将 $E(-2c, 5c)$ 代入抛物线解析式，即可求出 E 坐标，因 $\triangle APE$ 的周长 $= PE + AP + AE$，其中 AE 是定值，故只需求 $PE + AP$ 的最小值，即 $PE + AB$ 的最小值。

【解答】

（1）抛物线 $y = ax^2 + 4ax + m$ 的对称轴为：直线 $x = -\dfrac{4a}{2a} = -2$，

∵该抛物线与 x 轴的一个交点为 $A(-1, 0)$，

∴抛物线与 x 轴的另一个交点 B 为 $(-3, 0)$；

（2）如图 $10-9$，设点 D 的坐标为 $(0, m)$，由抛物线的对称性，可知点 C 的坐标为 $(-4, m)$，

∴ $S_{梯形ABCD} = \dfrac{1}{2}(AB + CD) \cdot OD = \dfrac{1}{2} \times (2 + 4) m = 9$，解得 $m = 3$，设抛物线的解析式为 $y = a(x+3)(x+1)$，

∵点 $D(0, 3)$ 在图像上，∴ $3 = 3a$，解得 $a = 1$，∴此抛物线的解析式为 $y = x^2 + 4x + 3$；

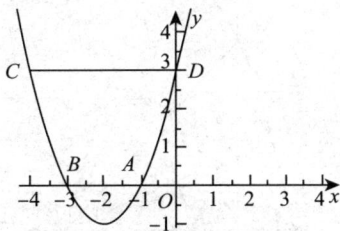

图 $10-9$

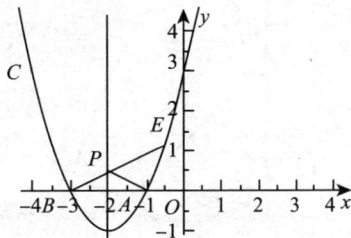

图 $10-10$

（3）如图 $10-10$，∵点 E 是第二象限内到 x 轴，y 轴的距离比为 $5 : 2$ 的点，∴设 $E(-2c, 5c)$（$c > 0$），

∵ 点 E 在抛物线 $y = x^2 + 4x + 3$ 上，∴ $5c = 4c^2 - 8c + 3$，解得 $c_1 = \dfrac{1}{4}$，$c_2 = 3$，

∴ 当 $c = \dfrac{1}{4}$ 时，点 $E\left(-\dfrac{1}{2}, \dfrac{5}{4}\right)$，当 $c = 3$ 时，点 E（-6，15）（不符合题意，舍去）．

∵ 点 A 与点 B 关于对称轴 $x = -2$ 对称，∴ $\triangle PAE$ 的周长 $= PE + AP + AE = PE + PB + AE$，∵ AE 的长为定值，∴ 当 $PB + PE$ 最小时，$\triangle PAE$ 的周长最小，∵ 两点之间线段最短，∴ 连接 BE 与对称轴的交点即为点 P．

设 l_{BE} 为 $y = kx + b$，将 B（-3，0）、$E\left(-\dfrac{1}{2}, \dfrac{5}{4}\right)$ 代入，得：$\begin{cases} \dfrac{5}{4} = -\dfrac{1}{2}k + b \\ 0 = -3k + b \end{cases}$，

解得 $\begin{cases} k = \dfrac{1}{2} \\ b = \dfrac{3}{2} \end{cases}$，∴ l_{BE} 为 $y = \dfrac{1}{2}x + \dfrac{3}{2}$，当 $x = -2$ 时，$y = \dfrac{1}{2}$，∴ 点 P 的坐标为 $\left(-2, \dfrac{1}{2}\right)$．

例2 如图 10-11，已知在平面直角坐标系中，抛物线 $y = -x^2 + 2x + 3$ 与坐标轴有三个交点，分别是 A，B，C．

（1）求 A，B，C 三点的坐标；

（2）P 是 $\triangle BOC$ 内一点，且 $PB = OB$，M、N 分别是 x 轴和 BC 上的动点，求 $\triangle PMN$ 周长的最小值。

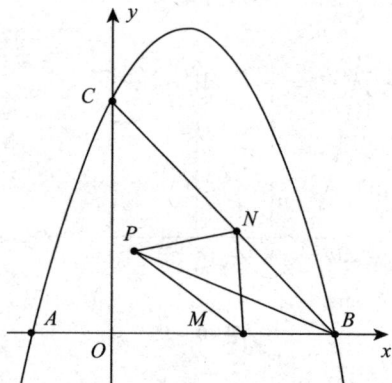

图 10-11

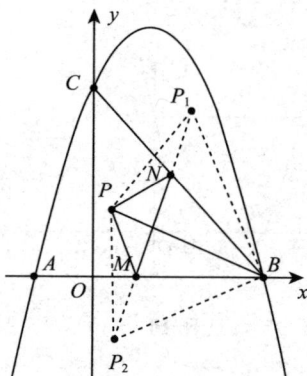

图 10-12

【思维方法导引】

（1）令 $x=0$，求出的 y 值即 C 点的纵坐标，令 $y=0$，求出的 x 值即 A、B 两点的横坐标。

（2）分别作 P 关于 BC 直线，x 轴的对称点 P_1，P_2，连接 P_1N，P_2M，P_1B，P_2B，P_1P_2，$\triangle PMN$ 周长 $= MN+PM+PN = MN+P_2M+P_1N$ 的最小值即 P_1P_2，且由对称性可知，$P_1B=P_2B=PB=OB=3$，$\angle P_1BP_2=2\angle CBO=90°$，故 P_1P_2 是直角边为 3 的等腰直角三角形的斜边等于 $3\sqrt{2}$，即 $\triangle PMN$ 周长最小值为 $3\sqrt{2}$.

【解答】

（1）令 $y=0$，即 $-x^2+2x+3=0$，解得 $x_1=-1$，$x_2=3$，$\therefore A(-1,0)$，$B(0,3)$，令 $x=0$，得 $y=3.\therefore C(3,0)$；

（2）如图 10-12，分别作 P 关于 BC 直线，x 轴的对称点 P_1，P_2，连接 P_1N，P_2M，P_1B，P_2B，P_1P_2，

$\therefore \triangle PMN$ 周长 $= MN+PM+PN = MN+P_2M+P_1N$，

$\therefore$ 当 P_1，N，M，P_2 四点共线时，$MN+P_2M+P_1N$ 最小 $=P_1P_2$，由对称性可知，$P_1B=PB$，$P_2B=PB$，$\angle P_1BC=\angle PBC$，$\angle P_2BC=\angle PBO$，

又 $\because PB=OB$，$\angle PBC+\angle PBO=\angle CBO=45°$，$\therefore P_1B=P_2B=PB=OB=3$，$\angle P_1BP_2=2\angle CBO=90°$，$\therefore$ 在等腰直角 $\triangle P_1BP_2$ 中，斜边 $P_1P_2=3\sqrt{2}$，即 $\triangle PMN$ 周长最小为 $3\sqrt{2}$.

例3　如图 10-13，顶点为 M 的抛物线 $y=ax^2+bx+3$ 与 x 轴交于 $A(-1,0)$，B 两点，与 y 轴交于点 C，过点 C 作 $CD\perp y$ 轴交抛物线于另一点 D，作 $DE\perp x$ 轴，垂足为点 E. 双曲线 $y=\dfrac{6}{x}$（$x>0$）经过点 D，连接 MD，BD.

（1）求抛物线的表达式；

（2）点 N，F 分别是 x 轴，y 轴上的两点，当以 M，D，N，F 为顶点的四边形周长最小时，求出点 N，F 的坐标。

【思维方法导引】

（1）由题意知 D 点的纵坐标为 3，将其代入反比例函数解析式可求得 D 点坐标，从而可利用待定系数法求出抛物线的表达式。

（2）设 M 关于 y 轴的对称点为 M'，D 点关于 x 轴对称点为 D'，则线段 $M'D'$ 的长即为以 M，D，N，F 为顶点的四边形的周长最小值，从而此题可解。

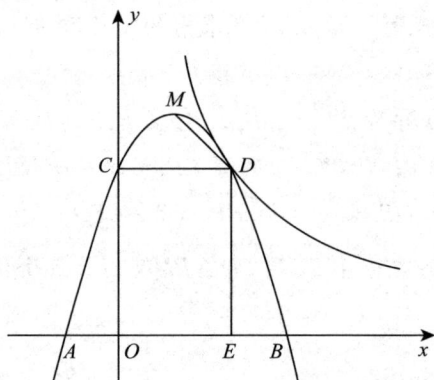

图 10 – 13

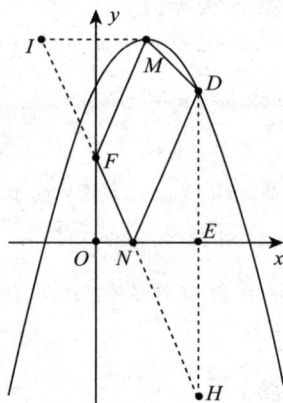

图 10 – 14

【解答】

（1）由题意知 C 的坐标为（0，3），则 D 点的纵坐标为3.

把 $y = 3$ 代入 $y = \dfrac{6}{x}$，得 $x = 2$. $\therefore D$ 的坐标为（2，3）.

把 A（－1，0），D（2，3）的坐标代入 $y = ax^2 + bx + 3$，得

$\begin{cases} 0 = a - b + 3, \\ 3 = 4a + 2b + 3. \end{cases}$ 解得 $\begin{cases} a = -1, \\ b = 2. \end{cases}$

$\therefore$ 抛物线的表达式为 $y = -x^2 + 2x + 3$.

（2）$\because y = -x^2 + 2x + 3 = -(x-1)^2 + 4$. $\therefore$ 顶点 M 的坐标为（1，4）.

如图 10 – 14，设 M 关于 y 轴的对称点为 I，则 I 的坐标为（－1，4）.

同理，D 点关于 x 轴对称点的坐标 H 的坐标为（2，－3）.

设直线 IH 为 $y = kx + b$，则 $\begin{cases} 4 = -k + b, \\ -3 = 2k + b. \end{cases}$ 解得 $\begin{cases} k = -\dfrac{7}{3}, \\ b = \dfrac{5}{3}. \end{cases}$

$\therefore$ 直线 IH 的表达式为 $y = -\dfrac{7}{3}x + \dfrac{5}{3}$.

直线 IH 交 x 轴于点 $\left(\dfrac{5}{7}, 0\right)$，交 y 轴于点 $\left(0, \dfrac{5}{3}\right)$.

$\therefore$ 当以 M，D，N，F 为顶点的四边形周长最小时，点 N 的坐标为 $\left(\dfrac{5}{7}, 0\right)$，

F 的坐标 $\left(0, \dfrac{5}{3}\right)$.

例 4 如图 10 - 15，已知在平面直角坐标系中，抛物线与坐标轴有三个交点，分别是 A $(-1, 0)$，B $(3, 0)$，C $(0, 3)$．

（1）求抛物线的解析式；

（2）M、N 是直线 $y = x$ 上的两点（点 M 在点 N 的下方），且 $MN = \sqrt{2}$，当四边形 $AMNC$ 的周长最小时，求 M、N 点的坐标，并求出该周长的最小值。

【思维方法导引】

（1）将 A、B、C 代入抛物线 $y = ax^2 + bx + c$ 的解析式，即可求 a、b、c 的值，抛物线的解析式可得；

（2）过点 A 向上作线段 AD 平行且等于 MN，因 $MN = \sqrt{2}$，且 MN 与 x 轴夹角为 $45°$，故 C 关于 $y = x$ 对称的点为点 B 且点 D 恰好在 y 轴上，因 AC、MN 是定值故只需求 $AM + CN$ 的最小值，此时点 N 在 BD 与直线 $y = x$ 的交点处，将点 N 左移 1 个单位，下移 1 个单位可得点 M 的坐标。

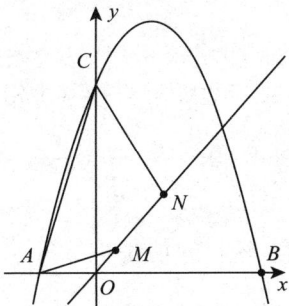

图 10 - 15

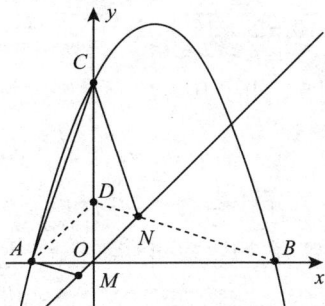

图 10 - 16

【解答】

（1）设抛物线解析式为 $y = ax^2 + bx + c$，将 A $(-1, 0)$，B $(3, 0)$，C $(0, 3)$ 代入可得

$$\begin{cases} 0 = a - b + c \\ 3 = c \\ 0 = 9a + 3b + c \end{cases}, \text{解得} \begin{cases} a = -1 \\ b = 2 \\ c = 3 \end{cases}.$$

∴ 抛物线的解析式为 $y = -x^2 + 2x + 3$.

（2）如图 10 - 16，过点 A 向上作线段 AD 平行且等于 MN，

∴ 四边形 $AMND$ 是平行四边形，∴ $AM = DN$，

∵ $MN = \sqrt{2}$，且 MN 与 x 轴夹角为 $45°$，

∴ C 关于 $y = x$ 对称的点为点 B 且点 D 恰好在 y 轴上为 $(0, 1)$,

∵ AC、MN 是定值∴ 四边形 $AMNC$ 的周长最小即 $AM + CN$ 最小,

∴ 当 D、N、B 三点共线时, $AM + CN = DN + NB$ 最小 $= BD = \sqrt{OD^2 + OB^2} = \sqrt{10}$,

设直线 BD 的解析式为: $y = kx + 1$, 将点 B $(3, 0)$ 代入, 得 $k = -\dfrac{1}{3}$,

∴ 直线 BD 的解析式为: $y = -\dfrac{1}{3}x + 1$, ∴ 联立方程 $\begin{cases} y = x \\ y = -\dfrac{1}{3}x + 1 \end{cases}$, 解得 $\begin{cases} x = \dfrac{3}{4} \\ y = \dfrac{3}{4} \end{cases}$,

∴ $N\left(\dfrac{3}{4}, \dfrac{3}{4}\right)$ 将点 N 左移 1 个单位, 下移 1 个单位可得点 M 的坐标为 $\left(-\dfrac{1}{4}, -\dfrac{1}{4}\right)$.

四边形 $AMNC$ 周长的最小值 $= AC + MN + AM + CN = AC + MN + BD = \sqrt{10} + \sqrt{2} + \sqrt{10} = 2\sqrt{10} + \sqrt{2}$.

例 5 如图 10 - 17, 已知抛物线 $y = \dfrac{1}{2}x^2 + bx + c$ 与直线 $y = \dfrac{1}{2}x + 3$ 相交于 A, B 两点, 交 x 轴于 C, D 两点, 连接 AC, BC, 已知 A $(0, 3)$, C $(-3, 0)$.

（1）求出抛物线的解析式;

（2）在抛物线对称轴 l 上找一点 M, 使 $|MB - MD|$ 的值最大, 并求出这个最大值。

【思维方法导引】

（1）将点 AC 的坐标代入关系式, 求出 b, c 的值即可。

（2）先确定要求 $|MB - MD|$ 就是求出 $|MB - MC|$ 的值最大, 即可确定点 M 的位置, 然后求出点 B 的坐标, 即可求出最大值。

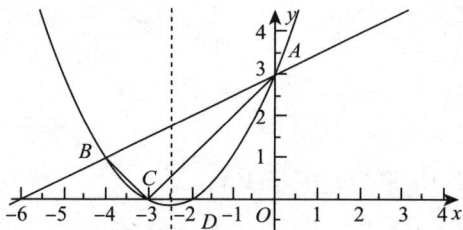

图 10 - 17

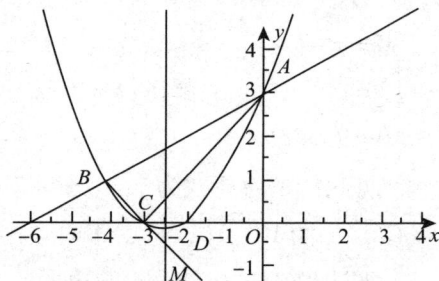

图 10 - 18

【解答】

(1) ∵抛物线 $y = \frac{1}{2}x^2 + bx + c$ 经过点 A (0，3)，C (-3，0)，

∴ $\begin{cases} c = 3 \\ \frac{1}{2} \times (-3)^2 - 3b + c = 0 \end{cases}$，解得 $\begin{cases} b = \frac{5}{2} \\ c = 3 \end{cases}$，∴抛物线的解析式为：$y = \frac{1}{2}$

$x^2 + \frac{5}{2}x + 3$；

(2) 如图 10 - 18，根据二次函数的对称性可知 $MD = MC$，要求 $|MB - MD|$ 的值最大，就是求 $|MB - MC|$ 的值最大，由三角形两边之差小于第三边，得当点 B，C，M 在同一条直线上时，$|MB - MD|$ 的值最大由一次函数和二次函数交于 A，B 两点，得 $\frac{1}{2}x^2 + \frac{5}{2}x + 3 = \frac{1}{2}x + 3$，解得 $x = -4$ 或 0，当 $x = -4$ 时，$y = 1$，即点 B (-4，1)，

∴设 l_{BC} 为：$y = kx + b$，将 B (-4，1)、C (-3，0) 代入，得 $\begin{cases} 1 = -4k + b \\ 0 = -3k + b \end{cases}$，解得 $\begin{cases} k = -1 \\ b = -3 \end{cases}$，

∴设 l_{BC} 为：$y = -x - 3$

∵抛物线 $y = \frac{1}{2}x^2 + \frac{5}{2}x + 3$ 的对称轴为直线 $x = -\frac{5}{2}$，将 $x = -\frac{5}{2}$ 代入 $y = -x - 3$，得 $y = -\frac{1}{2}$，

∴此时 $M\left(-\frac{5}{2}, -\frac{1}{2}\right)$ ∵点 B (-4，1)、C (-3，0) ∴ $BC = \sqrt{(-4+3)^2 + (1-0)^2} = \sqrt{2}$，

∴ M 为 $\left(-\frac{5}{2}, -\frac{1}{2}\right)$ 时，$|MB - MD|$ 最大，最大值为 $\sqrt{2}$。

例6 如图 10 - 19，在平面直角坐标系中，抛物线 $y = x^2 - 2x - 3$ 与 x 轴交于点 A，B（点 A 在点 B 的左侧）交 y 轴于点 C，点 D 为抛物线的顶点，对称轴与 x 轴交于点 E。连接 BD，点 M 是线段 BD 上一动点（点 M 不与端点 B，D 重合），过点 M 作 $MN \perp BD$ 交抛物线于点 N（点 N 在对称轴的右侧），过点 N 作 $NH \perp x$ 轴，垂足为 H，交 BD 于点 F，点 P 是线段 OC 上一动点，当 MN 取得最大值时，求 $HF + FP + \frac{1}{3}PC$ 的最小值。

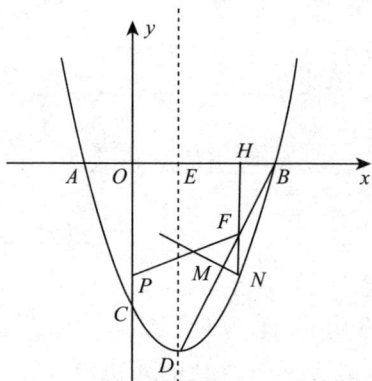

图 10 – 19

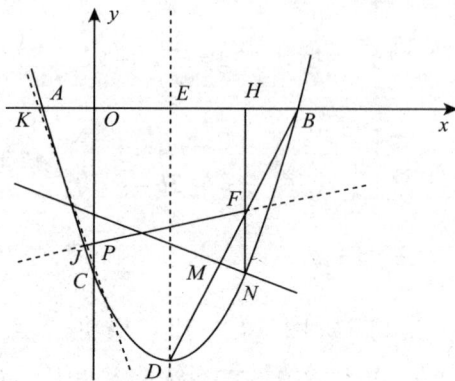

图 10 – 20

【思维方法导引】

先确定点 F 的位置，可设点 N (m, m^2-2m-3)，则点 F $(m, 2m-6)$，可得 $|NF| = (2m-6) - (m^2-2m-3) = -m^2+4m-3$，根据二次函数的性质得 $m = -\dfrac{b}{2a} = 2$ 时，NF 取到最大值，此时 $MN = NF \cdot \sin\angle NFM$ 取到最大值，此时 $HF=2$，F $(2, -2)$，在 x 轴负半轴上找一点 K $(a, 0)$，连接 CK，使 $\sin\angle OCK = \dfrac{1}{3}$，$\therefore KC = -3a$，$\therefore$ 在 $\text{Rt}\triangle OCK$ 中，$OK^2 + OC^2 = KC^2$，即 $(-a)^2 + 3^2 = (-3a)^2$，解得 $a = -\dfrac{3\sqrt{2}}{4}$，$\therefore K\left(-\dfrac{3\sqrt{2}}{4}, 0\right)$，得直线 KC 的解析式为 $y = -2\sqrt{2}x - 3$，过点 F 作 CK 的垂线交 CK 于点 J，交 y 轴于点 P，从而得到直线 FJ 的解析式为 $y = \dfrac{\sqrt{2}}{4}x - \dfrac{4+\sqrt{2}}{2}$，联立解出点 $J\left(\dfrac{2-2\sqrt{2}}{9}, \dfrac{-19-4\sqrt{2}}{9}\right)$，得 $FP + \dfrac{1}{3}PC$ 的最小值即为 FJ 的长，且 $|FJ| = \dfrac{1}{3} + \dfrac{4\sqrt{2}}{3}$，最后得出 $\left|HF + FP + \dfrac{1}{3}PC\right|$ 的最小值。

【解答】

$\because$ 抛物线 $y = x^2 - 2x - 3$ 与 x 轴交于点 A，B（点 A 在点 B 的左侧），交 y 轴于点 C，

$\therefore$ 令 $y=0$ 解得：$x_1 = -1$，$x_2 = 3$，令 $x=0$，解得：$y = -3$，

$\therefore A(-1, 0)$, $B(3, 0)$, $C(0, -3)$

$\because$ 点 D 为抛物线的顶点，且 $-\dfrac{b}{2a} = -\dfrac{-2}{2} = 1$，$\dfrac{4ac - b^2}{4a} = -4$，$\therefore$ 点 D 的坐标为 $D(1, -4)$.

$\therefore$ 直线 BD 的解析式为 $y = 2x - 6$，由题意，可设点 $N(m, m^2 - 2m - 3)$，则点 $F(m, 2m - 6)$

$\therefore |NF| = (2m - 6) - (m^2 - 2m - 3) = -m^2 + 4m - 3$

$\therefore$ 当 $m = -\dfrac{b}{2a} = 2$ 时，NF 最大值，$\therefore MN = FN \cdot \sin\angle MFN$ 最大，$HF = 2$，$N(2, -3)$，$F(2, -2)$，$H(2, 0)$，

如图 $10 - 20$，在 x 轴负半轴上找一点 $K(a, 0)$，连接 CK，使 $\sin\angle OCK = \dfrac{1}{3}$，$\therefore KC = -3a$，

$\therefore$ 在 $\text{Rt}\triangle OCK$ 中，$OK^2 + OC^2 = KC^2$，即 $(-a)^2 + 3^2 = (-3a)^2$，解得 $a = -\dfrac{3\sqrt{2}}{4}$，$\therefore K\left(-\dfrac{3\sqrt{2}}{4}, 0\right)$，

连接 CK，$\therefore$ 直线 KC 的解析式为：$y = 2\sqrt{2}x - 3$，

过点 F 作 CK 的垂线交 CK 于点 J，交 y 轴于点 P，且点 $F(2, -2)$，

$\therefore PJ = \dfrac{1}{3}PC$，直线 FJ 的解析式为 $y = \dfrac{\sqrt{2}}{4}x - \dfrac{4 + \sqrt{2}}{2}$，

$\therefore$ 点 J 的坐标为 $\left(\dfrac{2 - 2\sqrt{2}}{9}, \dfrac{-19 - 4\sqrt{2}}{9}\right)$，

$\therefore FP + \dfrac{1}{3}PC$ 的最小值即为 FJ 的长，且 $|FJ| = \dfrac{1}{3} + \dfrac{4\sqrt{2}}{3}$，

$\therefore \left|HF + FP + \dfrac{1}{3}PC\right|_{\text{最小}} = \dfrac{7 + 4\sqrt{2}}{3}$.

【易错点】

在实际解题过程中，有可能出现某些情况造成失分，这就有必要加以防范与规避。

（1）"将军饮马"问题及其拓展问题中，"化同为异（化异为同）"时，"定点"关于"定直线"（对称轴，一般是动点所在的直线）对称，一定要找准"定直线"，不少同学因找不准"定直线"导致出错；

（2）"胡不归"模型中，在系数不为 1 的线段的定端点处作一个角，使其的正弦值等于此线段的系数（题目中有无特殊角）处找这个角时，由于构造直角三角形不当，导致出错；

（3）计算能力不过关，导致不会算，算错，或计算时间过长等；

（4）阅读理解能力不够强，审题不清，理解不到位或理解错误就匆忙下笔导致出错。

专题十一　与面积相关的二次函数问题

从近几年江西中考试题来看，二次函数综合应用成为中考必考内容和压轴题，具有一定的选拔作用。考查内容较多，综合性较强，计算量较大。该类型是数形结合思想的完美体现，也是代数和几何紧密联系的典范，以高度的抽象性，严谨的逻辑性，广泛的应用性和大计算量，综合性强而著称。解决该题时，学生一定要仔细阅读题目，养成边读题边画图边分析的习惯，计算务必准确，弄清所有量之间的关系，考虑问题要全面。

求多边形面积特别是三角形的面积是该题型常考内容之一，本文着重介绍与面积相关的二次函数问题的思维方法导引。

一、面积问题的常见解法

（1）面积公式（规则图形）：$S_\triangle = \dfrac{1}{2}$底×高，$S_{平行四边形} = $底×高，$S_{梯形} = \dfrac{1}{2}$（上底＋下底）×高；

（2）"割补法"（不规则图形）：坐标系中的图形面积一般用"割补法"，把"斜图形"转化为"正图形"（底与高都与坐标轴垂直）进行计算，简称"改斜归正"。

【模型】

如图 11－1，已知 A、B、C 坐标求 $\triangle ABC$ 的面积。

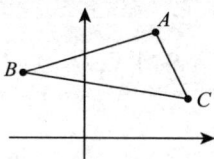

图 11－1

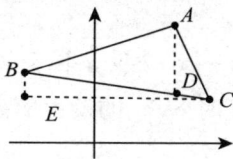

图 11－2

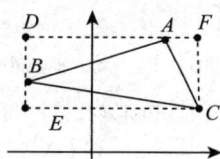

图 11－3

143

如图 $11-2$，采用第一种割补法：$S_{\triangle ABC} = S_{\triangle ABD} + S_{\triangle ADC}$；

如图 $11-3$，采用第二种割补法：$S_{\triangle ABC} = S_{矩形\ CEDF} - S_{\triangle ABD} - S_{\triangle BEC} - S_{\triangle ACF}$.

【问题】

如图 $11-4$，直线 $y = k_1 x + b$ 与双曲线 $y = \dfrac{k_2}{x}$ 交于 A、B 两点，求 $\triangle AOB$ 的面积。

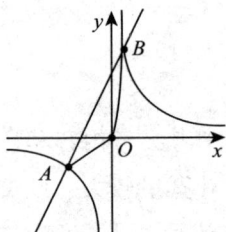 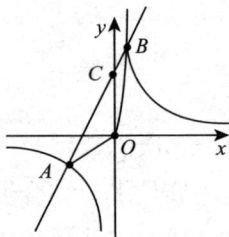 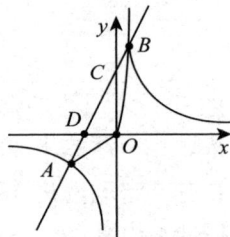

图 $11-4$　　　　　　　图 $11-5$　　　　　　　图 $11-6$

【作图方法】

方法一：如图 $11-5$，直线 AB 与 y 轴交于点 C，则 $S_{\triangle AOB} = S_{\triangle AOC} + S_{\triangle OBC}$.

方法二：如图 $11-6$，直线 AB 与 x 轴交于点 D，则 $S_{\triangle AOB} = S_{\triangle AOD} + S_{\triangle OBD}$.

【解题策略】

方法一：如图 $11-5$，直线 AB 与 y 轴交于点 C，则 $S_{\triangle AOB} = S_{\triangle AOC} + S_{\triangle OBC} =$

$\dfrac{1}{2} OC \cdot |X_A| + \dfrac{1}{2} OC \cdot |X_B| = \dfrac{1}{2} OC \cdot (X_B - X_A)$

方法二：如图 $11-6$，直线 AB 与 x 轴交于点 D，则 $S_{\triangle AOB} = S_{\triangle AOD} + S_{\triangle OBD} =$

$\dfrac{1}{2} OD \cdot |Y_A| + \dfrac{1}{2} OD \cdot |Y_B| = \dfrac{1}{2} OD \cdot (Y_B - Y_A)$

（3）平行线转化（等积变形）："等底、等高则等积"结合平行线的有关性质。

【模型】

如图 $11-7$，$AB // CD \Leftrightarrow S_{\triangle ABC} = S_{\triangle ABD}$ 且 $S_{\triangle ACE} = S_{\triangle BDE}$.

【问题】

如图 $11-8$，抛物线 $y = ax^2 + bx + c$ 交 x 轴于 A、B，交 y 轴于点 C，点 D 是第一象限的抛物线上的动点，此时 $S_{\triangle ACD}$ 的最大值。

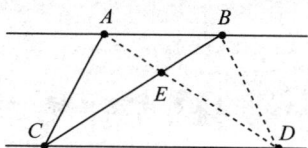

图 11 –7

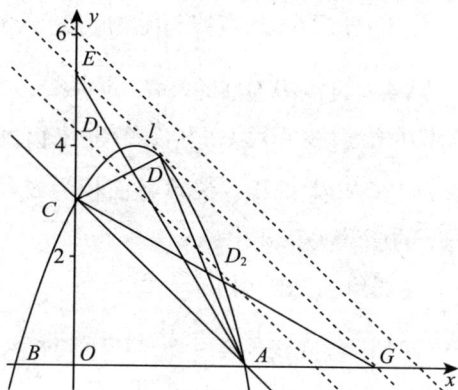

图 11 –8

【作图方法】

过点 D 作 $l//l_{AC}$ 且 l 与抛物线有且只有一个交点 D. 与 x 轴交于点 G，与 y 轴交于点 E，此时 $S_{\triangle ACD}$ 的值最大。

【解题策略】

过点 D 作 $l//l_{AC}$，设 l 的方程为 $y = k_{AC}x + d$

联立方程 $\begin{cases} y = ax^2 + bx + c \\ y = k_{AC}x + d \end{cases}$

∵ 有且只有一个交点∴ $\Delta = 0$，解得 d 值及 D 点坐标。

此时 $S_{\triangle ACD}$ 的最大值 $= S_{\triangle ACE} = \dfrac{1}{2}CE \cdot OA = S_{\triangle ACG} = \dfrac{1}{2}AG \cdot OC.$

二、面积的函数关系式问题

例 1　如图 11 –9，在平面直角坐标系中，抛物线 $y = -\dfrac{1}{2}x^2 + bx + c$ 与 x 轴交于 B，C 两点，与 y 轴交于点 A，直线 $y = -\dfrac{1}{2}x + 2$ 经过 A，C 两点，抛物线的对称轴与 x 轴交于点 D，直线 MN 与对称轴交于点 G，与抛物线交于 M，N 两点（点 N 在对称轴的右侧），且 $MN//x$ 轴，$MN = 7$。

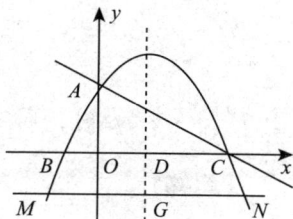

图 11 –9

（1）求此抛物线的解析式；

（2）求点 N 的坐标；

（3）过点 A 的直线与抛物线交于点 F，当 $\tan\angle FAC = \dfrac{1}{2}$ 时，求点 F 的坐标；

（4）过点 D 作直线 AC 的垂线，交 AC 于点 H，交 y 轴于点 K，连接 CN，$\triangle AHK$ 沿射线 AC 以每秒 1 个单位长度的速度移动，移动过程中 $\triangle AHK$ 与四边形 $DGNC$ 产生重叠，设重叠面积为 S，移动时间为 t（$0 \leqslant t \leqslant \sqrt{5}$），请直接写出 S 与 t 的函数关系式。

【思维方法导引】

（1）由直线 $y = -\dfrac{1}{2}x + 2$ 经过 A，C 两点，求出 A，C 两点坐标，再将 A，C 两点代入 $y = -\dfrac{1}{2}x^2 + bx + c$ 中，即可；

（2）M、N 关于对称轴对称，$MN = 7$，故求出抛物线的对称轴，点 N 在对称轴右边 $\dfrac{7}{2}$，点 N 的坐标即求出；

（3）因 $\tan\angle ACO = \dfrac{OA}{OC} = \dfrac{2}{4} = \dfrac{1}{2} = \tan\angle FAC = \dfrac{1}{2}$，即 $\angle ACO = \angle FAC$，分两类情况讨论：①当点 F 在直线 AC 下方时，设直线 AF 交 x 轴于点 R，使 $AR = CR$，则 $\angle ACO = \angle RAC$，设点 R（r，0），求出 R 点坐标，则可求直线 AF 的解析式，直线 AF 与抛物线的交点 F 即可求；②当点 F 在直线 AC 的上方时，$\angle ACO = \angle FAC$，直线 $AF /\!/ x$ 轴，点 F 即可求；

（4）设 $\angle ACO = \alpha$，则 $\tan\alpha = \dfrac{OA}{OC} = \dfrac{1}{2}$，求出 $\sin\alpha$，$\cos\alpha$，①当 $0 \leqslant t \leqslant \dfrac{3\sqrt{5}}{5}$ 时，设 $\triangle AHK$ 移动到 $\triangle A'H'K'$ 的位置时，直线 $H'K'$ 分别交 x 轴于点 T、交抛物线对称轴于点 S，则 $\angle DST = \angle ACO = \alpha$，过点 T 作 $TL \perp KH$，则 $LT = HH' = t$，$\angle LTD = \angle ACO = \alpha$，则 $DT = \dfrac{LT}{\cos\alpha} = \dfrac{HH'}{\cos\alpha}$，$DS = \dfrac{DT}{\tan\alpha}$，$S = S_{\triangle DST} = \dfrac{1}{2}DT \times DS$；

②当 $\dfrac{3\sqrt{5}}{5} < t \leqslant \sqrt{5}$ 时，同理可得：$S = S_{梯形 DGS'T'} = \dfrac{1}{2} \times DG \times (GS' + DT')$．

【解答】

（1）直线 $y = -\dfrac{1}{2}x + 2$ 经过 A，C 两点，则点 A、C 的坐标分别为（0，2）、（4，0），

则 $c = 2$，抛物线的表达式为 $y = -\dfrac{1}{2}x^2 + bx + 2$，将点 C 坐标代入上式并解

得：$b = \dfrac{3}{2}$，

故抛物线的表达式为：$y = -\dfrac{1}{2}x^2 + \dfrac{3}{2}x + 2 \cdots\cdots$①；

（2）抛物线的对称轴为：$x = \dfrac{3}{2}$，点 N 的横坐标为：$\dfrac{3}{2} + \dfrac{7}{2} = 5$，故点 N 的坐标为（5，−3）；

（3）如图 11−10，$\because \tan\angle ACO = \dfrac{OA}{OC} = \dfrac{2}{4} = \dfrac{1}{2}$，

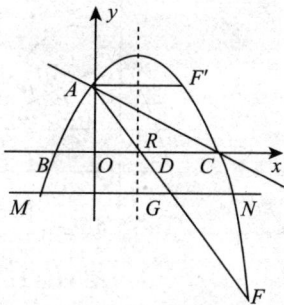

$\tan\angle FAC = \dfrac{1}{2}$，即 $\angle ACO = \angle FAC$，

① 当点 F 在直线 AC 下方时，设直线 AF 与 x 轴交于点 R，

$\because \angle ACO = \angle FAC$，则 $AR = CR$，

设点 R（r，0），则 $r^2 + 4 = (r-4)^2$，解得：

$r = \dfrac{3}{2}$，

图 11−10

即点 R 的坐标为：$\left(\dfrac{3}{2}，0\right)$，

将点 R、A 的坐标代入一次函数表达式：$y = mx + n$ 得：$\begin{cases} 2 = n \\ \dfrac{3}{2}m + n = 0 \end{cases}$，

解得：$\begin{cases} m = -\dfrac{4}{3} \\ n = 2 \end{cases}$，故直线 AR 的表达式为：$y = -\dfrac{4}{3}x + 2 \cdots\cdots$②，

联立①②并解得：$x = \dfrac{17}{3}$，故点 $F\left(\dfrac{17}{3}，-\dfrac{50}{9}\right)$；

② 当点 F 在直线 AC 的上方时，

$\because \angle ACO = \angle F'AC$，$\therefore AF' /\!/ x$ 轴，则点 F'（3，2）；

综上所述，点 F 的坐标为（3，2）或 $\left(\dfrac{17}{3}，-\dfrac{50}{9}\right)$；

（4）如图 11−10，设 $\angle ACO = \alpha$，则 $\tan\alpha = \dfrac{OA}{OC} = \dfrac{1}{2}$，则 $\sin\alpha = \dfrac{1}{\sqrt{5}}$，$\cos\alpha = \dfrac{2}{\sqrt{5}}$；

① 当 $0 \leqslant t \leqslant \dfrac{3\sqrt{5}}{5}$ 时（图 11−11），

设 $\triangle AHK$ 移动到 $\triangle A'H'K'$ 的位置时，直线 $H'K'$ 分别与 x 轴交于点 T、抛物线对称轴交于点 S，则 $\angle DST = \angle ACO = \alpha$，过点 T 作 $TL \perp KH$，则 $LT = HH' = t$，$\angle LTD = \angle ACO = \alpha$，

则 $DT = \dfrac{LT}{\cos\alpha} = \dfrac{HH'}{\cos\alpha} = \dfrac{\frac{t}{2}}{\frac{\sqrt{5}}{5}} = \dfrac{\sqrt{5}}{2}t$，$DS = \dfrac{DT}{\tan\alpha}$，$S = S_{\triangle DST} = \dfrac{1}{2}DT \times DS = \dfrac{5}{4}t^2$；

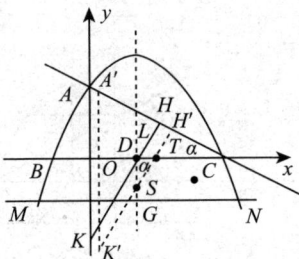

图 11 – 11

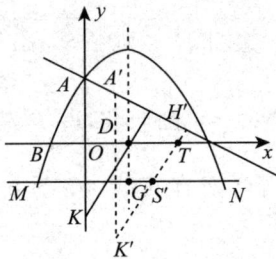

图 11 – 12

② 当 $\dfrac{3\sqrt{5}}{5} < t \leqslant \dfrac{3\sqrt{5}}{4}$ 时（如图 11 – 12），同理可得：

$$S = S_{\text{梯形} DGS'T'} = \dfrac{1}{2} \times DG \times (GS' + DT') = \dfrac{1}{2} \times 3 \mid \left(\dfrac{\sqrt{5}}{2}t + \dfrac{\sqrt{5}}{2}t - \dfrac{3}{2}\right) - \dfrac{3\sqrt{5}}{2}$$

$t - \dfrac{9}{4}$；

③ 当 $\dfrac{3\sqrt{5}}{4} < t \leqslant \sqrt{5}$ 时同理，可得 $S = \dfrac{3\sqrt{5}}{10}t + \dfrac{9}{4}$，

综上，$S = \begin{cases} \dfrac{5}{2}t^2, & \left(0 \leqslant t \leqslant \dfrac{3\sqrt{5}}{5}\right) \\ \dfrac{3\sqrt{5}}{10}t - \dfrac{9}{4} & \left(\dfrac{3\sqrt{5}}{4} < t \leqslant \dfrac{3\sqrt{5}}{4}\right) \\ \dfrac{3\sqrt{5}}{10}t + \dfrac{9}{4} & \left(\dfrac{3\sqrt{5}}{4} < t \leqslant \sqrt{5}\right) \end{cases}.$

三、面积的定值问题

例2 在平面直角坐标系中，直线 $y = x + 2$ 与 x 轴交于点 A，与 y 轴交于点 B，抛物线 $y = ax^2 + bx + c$（$a < 0$）经过点 A、B.

（1）求 a、b 满足的关系式及 c 的值；

（2）当 $x < 0$ 时，若 $y = ax^2 + bx + c$（$a < 0$）的函数值随 x 的增大而增大，求 a 的取值范围；

（3）如图 11 – 13，当 $a = -1$ 时，在抛物线上是否存在点 P，使 $\triangle PAB$ 的面积为 1？若存在，请求出符合条件的所有点 P 的坐标；若不存在，请说明理由。

【思维方法导引】

（1）因直线 $y = x + 2$ 与 x 轴交于点 A，与 y 轴交于点 B，故可求出点 A、B 的坐标，代入抛物线解析式中得出 c 值及 a、b 满足的关系式。

（2）当 $x < 0$ 时，若 $y = ax^2 + bx + c$（$a < 0$）的函数值随 x 的增大而增大，则函数对称轴 $x = -\dfrac{b}{2a} \geqslant 0$，再将 a、b 的关系式代入则可得关于 a 的不等式，解得 a 的取值范围。

（3）当 $a = -1$ 时，二次函数表达式为：$y = -x^2 - x + 2$，过点 P 作直线 $l // AB$，作 $PQ // y$ 轴交 BA 于点 Q，作 $PH \perp AB$ 于点 H，$\because OA = OB$，$\therefore \angle BAO = \angle PQH = 45°$，$S_{\triangle PAB} = \dfrac{1}{2} \times AB \times PH = 1$，$PH = \dfrac{\sqrt{2}}{2}$，$PQ = | y_P - y_Q | = 1$，设点 P（x，$-x^2 - x + 2$），则点 Q（x，$x + 2$），即 $-x^2 - x + 2 - x - 2 = \pm 1$，即可求得符合条件的所有点 P 的坐标。

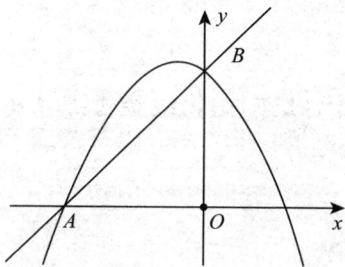

图 11 – 13

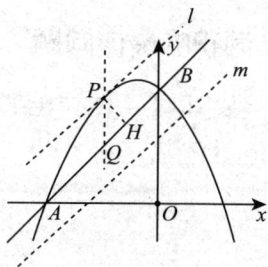

图 11 – 14

【解答】

（1）$y = x + 2$，令 $x = 0$，则 $y = 2$，令 $y = 0$，则 $x = -2$.

故点 A、B 的坐标分别为（-2，0）、（0，2），则 $c = 2$，则函数表达式为：$y = ax^2 + bx + 2$.

将点 A 坐标代入上式并整理得：$b = 2a + 1$；

（2）当 $x < 0$ 时，若 $y = ax^2 + bx + c$（$a < 0$）的函数值随 x 的增大而增大，

则函数对称轴 $x = -\dfrac{b}{2a} \geq 0$，而 $b = 2a + 1$，即：$-\dfrac{2a+1}{2a} \geq 0$，解得：$a \geq -\dfrac{1}{2}$，

故 a 的取值范围为：$-\dfrac{1}{2} \leq a < 0$.

（3）当 $a = -1$ 时，二次函数表达式为：$y = -x^2 - x + 2$，如图 11 - 14，过点 P 作直线 $l /\!/ AB$，作 $PQ /\!/ y$ 轴交 BA 于点 Q，作 $PH \perp AB$ 于点 H.

$\because OA = OB$，$\therefore \angle BAO = \angle PQH = 45°$，$\therefore S_{\triangle PAB} = \dfrac{1}{2} \times AB \times PH = \dfrac{1}{2} \times 2\sqrt{2} \times$

$PQ \times \dfrac{\sqrt{2}}{2} = 1$，

则 $PQ = y_P - y_Q = 1$，在直线 AB 下方作直线 m，使直线 m 和 l 与直线 AB 等距离，则直线 m 与抛物线两个交点坐标，分别与点 AB 组成的三角形的面积也为 1，

$\therefore |y_P - y_Q| = 1$，设点 P（x，$-x^2 - x + 2$），则点 Q（x，$x + 2$），即：$-x^2 - x + 2 - x - 2 = \pm 1$，

解得：$x = -1$ 或 $-1 \pm \sqrt{2}$，$\therefore$ 点 P（-1，2）或（$-1 + \sqrt{2}$，$\sqrt{2}$）或（$-1 - \sqrt{2}$，$-\sqrt{2}$）.

四、面积的最值问题

例3 如图 11 - 15，在平面直角坐标系中，已知抛物线经过点 A（-1，0），B（0，3），C（3，0）.

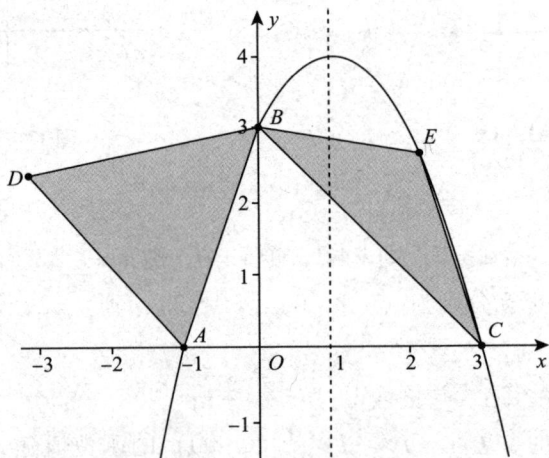

图 11 - 15

（1）求抛物线的解析式；

（2）以 AB 为边向第二象限作等边三角形 ABD，F 为 y 轴上一动点，连接 AF、DF，画出点 F，使得 $AF+DF$ 的值最小（保留作图痕迹）；

（3）若点 E 为第一象限内抛物线上一动点，△BCE 面积为 S，求出 S 的最大值及此时 E 点的坐标。

【思维方法导引】

（1）将 A、B、C 代入抛物线 $y=ax^2+bx+c$ 的解析式，即可求 a、b、c 的值，抛物线的解析式可得。

（2）"将军饮马"问题作 A 关于 y 轴的对称点 A_1 连接 DA_1 交 y 轴于点 F。

（3）割补法：过点 E 作 $EP//y$ 轴交 BC 于点 P，则 $S=S_{\triangle PEB}+S_{\triangle PEC}=\dfrac{1}{2}EP$ (x_C-x_B)，再用二次函数的性质求出最大值，平行线转化法：过点 E 作 $l//l_{BC}$，当 l 与抛物线有且只有一个交点时，即联立抛物线解析式和 l 解析式的方程，只有一个解时，E 到 BC 的距离最大，此时 S 最大，但此时 S 不太好求，于是用平行线转化法将面积转化成易求的三角形面积。

【解答】

（1）设抛物线解析式为 $y=ax^2+bx+c$，代入 A（-1，0），B（0，3），C（3，0）

可得 $\begin{cases}0=a-b+c\\3=c\\0=9a+3b+c\end{cases}$，解得 $\begin{cases}a=-1\\b=2\\c=3\end{cases}$ ∴抛物线的解析式为 $y=-x^2+2x+3$；

（2）作图如图 $11-16$，点 F 即所求作点；

（3）方法一：割补法

如图 $11-17$，设 E 点横坐标为 m，且 E 点在抛物线上∴E 点坐标为 $(m$，$-m^2+2m+3)$，

设 l_{BC}：$y=kx+b$. 将 B（0，3），C（3，0）代入，得 $\begin{cases}3=b\\0=3k+b\end{cases}$，解得 $\begin{cases}k=-1\\b=3\end{cases}$

∴l_{BC}：$y=-x+3$.

过点 E 作 $EP//y$ 轴交 BC 于点 P，∴P 点坐标为 $(m$，$-m+3)$

∴$EP=-m^2+2m+3-(-m+3)=-m^2+3m$

$$\therefore S = S_{\triangle PEB} + S_{\triangle PEC} = \frac{1}{2}EP\left(x_C - x_B\right) = \frac{1}{2}\left(-m^2 + 3m\right) \times 3 = -\frac{3}{2}m^2 +$$

$$\frac{9}{2}m = -\frac{3}{2}\left(m - \frac{3}{2}\right)^2 + \frac{27}{8}$$

$\therefore$ 当 $m = \frac{3}{2}$ 时，S 最大 $= \frac{27}{8}$，此时 E 点坐标为 $\left(\frac{3}{2}, \frac{15}{4}\right)$.

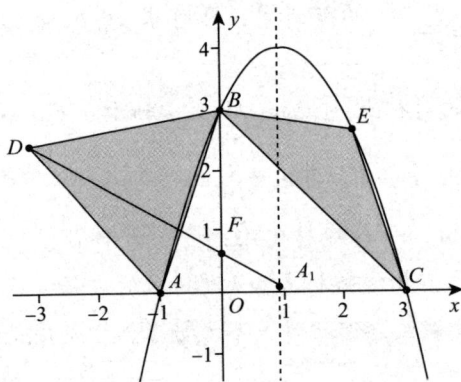

图 11-16

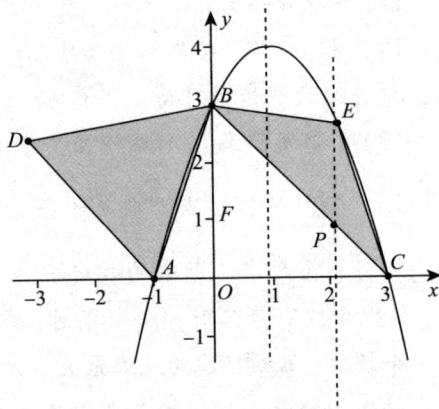

图 11-17

方法二：平行线转化法

设 l_{BC}：$y = kx + b$. 将 $B(0, 3)$，$C(3, 0)$ 代入得 $\begin{cases} 3 = b \\ 0 = 3k + b \end{cases}$，解得

$\begin{cases} k = -1 \\ b = 3 \end{cases}$ $\therefore l_{BC}$：$y = -x + 3$.

如图 11-18，过点 E 作 $l // l_{BC}$ $\therefore$ 设 l：$y = -x + d$. l 一直往上平移，与抛物线的交点由开始的两个，变成一个，后来没有交点，分析可知当有且仅有一个交点时，E 在抛物线上且到 BC 的距离最大，联立方程组 $\begin{cases} y = -x^2 + 2x + 3 \\ y = -x + d \end{cases}$，得

$-x^2 + 2x + 3 = -x + d$ 即 $x^2 - 3x + d - 3 = 0$，$\therefore \Delta = 9 - 4(d - 3) = 0$，解得 $d = \frac{21}{4}$.

$\therefore l$：$y = -x + \frac{21}{4}$ 与 y 轴交于点 $G\left(0, \frac{21}{4}\right)$，$\therefore S = S_{\triangle BEC} = S_{\triangle GBC} = \frac{1}{2}BG.$

$OC = \frac{1}{2}\left(\frac{21}{4} - 3\right) \times 3 = \frac{27}{8}.$

另：l：$y = -x + \dfrac{21}{4}$ 与 x 轴交于点 $I\left(\dfrac{21}{4}, 0\right)$，$S = S_{\triangle BEC} = S_{\triangle IBC} = \dfrac{1}{2}CI \cdot OB =$

$\dfrac{1}{2}\left(\dfrac{21}{4} - 3\right) \times 3 = \dfrac{27}{8}$.

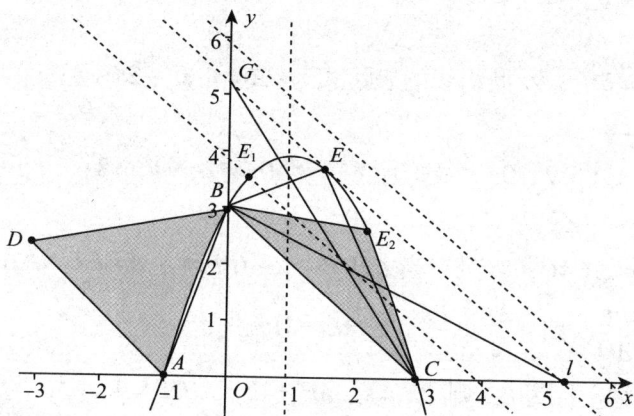

图 11 - 18

例 4　如图 11 - 19，在平面直角坐标系中，抛物线 $y = ax^2 + bx + c$ 与 x 轴交于点 A（-2，0），点 B（4，0），与 y 轴交于点 C（0，8），连接 BC，又已知位于 y 轴右侧且垂直于 x 轴的动直线 l，沿 x 轴正方向从 O 运动到 B（不含 O 点和 B 点），且分别交抛物线、线段 BC 以及 x 轴于点 P，D，E.

（1）求抛物线的表达式；

（2）连接 AC，AP，当直线 l 运动时，求使得 $\triangle PEA$ 和 $\triangle AOC$ 相似的点 P 的坐标；

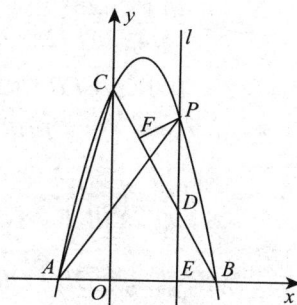

图 11 - 19

（3）作 $PF \perp BC$，垂足为 F，当直线 l 运动时，求 $Rt\triangle PFD$ 面积的最大值。

【思维方法导引】

（1）将 A、B、C 三点的坐标代入抛物线的解析式，解方程组直接求出 a，b，c，即求二次函数的表达式。

（2）由于相似三角形的对应元素不确定，所以要分类讨论，根据相似的性质列出方程求解。

（3）先运用相似三角形的面积比等于相似比的平方，用 $\triangle BOC$ 的面积表示出 $\triangle DFP$ 的面积，表达式是一个二次函数，求出这个二次函数的最值即可。

【解答】

(1) 将点 A、B、C 的坐标代入二次函数表达式得：$\begin{cases} 4a - 2b + c = 0 \\ 16a + 4b + c = 0, \\ c = 8 \end{cases}$

解得：$\begin{cases} a = -1 \\ b = 2 \\ c = 8 \end{cases}$，$\therefore$ 抛物线的表达式为：$y = -x^2 + 2x + 8$；

(2) $\because$ 点 A (-2, 0)、C (0, 8)，$\therefore OA = 2$，$OC = 8$，

$\because l \perp x$ 轴，$\therefore \angle PEA = \angle AOC = 90°$，

$\because \angle PAE \neq \angle CAO$，$\therefore$ 只有当 $\angle PAE = \angle ACO$ 时，$\triangle PEA \backsim \triangle AOC$，

此时 $\dfrac{AE}{CO} = \dfrac{PE}{AO}$，即：$\dfrac{AE}{8} = \dfrac{PE}{2}$，$\therefore AE = 4PE$，

设点 P 的纵坐标为 k，则 $PE = k$，$AE = 4k$，$\therefore OE = 4k - 2$，

将点 P 坐标 ($4k - 2$, k) 代入二次函数表达式并解得：$k = 0$（舍去）或 $\dfrac{23}{16}$，

$\therefore$ 点 $P\left(\dfrac{15}{4}, \dfrac{23}{16}\right)$；

(3) 在 $\mathrm{Rt}\triangle PFD$ 中，$\angle PFD = \angle COB = 90°$，

$\because l // y$ 轴，$\therefore \angle PDF = \angle BCO$，$\therefore \mathrm{Rt}\triangle PFD \backsim \mathrm{Rt}\triangle BOC$，

$\therefore \dfrac{S_{\triangle PDF}}{S_{\triangle BOC}} = \left(\dfrac{PD}{BC}\right)^2$，$\therefore S_{\triangle PDF} = \left(\dfrac{PD}{BC}\right)^2 \cdot S_{\triangle BOC}$，

而 $S_{\triangle BOC} = \dfrac{1}{2}OB \cdot OC = \dfrac{1}{2} \times 4 \times 8 = 16$，$BC = \sqrt{CO^2 + BO^2} = 4\sqrt{5}$，

$\therefore S_{\triangle PDF} = \left(\dfrac{PD}{BC}\right)^2 \cdot S_{\triangle BOC} = \dfrac{1}{5}PD^2$，

即当 PD 取得最大值时，$S_{\triangle PDF}$ 最大，

将 B、C 坐标代入一次函数表达式并解得：直线 BC 的表达式为：$y = -2x + 8$，设点 P (m, $-m^2 + 2m + 8$)，则点 D (m, $-2m + 8$)，

则 $PD = -m^2 + 2m + 8 + 2m - 8 = -(m - 2)^2 + 4$，当 $m = 2$ 时，PD 的最大值为 4，

故当 $PD = 4$ 时，$S_{\triangle PDF}$ 最大，$\therefore S_{\triangle PDF} = \dfrac{1}{5}PD^2 = \dfrac{16}{5}$。

五、面积的倍分问题

例 5 如图 11-20，在平面直角坐标系中，

抛物线 $y = \dfrac{2}{3}x^2 - \dfrac{2}{3}x - 4$ 与 x 轴交于 A，B 两点

（点 A 在点 B 左侧），与 y 轴交于点 C.

（1）求点 A，B，C 的坐标。

（2）点 P 从 A 点出发，在线段 AB 上以每秒 2
个单位长度的速度向 B 点运动，同时，点 Q 从 B
点出发，在线段 BC 上以每秒 1 个单位长度的速
度向 C 点运动，当其中一个点达到终点时，另一

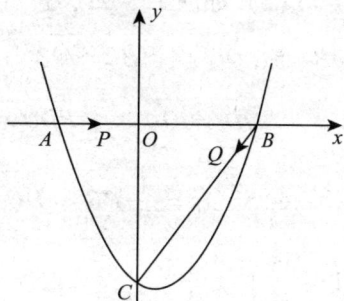

图 11-20

个点也停止运动。设运动时间为 t 秒，求运动时间 t 为多少秒时，$\triangle PBQ$ 的面
积 S 最大，并求出其最大面积。

（3）在（2）的条件下，当 $\triangle PBQ$ 的面积最大时，在 BC 下方的抛物线上
是否存在点 M，使 $\triangle BMC$ 的面积是 $\triangle PBQ$ 的面积的 1.6 倍？若存在，求点 M 的
坐标；若不存在，请说明理由。

【思维方法导引】

（1）令二次函数中的自变量及函数值分别等于 0，解相应的方程，即可得
到 A、B、C 的坐标。

（2）过点 Q 作 $QD \perp AB$ 于点 D，则 $AP = 2t$，$BQ = t$，$BO = 3$，$AB = 5$，$OC =$
4，$BC = \sqrt{3^2 + 4^2} = 5$，从而 $PB = 5 - 2t$，然后利用相似三角形的判定与性质，
得到 $DQ = \dfrac{4}{5}t$，然后利用三角形面积公式得到 $S_{\triangle PBQ} = \dfrac{1}{2}PB \cdot DQ = \dfrac{1}{2} \times \dfrac{5}{4}t \times$
$(5 - 2t)$，再利用配方法化抛物线为顶点式即可求出运动时间 t 为多少秒时，
$S_{\triangle PBQ}$ 最大及最大值；（3）过 M 用 $ME \perp AB$ 交 BC 于点 N，先求直线 BC 的解析
式，设 $M\left(m, \dfrac{2}{3}m^2 - \dfrac{2}{3}m - 4\right)$，从而得到 N 点的坐标为 $N\left(m, \dfrac{4}{3}m - 4\right)$，于是
$S_{\triangle BMC} = S_{\triangle CMN} + S_{\triangle BMN} = \dfrac{1}{2}MN \cdot OB = -m^2 + 3m$，再通过 $\triangle BMC$ 的面积是 $\triangle PBQ$
的 1.6 倍，得到关于 m 的一元二次方程，解方程并检验就得到符合题意的点 M
的坐标。

【解答】

（1）令 $y = \dfrac{2}{3}x^2 - \dfrac{2}{3}x - 4$ 中的 $y = 0$，得 $\dfrac{2}{3}x^2 - \dfrac{2}{3}x - 4 = 0$，解得 $x_1 = -2$，

$x_2 = 3$；

令 $x = 0$，得 $y = -4$，故 A（-2，0），B（3，0），C（0，-4）.

（2）如图 11 - 21，过点 Q 作 $QD \perp AB$ 于点 D，则 $AP = 2t$，$BQ = t$，$BO = 3$，$AB = 5$，$OC = 4$，$BC = \sqrt{3^2 + 4^2} = 5$，从而 $PB = 5 - 2t$，

$\because QD // CO$，$\therefore \triangle BDQ \backsim \triangle BOC$，$\therefore \dfrac{DQ}{OC} = \dfrac{BQ}{BC}$，即 $\dfrac{DQ}{4} = \dfrac{t}{5}$，$\therefore QD = \dfrac{4}{5}t$，

$\therefore S_{\triangle PBQ} = \dfrac{1}{2}PB \cdot DQ = \dfrac{1}{2} \times \dfrac{4}{5}t \times（5 - 2t）= -\dfrac{4}{5}t^2 + 2t = -\dfrac{4}{5}\left(t - \dfrac{5}{4}\right)^2 + \dfrac{5}{4}$，

$\therefore$ 当 $t = \dfrac{5}{4}$ 时，$S_{\triangle PBQ}$ 取最大值为 $\dfrac{5}{4}$.

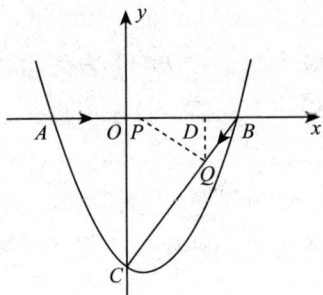

图 11 - 21

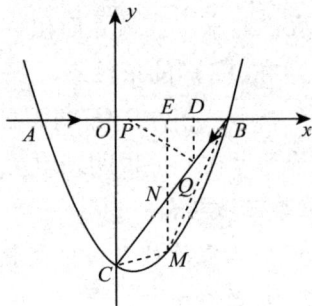

图 11 - 22

（3）假设存在符合条件的点 $M\left(m, \dfrac{2}{3}m^2 - \dfrac{2}{3}m - 4\right)$，设直线 BC 的解析式为 $y = kx - 4$，则 $3k - 4 = 0$，解得 $k = \dfrac{4}{3}$，从而 BC 的解析式为 $y = \dfrac{4}{3}x - 4$. 如图 11 - 22，过 M 用 $ME \perp AB$ 交 BC 于点 N，则 $N\left(m, \dfrac{4}{3}m - 4\right)$，从而 $MN = \dfrac{4}{3}m - 4 - \left(\dfrac{2}{3}m^2 - \dfrac{2}{3}m - 4\right) = -\dfrac{2}{3}m^2 + 2m$.

$\therefore S_{\triangle MBC} = S_{\triangle CMN} + S_{\triangle BMN} = \dfrac{1}{2}MN \cdot OB = -m^2 + 3m$.

$\because \triangle BMC$ 的面积是 $\triangle PBQ$ 的面积的 1.6 倍，

$\therefore -m^2 + 3m = 1.6 \times \dfrac{5}{4}$，整理得 $m^2 - 3m + 2 = 0$，解得 $m_1 = 1$，$m_2 = 2$.

∵ 点 M 在 BC 下方的抛物线上，∴ $0 < m < 3$.

∴ $m_1 = 1$，$m_2 = 2$，皆符合题意，此时 M（1，-4）或 $M\left(2, -\dfrac{8}{3}\right)$.

例 6　抛物线 $y = ax^2 + bx + c$ 经过点 A（-1，0），点 C（0，3），且 $OB = OC$.

（1）求抛物线的解析式及其对称轴；

（2）如图 11 - 23，点 D、E 在直线 $x = 1$ 上的两个动点，且 $DE = 1$，点 D 在点 E 的上方，求四边形 $ACDE$ 的周长的最小值；

（3）如图 11 - 24，点 P 为抛物线上一点，连接 CP，直线 CP 把四边形 $CBPA$ 的面积分为 $3:5$ 两部分，求点 P 的坐标。

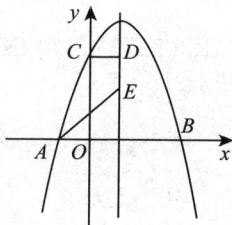

图 11 - 23

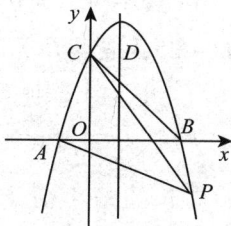

图 11 - 24

【思维方法导引】

（1）$OB = OC$，则点 B（3，0），则抛物线的表达式为：$y = a$（$x+1$）（$x - 3$）$= a$（$x^2 - 2x - 3$）$= ax^2 - 2ax - 3a$，即可求解。

（2）$CD + AE = A'D + DC'$，则当 A'、D、C' 三点共线时，$CD + AE = A'D + DC'$ 最小，周长也最小，即可求解。

（3）$S_{\triangle PCB} : S_{\triangle PCA} = \dfrac{1}{2}EB \times (y_C - y_P) : \dfrac{1}{2}AE \times (y_C - y_P) = BE : AE$，即可求解。

【解答】

（1）∵ $OB = OC$，∴ 点 B（3，0）.

∴ 抛物线的表达式为：$y = a$（$x+1$）（$x-3$）$= a$（$x^2 - 2x - 3$）$= ax^2 - 2ax - 3a$，

∴ $-3a = 3$，解得：$a = -1$，∴ 抛物线的表达式为：$y = -x^2 + 2x + 3$ ……①

∴ 函数的对称轴为：$x = 1$；

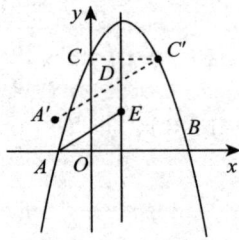

图 11 – 25

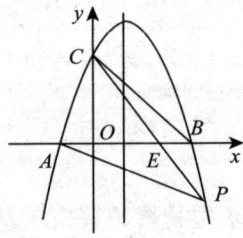

图 11 – 26

（2）如 $ACDE$ 的周长 $= AC + DE + CD + AE$，其中 $AC = \sqrt{10}$、$DE = 1$ 是常数，

$\therefore CD + AE$ 最小时，周长最小。

如图 11 – 25，取点 C 关于函数的对称轴对称点 C'（2，3），则 $CD = C'D$.

取点 A'（ – 1，1），则 $A'D = AE$. $\therefore CD + AE = A'D + DC'$.

则当 A'、D、C' 三点共线时，$CD + AE = A'D + DC'$ 最小，周长也最小，四边形 $ACDE$ 的周长的最小值 $= AC + DE + CD + AE = \sqrt{10} + A'D + DC' = \sqrt{10} + A'C' = \sqrt{10} + \sqrt{13}$；

（3）如图 11 – 26，设直线 CP 交 x 轴于点 E，直线 CP 把四边形 $CBPA$ 的面积分为 3：5 两部分，又 $\because S_{\triangle PCB} : S_{\triangle PCA} = \frac{1}{2}EB \times (y_C - y_P) : \frac{1}{2}AE \times (y_C - y_P) = BE : AE$，

$\therefore BE : AE$，$= 3 : 5$ 或 $5 : 3$，

$\therefore AE = \frac{5}{2}$ 或 $\frac{3}{2}$，即点 E 的坐标为 $\left(\frac{3}{2}, 0\right)$ 或 $\left(\frac{1}{2}, 0\right)$，

将点 E、C 的坐标代入一次函数表达式：$y = kx + 3$，解得：$k = -6$ 或 -2，

$\therefore$ 直线 CP 的表达式为：$y = -2x + 3$ 或 $y = -6x + 3$……②

联立①②并解得：$x = 4$ 或 8（不合题意值已舍去），

$\therefore$ 点 P 的坐标为（4，– 5）或（8，– 45）.

专题十二 与角相关的二次函数问题

角的存在性相关知识是该题型常考内容之一，它包括相等角的存在性、二倍角或半角的存在性，其他倍数关系角的存在性，难度较大。本文着重介绍与角的存在性相关的二次函数问题的思维方法导引：①两直线平行同位角相等、内错角相等；②等腰三角形中等边对等角；③全等三角形对应角相等；④相似三角形对应角相等；⑤三角形的外角定理；⑥对称性，翻折、旋转前后对应角相等；⑦角平分线，然后利用解直角三角形（正切用得较多），相似三角形对应边成比例去计算求解，难度相对较大，需要同学们灵活运用，融会贯通。

一、相等角的构造

利用平行线、等腰、对称、相似、三角函数来构造

例1 如图 12 – 1，若二次函数 $y = ax^2 + bx + c$ 的图像与 x 轴、y 轴分别交于点 A（3，0）、B（0，-2），且过点 C（2，-2）.

（1）求二次函数表达式；

（2）若点 P 为抛物线上第一象限内的点，且 $S_{\triangle PBA} = 4$，求点 P 的坐标；

（3）在抛物线上（AB 下方）是否存在点 M，使 $\angle ABO = \angle ABM$？若存在，求出点 M 到 y 轴的距离；若不存在，请说明理由。

图 12 – 1

【思维方法导引】

（1）用 A、B、C 三点坐标代入，用待定系数法求二次函数表达式。

（2）设点 P 横坐标为 t，用 t 代入二次函数表达式得其纵坐标。把 t 当常数求直线 BP 解析式，进而求直线 BP 与 x 轴交点 C 坐标（用 t 表示），即能用 t 表示

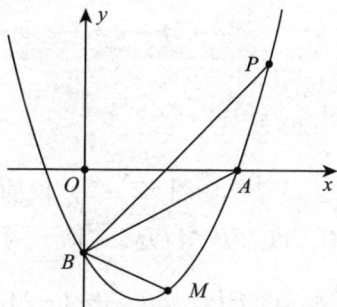

AC 的长。把 $\triangle PBA$ 以 x 轴为界分成 $\triangle ABC$ 与 $\triangle ACP$，即得到 $S_{\triangle PBA} = \dfrac{1}{2}AC(OB + PD) = 4$，用含 t 的式子代入即得到关于 t 的方程，解之即求得点 P 坐标。

（3）方法一：作点 O 关于直线 AB 的对称点 E，根据轴对称性质即有 AB 垂直平分 OE，连接 BE 交抛物线于点 M，即有 $BE = OB$，根据等腰三角形三线合一得 $\angle ABO = \angle ABM$，即在抛物线上（AB 下方）存在点 M 使 $\angle ABO = \angle ABM$。设 AB 与 OE 交于点 G，则 G 为 OE 中点且 $OG \perp AB$，利用 $\triangle OAB$ 面积即求得 OG 进而得 OE 的长。易求得 $\angle OAB = \angle BOG$，求 $\angle OAB$ 的正弦和余弦值，应用到 Rt $\triangle OEF$ 即求得 OF、EF 的长，即得到点 E 坐标。求直线 BE 解析式，把 BE 解析式与抛物线解析式联立，求得 x 的解一个为点 B 横坐标，另一个即为点 M 横坐标，即求出点 M 到 y 轴的距离。

方法二：过点 A 作 $AE // y$ 轴且 $EA = EB$，因 $AE // y$ 轴，故 $\angle ABO = \angle EAB$，又因 $EA = EB$，故 $\angle EAB = \angle ABE$，所以 $\angle ABO = \angle ABE$，设 E 点坐标，$EA = EB$ 求出 E 点，直线 BE 与抛物线的交点即点 M。联立方程求出 M 的横坐标，即求出点 M 到 y 轴的距离。

【解答】

（1）$\because$ 二次函数的图像经过点 $A(3, 0)$、$B(0, -2)$、$C(2, -2)$

$\therefore \begin{cases} 9a + 3b + c = 0 \\ 0 + 0 + c = -2 \\ 4a + 2b + c = -2 \end{cases}$ 解得：$\begin{cases} a = \dfrac{2}{3} \\ b = -\dfrac{4}{3} \\ c = -2 \end{cases}$ $\therefore$ 二次函数的表达式为 $y = \dfrac{2}{3}x^2 - \dfrac{4}{3}x - 2$。

（2）如图 12 - 2，设直线 BP 交 x 轴于点 C，过点 P 作 $PD \perp x$ 轴于点 D，

设 $P\left(t, \dfrac{2}{3}t^2 - \dfrac{4}{3}t - 2\right)$（$t > 3$）$\therefore OD = t$，

$PD = \dfrac{2}{3}t^2 - \dfrac{4}{3}t - 2$

设直线 BP 的解析式为 $y = kx - 2$，

把点 P 代入得：$kt - 2 = \dfrac{2}{3}t^2 - \dfrac{4}{3}t - 2 \therefore k =$

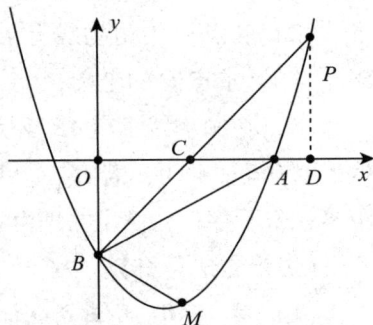

图 12 - 2

$\dfrac{2}{3}t - \dfrac{4}{3}$

∴ 直线 BP：$y = \left(\dfrac{2}{3}t - \dfrac{4}{3}\right)x - 2$

当 $y = 0$ 时，$\left(\dfrac{2}{3}t - \dfrac{4}{3}\right)x - 2 = 0$，解得：$x = \dfrac{3}{t-2}$ ∴ $C\left(\dfrac{3}{t-2},\ 0\right)$ ∵ $t > 3$ ∴ $t - 2$

> 1 ∴ $\dfrac{3}{t-2} < 3$，即点 C 一定在点 A 左侧 ∴ $AC = 3 - \dfrac{3}{t-2} = \dfrac{3\ (t-3)}{t-2}$

∵ $S_{\triangle PBA} = S_{\triangle ABC} + S_{\triangle ACP} = \dfrac{1}{2}AC \cdot OB + \dfrac{1}{2}AC \cdot PD = \dfrac{1}{2}AC\ (OB + PD) = 4$

∴ $\dfrac{1}{2} \cdot \dfrac{3\ (t-3)}{t-2} \cdot \left(2 + \dfrac{2}{3}t^2 - \dfrac{4}{3}t - 2\right) = 4$，解得：$t_1 = 4$，$t_2 = -1$（舍去）

∴ $\dfrac{2}{3}t^2 - \dfrac{4}{3}t - 2 = \dfrac{2}{3} \times 4^2 - \dfrac{4}{3} \times 4 - 2 = \dfrac{10}{3}$ ∴ 点 P 的坐标为 $\left(4,\ \dfrac{10}{3}\right)$.

（3）方法一：在抛物线上（AB 下方）存在点 M，使 $\angle ABO = \angle ABM$. 如图 $12-3$，作点 O 关于直线 AB 的对称点 E，连接 OE 交 AB 于点 G，连接 BE 交抛物线于点 M，过点 E 作 $EF \perp y$ 轴于点 F ∴ AB 垂直平分 OE ∴ $BE = OB$，$OG = GE$

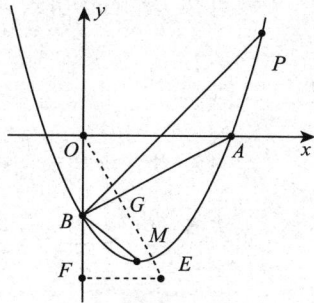

图 $12-3$

∴ $\angle ABO = \angle ABM$

∵ $A\ (3,\ 0)$、$B\ (0,\ -2)$，$\angle AOB = 90°$

∴ $OA = 3$，$OB = 2$，$AB = \sqrt{OA^2 + OB^2} = \sqrt{13}$

∴ $\sin \angle OAB = \dfrac{OB}{AB} = \dfrac{2\sqrt{13}}{13}$，$\cos \angle OAB = \dfrac{OA}{AB} = \dfrac{3\sqrt{13}}{13}$

∴ $S_{\triangle AOB} = \dfrac{1}{2}OA \cdot OB = \dfrac{1}{2}AB \cdot OG$

∴ $OG = \dfrac{OA \cdot OB}{AB} = \dfrac{6\sqrt{13}}{13}$ ∴ $OE = 2OG = \dfrac{12\sqrt{13}}{13}$

∵ $\angle OAB + \angle AOG = \angle AOG + \angle BOG = 90°$ ∴ $\angle OAB = \angle BOG$

∴ 在 $\mathrm{Rt}\triangle OEF$ 中，$\sin \angle BOG = \dfrac{EF}{OE} = \dfrac{2\sqrt{13}}{13}$，$\cos \angle BOG = \dfrac{OF}{OE} = \dfrac{3\sqrt{13}}{13}$

∴ $EF = \dfrac{2\sqrt{13}}{13}OE = \dfrac{24}{13}$，$OF = \dfrac{3\sqrt{13}}{13}OE = \dfrac{36}{13}$ ∴ $E\left(\dfrac{24}{13},\ -\dfrac{36}{13}\right)$

设直线 BE 的解析式为 $y = k_1 x - 2$

把点 E 代入得：$\frac{24}{13}k_1 - 2 = -\frac{36}{13}$，解得：$k_1 = -\frac{5}{12}$ $\therefore$ 直线 BE：$y = -\frac{5}{12}x - 2$

当 $-\frac{5}{12}x - 2 = \frac{2}{3}x^2 - \frac{4}{3}x - 2$，解得：$x_1 = 0$（舍去），$x_2 = \frac{11}{8}$

$\therefore$ 点 M 横坐标为 $\frac{11}{8}$，即点 M 到 y 轴的距离为 $\frac{11}{8}$.

方法二：存在点 M，使 $\angle ABO = \angle ABM$. 如图 12 - 4，过点 A 作 $AE // y$ 轴且 $EA = EB$，

$\because AE // y$ 轴，$\therefore \angle ABO = \angle EAB$，又 $\because EA = EB$，$\therefore \angle EAB = \angle ABE$，

$\therefore \angle ABO = \angle ABE$，

设 E 点坐标为（3，m），则 $EA^2 = m^2$，$EB^2 = 3^2 + (m + 2)^2$

$\because EA = EB$，$\therefore m^2 = 3^2 + (m + 2)^2$，解得：$m = -\frac{13}{4}$ $\therefore E$ 为 $\left(3, -\frac{13}{4}\right)$

设直线 BE 的解析式为 $y = k_2 x - 2$，把点 E 代入得：$3k_2 - 2 = -\frac{13}{4}$，解得：

$k_2 = -\frac{5}{12}$，

$\therefore$ 直线 BE：$y = -\frac{5}{12}x - 2$，

当 $-\frac{5}{12}x - 2 = \frac{2}{3}x^2 - \frac{4}{3}x - 2$，解得：$x_1 = 0$（舍去），$x_2 = \frac{11}{8}$

$\therefore$ 点 M 横坐标为 $\frac{11}{8}$，即点 M 到 y 轴的距离为 $\frac{11}{8}$.

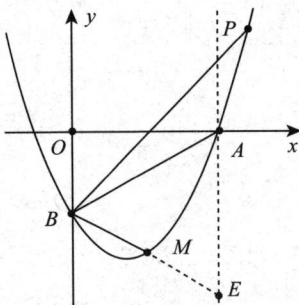

图 12 - 4

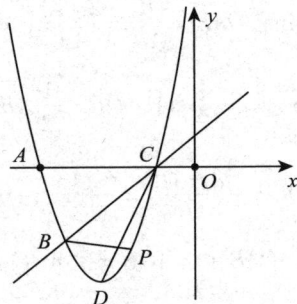

图 12 - 5

例2 如图 12 - 5，已知抛物线 $y = ax^2 + bx + 5$ 经过 A（-5，0），B（-4，-3）两点，与 x 轴的另一个交点为 C，顶点为 D，连接 CD.

（1）求该抛物线的表达式；

（2）点 P 为该抛物线上一动点（与点 B、C 不重合），设点 P 的横坐标为 t.

① 当点 P 在直线 BC 的下方运动时，求 $\triangle PBC$ 的面积的最大值；

② 该抛物线上是否存在点 P，使得 $\angle PBC = \angle BCD$？若存在，求出所有点 P 的坐标；若不存在，请说明理由。

【思维方法导引】

（1）将点 A、B 坐标代入二次函数表达式，解二元一次方程组即可求得 a、b 值，得出抛物线的表达式。

（2）用"割补法"，过点 P 作 $PE \perp x$ 轴于点 E，交直线 BC 于点 F，设点 P 的坐标为 $(t, t^2 + 6t + 5)$，$S_{\triangle PBC} = S_{\triangle FPB} + S_{\triangle FPC}$，用 t 将 $S_{\triangle PBC}$ 表示出来，是关于 t 的二次函数，再求该二次函数的最大值即可。或用"平行线转换法"求 $S_{\triangle PBC}$ 最大值。

（3）当 P 在 BC 上方时 $\angle PBC = \angle BCD$，则 $PB /\!/ CD$，故 $k_{PB} = k_{CD}$，可以用待定系数法求出直线 BP 的解析式，联立抛物线方程，可求出点 P；当 P 在 BC 下方时 $\angle PBC = \angle BCD$，设 PB 与 CD 交于点 M，则 $MB = MC$，过点 B 作 $BN \perp x$ 轴于点 N，设 N 点坐标，则 $NB = NC$，可求点 N 的坐标，PN 是 BC 的垂直平分线，可求出 B、C 的中点坐标，则直线 NP 的解析式可求，联立该直线与抛物线方程，即可求出 P 点。

【解答】

（1）将点 A、B 坐标代入二次函数表达式得：$\begin{cases} 25a - 5b + 5 = 0 \\ 16a - 4b + 5 = -3 \end{cases}$，解得 $\begin{cases} a = 1 \\ b = 6 \end{cases}$，

$\therefore$ 抛物线的表达式为：$y = x^2 + 6x + 5$.

（2）①如图 12-6，过点 P 作 $PE \perp x$ 轴于点 E，交直线 BC 于点 F.

在抛物线 $y = x^2 + 6x + 5$ 中，令 $y = 0$，则 $x^2 + 6x + 5 = 0$，解得 $x = -5$，$x = -1$，$\therefore$ 点 C 的坐标为（-1，0）.

由点 B（-4，-3）和 C（-1，0），可得直线 BC 的表达式为 $y = x + 1$.

设点 P 的坐标为 $(t, t^2 + 6t + 5)$，由题可知 $-4 < t < -1$，则点 F（t，$t + 1$），

$\therefore FP = (t + 1) - (t^2 + 6t + 5) = -t^2 - 5t - 4$，

$\therefore S_{\triangle PBC} = S_{\triangle FPB} + S_{\triangle FPC} = \dfrac{1}{2} \cdot FP \cdot 3 = \dfrac{3}{2} (-t^2 - 5t - 4) = -\dfrac{3}{2} t^2 - \dfrac{15}{2} t -$

$$6 = -\frac{3}{2}\left(t + \frac{5}{2}\right)^2 + \frac{27}{8}.$$

$\because -4 < -\dfrac{5}{2} < -1$，$\therefore$ 当 $t = -\dfrac{5}{2}$ 时，$\triangle PBC$ 的面积的最大值为 $\dfrac{27}{8}$.

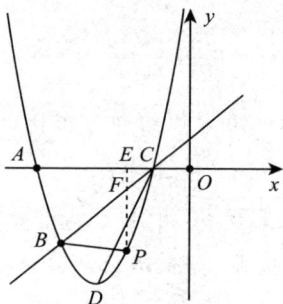
图 12 – 6

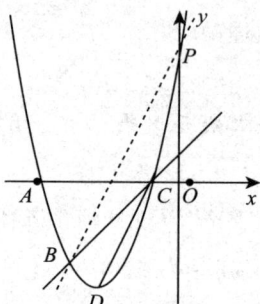
图 12 – 7

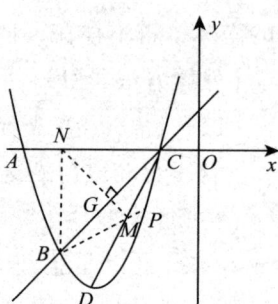
图 12 – 8

② 存在.

$\because y = x^2 + 6x + 5 = (x + 3)^2 - 4$，$\therefore$ 抛物线的顶点 D 的坐标为（-3，-4）.

由点 C（-1，0）和 D（-3，-4），可得直线 CD 的表达式为 $y = 2x + 2$.

分两种情况讨论：

1）当点 P 在直线 BC 上方时，有 $\angle PBC = \angle BCD$，如图 12 – 7，若 $\angle PBC = \angle BCD$，则 $PB // CD$，

$\therefore$ 设直线 PB 的表达式为 $y = 2x + b$. 把 B（-4，-3）代入 $y = 2x + b$，得 $b = 5$，

$\therefore$ 直线 PB 的表达式为 $y = 2x + 5$. 由 $x^2 + 6x + 5 = 2x + 5$，解得 $x_1 = 0$，$x_2 = -4$（舍去），

$\therefore$ 点 P 的坐标为（0，5）.

2）当点 P 在直线 BC 下方时，有 $\angle PBC = \angle BCD$，如图 12 – 8，设直线 BP 与 CD 交于点 M，则 $MB = MC$，过点 B 作 $BN \perp x$ 轴于点 N，则点 N（-4，0），

$\therefore NB = NC = 3$，$\therefore MN$ 垂直平分线段 BC.

设直线 MN 与 BC 交于点 G，则线段 BC 的中点 G 的坐标为 $\left(-\dfrac{5}{2}，-\dfrac{3}{2}\right)$，

由点 N（-4，0）和 $G\left(-\dfrac{5}{2}，-\dfrac{3}{2}\right)$，得直线 NG 的表达式为 $y = -x - 4$.

$\because$ 直线 CD：$y = 2x + 2$ 与直线 NG：$y = -x - 4$ 交于点 M，由 $2x + 2 = -x - 4$，解得 $x = -2$，

$\therefore$ 点 M 的坐标为 $(-2,-2)$.

由 B $(-4,-3)$ 和 M $(-2,-2)$, 得直线 BM 的表达式为 $y=\dfrac{1}{2}x-1$.

由 $x^2+6x+5=\dfrac{1}{2}x-1$, 解得 $x_1=-\dfrac{3}{2}$, $x_2=-4$（舍去）, $\therefore$ 点 P 的坐标为 $\left(-\dfrac{3}{2},-\dfrac{7}{4}\right)$.

综上所述, 存在满足条件的点 P 的坐标为 $(0,5)$ 和 $\left(-\dfrac{3}{2},-\dfrac{7}{4}\right)$.

二、二倍角的构造

（1）如图 12-9, 作角 $\angle ABD=2\alpha$, 构造倍角；

（2）如图 12-10, 已知 $\angle\alpha$, 我们可以利用"等腰三角形底角相等"和"三角形的外角等于与它不相邻的两个内角之和"去构造 2α, 如图 12-11, 在 BC 边上找一点 D, 使得 $BD=AD$, 则 $\angle ADC=2\alpha$. 构造出二倍角, 接下来用相似或三角函数（一般用正切）计算就可以。

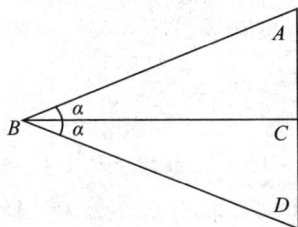

图 12-9

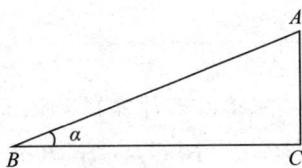

图 12-10

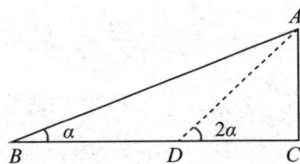

图 12-11

例 3　如图 12-12, 二次函数 $y=k$ $(x-1)^2+2$ 的图像与一次函数 $y=kx-k+2$ 的图像交于 A、B 两点, 点 B 在点 A 的右侧, 直线 AB 分别与 x、y 轴交于 C、D 两点, 其中 $k<0$.

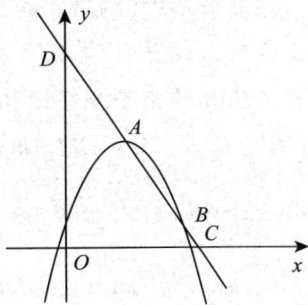

图 12-12

（1）求 A、B 两点的横坐标；

（2）若 $\triangle OAB$ 是以 OA 为腰的等腰三角形, 求 k 的值；

（3）二次函数图像的对称轴与 x 轴交于点 E, 是否存在实数 k, 使得 $\angle ODC=2\angle BEC$, 若存在,

求出 k 的值；若不存在，请说明理由。

【思维方法导引】

（1）将二次函数与一次函数联立得：$k(x-1)^2+2=kx-k+2$，即可求解。

（2）分 $OA=AB$、$OA=OB$ 两种情况，求解即可。

（3）方法一：（用平行和对称构造倍角，再用相似）①当点 B 在 x 轴上方时，如图 12-13，过点 B 作 $BF\perp AE$ 于点 F，在 AF 上找一点 G，使得 $\angle GBF=\angle FBE$，则 $GF=EF$. 故 $\angle GBE=2\angle BEC$，易证 $\triangle EBG\backsim\triangle EAB$，对应边成比例，再将相应线段用 k 表示，代入即可求出符合题意的 k 值；②当点 B 在 x 轴下方时，如图 12-14，同理可求出符合题意的 k 值。

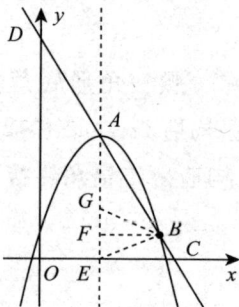

图 12-13

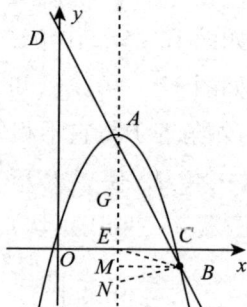

图 12-14

方法二：（构造倍角，再用三角函数计算）如图 12-15，在线段 EP 上找一点 Q，使得 $QE=QB$，则 $\angle BQP=2\angle BEC$，过点 B 作 $BP\perp x$ 轴，垂足为 P，构造直角三角形，然后再用正切函数计算，分①当点 B 在 x 轴上方时，②当点 B 在 x 轴下方两类讨论，即可求出符合题意的 k 值。

方法三：（构造半角，再用三角函数计算）如图 12-16，①当点 B 在 x 轴上方时，过点 B 作 $BH\perp AE$ 于点 H，将 $\triangle AHB$ 的图形放大见右侧图形，过点 A 作 $\angle HAB$ 的角平分线交 BH 于点 M，过点 M 作 $MN\perp AB$ 于点 N，过点 B 作 $BK\perp x$ 轴于点 K，设：$HM=m=MN$，则 $BM=1-m$，用 k 将 NB 表示出来，由勾股定理得：$MB^2=NB^2+MN^2$，求出 $m=-k^2-k\sqrt{k^2+1}$，在 $\triangle AHM$ 中，$\tan\alpha=\dfrac{HM}{AH}=\dfrac{m}{-k}=k+\sqrt{k^2+1}=\tan\angle BEC=\dfrac{BK}{EK}=k+2$，即可求解；②当点 B 在 x 轴下方时，亦然。

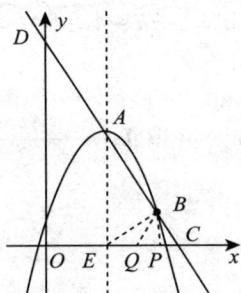

图 12－15

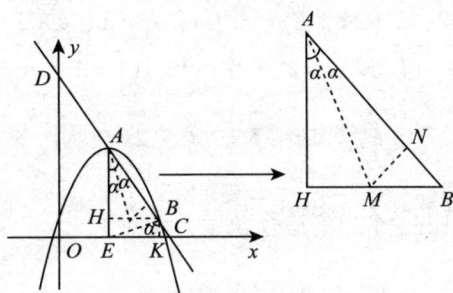

图 12－16

【解答】

（1）将二次函数与一次函数联立得：$k(x-1)^2+2=kx-k+2$，解得：$x=1$ 或 2，

∴点 A、B 的坐标分别为（1，2）、（2，$k+2$）；

（2）$OA=\sqrt{2^2+1}=\sqrt{5}$，

① 当 $OA=AB$ 时，即：$1+k^2=5$，解得：$k=\pm2$（舍去 2）；

② 当 $OA=OB$ 时，$4+(k+2)^2=5$，解得：$k=-1$ 或 $k=-3$；

综上所述，k 值为 -1 或 -2 或 -3.

（3）存在，k 的值为 $-\sqrt{3}$ 或 $-\dfrac{-4-\sqrt{7}}{3}$，理由如下：

解法一：（用平行和对称构造倍角，再用相似）①当点 B 在 x 轴上方时，$k+2>0$，即 $-2<k<0$. 如图 12－13，过点 B 作 $BF\perp AE$ 于点 F，在 AF 上找一点 G，使得 $\angle GBF=\angle FBE$，则 $GF=EF$.

∵$BF\perp AE$，$AE\perp x$ 轴，∴$BF//x$ 轴，∴$\angle FBE=\angle BEC$

∵$\angle GBF=\angle FBE$∴$\angle GBE=\angle GBF+\angle FBE=2\angle BEC$

∵$AE//y$ 轴，∴$\angle BAE=\angle ODC$. ∵$\angle ODC=2\angle BEC$∴$\angle BAE=2\angle BEC$，

$\angle BAE=\angle GBE$ 又∵$\angle GEB=\angle BEA$∴$\triangle EBG\backsim\triangle EAB$，∴$\dfrac{EB}{EA}=\dfrac{EG}{EB}$，即 $EB^2=$

$EG\cdot EA$. ∵A（1，2），B（2，$k+2$），E（1，0），F（1，$k+2$）

∵$GE=2EF=2k+4$∴$BE^2=1^2+(k+2)^2=k^2+4k+5$，$EA=2$，

∴$k^2+4k+5=2\times(2k+4)$，解得 $k_1=-\sqrt{3}$，$k_2=\sqrt{3}$（不符合题意，舍去）.

② 当点 B 在 x 轴下方时，$k+2<0$，即 $k<-2$. 如图 12－14，过点 B 作 BM $\perp AE$ 于点 M，在线段 AM 的延长线上找一点 N，使得 $\angle NBM=\angle EBM$，则 $EM=$

MN. 同①易证 $\triangle BNE\backsim\triangle ANB$，∴$\dfrac{BN}{AN}=\dfrac{EN}{BN}$，即 $BN^2=EN\cdot NA$. ∵A（1，2），B

$(2, k+2)$, E $(1, 0)$, F $(1, k+2)$ 且 $NE = 2EM = -2k-4$. $\therefore BN^2 = BE^2 = 1^2 + (k+2)^2 = k^2 + 4k + 5$, $NA = 2 - (2k+4) = -2k-2$,

$\therefore k^2 + 4k + 5 = (-2k-4) \times (-2k-2)$, 解得 $k_3 = \dfrac{-4-\sqrt{7}}{3}$, $k_4 = \dfrac{-4+\sqrt{7}}{3}$ (不符合题意, 舍去).

综上所述, 存在实数 k, 使得 $\angle ODC = 2\angle BEC$, k 的值为 $-\sqrt{3}$ 或 $\dfrac{-4-\sqrt{7}}{3}$

解法二：（构造倍角，再用三角函数计算）由题意得点 E 的坐标为 $(1, 0)$.

当 $y = 0$ 时, $x = \dfrac{k-2}{k}$, 即点 C 的坐标为 $\left(\dfrac{k-2}{k}, 0\right)$. 当 $x = 0$ 时, $y = -k+2$,

即点 D 的坐标为 $(0, -k+2)$. $\therefore \tan\angle ODC = \dfrac{OC}{OD} = \dfrac{\frac{k-2}{k}}{-k+2} = -\dfrac{1}{k}$. 过点 B 作 $BP \perp x$ 轴, 垂足为 P, 则 $EP = 2 - 1 = 1$, $BP = |k+2|$, 如图 $12-15$, 在线段 EP 上找一点 Q, 使得 $QE = QB$, 则 $\angle BQP = 2\angle BEC$, 设 $QE = QB = m$, 则 $PQ = 1 - m$. 在 $\text{Rt}\triangle BQP$ 中, $BP^2 + QP^2 = BQ^2$, $\therefore (k+2)^2 + (1-m)^2 = m^2$, 整理, 得 $2m = k^2 + 4k + 5$.

$\therefore \angle ODC = 2\angle BEC$, $\therefore \tan\angle BQP = \tan\angle ODC = -\dfrac{1}{k}$, $\therefore \dfrac{BP}{QP} = \dfrac{|k+2|}{1-m} = -\dfrac{1}{k}$.

① 当 $k + 2 > 0$, 即 $-2 < k < 0$ 时, $\dfrac{k+2}{1-m} = -\dfrac{1}{k}$, 解得 $k_1 = -\sqrt{3}$, $k_2 = \sqrt{3}$ (不符合题意, 舍去).

② 当 $k + 2 < 0$, 即 $k < -2$ 时, $-\dfrac{k+2}{1-m} = -\dfrac{1}{k}$, 解得 $k_3 = \dfrac{-4-\sqrt{7}}{3}$, $k_4 = \dfrac{-4+\sqrt{7}}{3}$ (不符合题意, 舍去).

综上所述, 存在实数 k, 使得 $\angle ODC = 2\angle BEC$, k 的值为 $-\sqrt{3}$ 或 $\dfrac{-4-\sqrt{7}}{3}$.

解法三：（构造半角，再用三角函数计算）

① 当点 B 在 x 轴上方时, 过点 B 作 $BH \perp AE$ 于点 H, 将 $\triangle AHB$ 的图形放大见右侧图形,

过点 A 作 $\angle HAB$ 的角平分线交 BH 于点 M, 过点 M 作 $MN \perp AB$ 于点 N, 过点 B 作 $BK \perp x$ 轴于点 K, 图 $12-16$ 中, 点 A $(1, 2)$、点 B $(2, k+2)$, 则

$AH = -k$，$HB = 1$，

设：$HM = m = MN$，则 $BM = 1 - m$，

则 $AN = AH = -k$，$AB = \sqrt{k^2 + 1}$，$NB = AB - AN$，

由勾股定理得：$MB^2 = NB^2 + MN^2$，

即：$(1 - m)^2 = m^2 + (\sqrt{k^2 + 1} + k)^2$，

解得：$m = -k^2 - k\sqrt{k^2 + 1}$，

在 $\triangle AHM$ 中，$\tan\alpha = \dfrac{HM}{AH} = \dfrac{m}{-k} = k + \sqrt{k^2 + 1} = \tan\angle BEC = \dfrac{BK}{EK} = k + 2$，

解得：解得 $k_1 = -\sqrt{3}$，$k_2 = \sqrt{3}$（不符合题意，舍去）．

② 当点 B 在 x 轴下方时，$k + 2 < 0$，即 $k < -2$．同理可得 $\tan\alpha = \dfrac{HM}{AH} = \dfrac{m}{-k} =$

$k + \sqrt{k^2 + 1} = \tan\angle BEC = \dfrac{BK}{EK} = -(k + 2)$，解得 $k_3 = \dfrac{-4 - \sqrt{7}}{3}$，$k_4 = \dfrac{-4 + \sqrt{7}}{3}$

（不符合题意，舍去）．

综上所述，存在实数 k，使得 $\angle ODC = 2\angle BEC$，k 的值为 $-\sqrt{3}$ 或 $\dfrac{-4 - \sqrt{7}}{3}$．

三、半角的构造

（1）如图 12 - 17，已知 $\angle\alpha$，直接作 $\angle\alpha$ 的角平分线 BD；如图 12 - 18，则

$\angle ABD = \angle CBD = \dfrac{1}{2}\alpha$；

（2）如图 12 - 19，已知 $\angle\alpha$，我们可以利用"等腰三角形底角相等"和

"三角形的外角等于与它不相邻的两个内角之和"去构造 $\dfrac{1}{2}\alpha$，在 BC 边上找一

点 D，使得 $BD = AB$，则 $\angle ADC = \dfrac{1}{2}\alpha$．这样我们就构造出了半角，接下来用相

似或三角函数（一般用正切）计算就可以了。

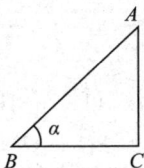

图 12 - 17

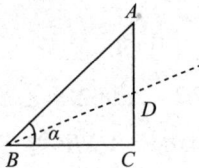

图 12 - 18

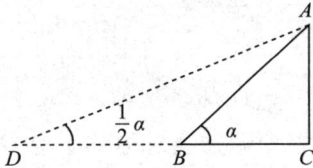

图 12 - 19

例4 如图 12-20，已知在直角坐标系中，抛物线 $y = ax^2 - 8ax + 3$（$a < 0$）与 y 轴交于点 A，顶点为 D，其对称轴交 x 轴于点 B，点 P 在抛物线上，且位于抛物线对称轴的右侧，点 G 在对称轴 BD 上，且 $\angle AGB = \dfrac{1}{2}\angle ABD$，求 $\triangle ABG$ 的面积。

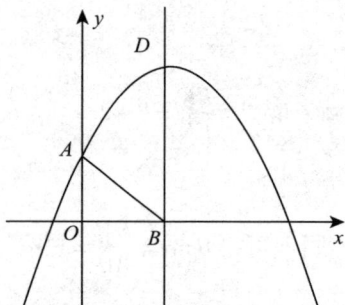
图 12-20

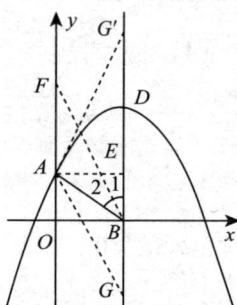
图 12-21

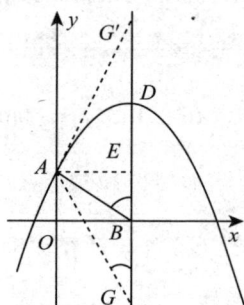
图 12-22

【思维方法导引】

解法一：如图 12-21，过点 B 作 BF 平分 $\angle ABD$，交 y 轴于点 F，故 $\angle 1 = \angle 2$，且 $BD // y$ 轴，故 $\angle 1 = \angle AFB$，因此 $\angle 2 = \angle AFB$，所以 $AF = AB$，过点 A 作 $AG // BF$ 交抛物线对称轴于点 G，所以四边形 $AGBF$ 是平行四边形，故 $BG = AF = AB$，于是 $S_{\triangle ABG} = \dfrac{1}{2}BG \cdot OB$，过点 A 作 $AE \perp BD$ 与点 E，点 G 关于 AE 对称的点为点 G'，$\angle AG'B = \dfrac{1}{2}\angle ABD$，求出 BG'，$S_{\triangle ABG'}$ 即求出。故满足题意的 $\triangle ABG$ 有两个，其面积也有两值。

解法二：如图 12-22，在 DB 的延长线上截取 $BG = BA$，那么 $\angle AGB = \angle BGA = \dfrac{1}{2}\angle ABD$，求出此时 $S_{\triangle ABG}$，与解法一同样的方法求出 $S_{\triangle ABG'}$，得出 $\triangle ABG$ 的两个面积值。

【解答】

解法一：如图 12-22，过点 B 作 BF 平分 $\angle ABD$，交 y 轴于点 F，$\therefore \angle 1 = \angle 2$，且 $BD // y$ 轴，$\therefore \angle 1 = \angle AFB$，$\therefore \angle 2 = \angle AFB \therefore AF = AB$，过点 A 作 $AG // BF$ 交抛物线对称轴于点 G，$\therefore$ 四边形 $AGBF$ 是平行四边形，$\therefore BG = AF = AB = 5$，$\therefore S_{\triangle ABG} = \dfrac{1}{2}BG \cdot OB = 10$，

过点 A 作 $AE \perp BD$ 于点 E，点 G 关于 AE 对称的点为点 G'，$\angle AG'B = \frac{1}{2}\angle ABD$，

$\therefore BG' = BE + G'E = BE + BG + BE = 11$，$S_{\triangle ABG'} = \frac{1}{2}BG' \cdot AE = 22$.

$\therefore S_{\triangle ABG} = 10$ 或 $S_{\triangle ABG} = 22$.

解法二：如图 12－22，在 DB 的延长线上截取 $BG = BA = 5$，

$\therefore \angle AGB = \angle BAG = \frac{1}{2}\angle ABD$，

$\therefore S_{\triangle ABG} = \frac{1}{2}BG \cdot OB = 10$，与解法一同样的方法求出 $S_{\triangle ABG'} = 22$，

$\therefore S_{\triangle ABG} = 10$ 或 $S_{\triangle ABG} = 22$.

四、特殊角的构造（转化成 30°、45°、60°等特殊角）

例 5　如图 12－23，已知顶点为 C（0，－3）的抛物线 $y = ax^2 + b$（$a \neq 0$）与 x 轴交于 A、B 两点，直线 $y = x + m$ 过顶点 C 和点 B.

（1）求 m 的值；

（2）求函数 $y = ax^2 + b$（$a \neq 0$）的解析式；

（3）抛物线上是否存在点 M，使得 $\angle MCB = 15°$？若存在，求出点 M 的坐标；若不存在，请说明理由。

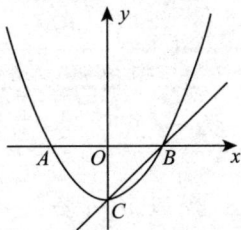

图 12－23

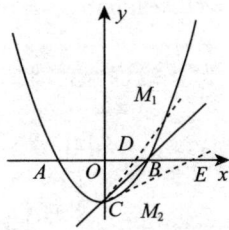

图 12－24

【思维方法导引】

（1）将 C 点坐标代入直线 $y = x + m$ 中求出 m.

（2）令 $y = 0$，求出 B 点坐标，利用 C 点和 B 点坐标，由待定系数法求出二次函数解析式。

（3）15°不是特殊角，因此我们考虑 $\angle OCB$ 度数，若 $\angle OCB$ 为 45°或

$60°$，则 $\angle OCM$ 为特殊角，可以利用特殊角求解，而又上一题知 $\angle OCB$ 为 $45°$ 角，因此只需根据两种情况讨论 $\angle OCM = 30°$ 或 $60°$ 时直线 CM 与抛物线的交点即可。

【解答】

（1）将（0，-3）代入 $y = x + m$ 得 $m = -3$；

（2）令 $y = 0$，则 $0 = x - 3$，解得 $x = 3$，$\therefore$ 点 B 的坐标为（3，0），将 C

（0，-3）、B（3，0）代入 $y = ax^2 + b$ 中，可得 $\begin{cases} b = -3 \\ 9a + b = 0 \end{cases}$，解得 $\begin{cases} a = \dfrac{1}{3} \\ b = -3 \end{cases}$，

$\therefore$ 二次函数的解析式为 $y = \dfrac{1}{3}x^2 - 3$；

（3）存在，如图 12 - 24，分以下两种情况：

① 当 M 在 B 上方时，设 MC 交 x 轴于点 D，则 $\angle ODC = 45° + 15° = 60°$，

$\therefore OD = OC \cdot \tan 30° = \sqrt{3}$，

设 DC 为 $y = k_1 x - 3$，将（$\sqrt{3}$，0）代入 $y = k_1 x - 3$，得 $k_1 = \sqrt{3}$，

联立 $\begin{cases} y = \sqrt{3}x - 3 \\ y = \dfrac{1}{3}x^2 - 3 \end{cases}$，解得 $\begin{cases} x_1 = 0 \\ y_1 = -3 \end{cases}$（舍），$\begin{cases} x_2 = 3\sqrt{3} \\ y_2 = 6 \end{cases}$，$\therefore M_1$（$3\sqrt{3}$，6）；

② 当 M 在 B 下方，设 MC 交 x 轴于点 E，则 $\angle OEC = 45° - 15° = 30°$，

$\therefore OE = OC \cdot \tan 60° = 3\sqrt{3}$，

设 EC 为 $y = k_2 x - 3$，将（$3\sqrt{3}$，0）代入 $y = k_2 x - 3$，可得 $k_2 = \dfrac{\sqrt{3}}{3}$，

由 $\begin{cases} y = \dfrac{\sqrt{3}}{3}x - 3 \\ y = \dfrac{1}{3}x^2 - 3 \end{cases}$，解得 $\begin{cases} x_1 = 0 \\ y_1 = -3 \end{cases}$（舍）$\begin{cases} x_2 = \sqrt{3} \\ y_2 = -2 \end{cases}$，所以 M_2（$\sqrt{3}$，-2），

综上所述，M 的坐标为（$3\sqrt{3}$，6）或（$\sqrt{3}$，-2）．

例 6 已知抛物线 $y = ax^2 + bx + 3$ 经过点 A（1，0）和点 B（-3，0），与 y 轴交于点 C，点 P 为第二象限内抛物线上的动点。

（1）抛物线的解析式为_____，抛物线的顶点坐标为_____；

（2）如图 12 - 25，连接 OP 交 BC 于点 D，当 $S_{\triangle CPD} : S_{\triangle BPD} = 1 : 2$ 时，请求出点 D 的坐标；

（3）如图 12-26，点 E 的坐标为 $(0, -1)$，点 G 为 x 轴负半轴上的一点，$\angle OGE = 15°$，连接 PE，若 $\angle PEG = 2\angle OGE$，请求出点 P 的坐标。

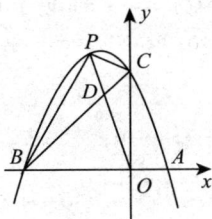

图 12-25

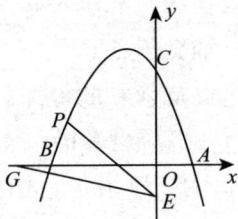

图 12-26

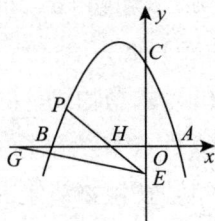

图 12-27

【思维方法导引】

（1）将点 A $(1, 0)$、B $(-3, 0)$，代入 $y = ax^2 + bx + 3$ 解方程，即可求抛物线解析式及顶点坐标。

（2）$\because OB = OC$，$\therefore \angle CBO = 45°$，$BC = \sqrt{2} BD$，$S_{\triangle CPD} : S_{\triangle BPD} = 1 : 2$ 即 $CD : BD = 1 : 2$，

$\therefore BD = \dfrac{2}{3} BC$，$y_D = BD\sin\angle CBO$，即可求出 D 点坐标。

（3）设直线 PE 交 x 轴于点 H，$\angle PEG = 2\angle OGE \therefore \angle OHE = 45° \therefore OH = OE$，求出直线 HE 的表达式，联立方程，即可求出 P 点坐标。

【解答】

（1）函数的表达式为：$y = a$ $(x - 1)$ $(x + 3)$ $= a$ $(x^2 + 2x - 3)$，即：$-3a = 3$，解得：$a = -1$，

$\therefore$ 抛物线的表达式为：$y = -x^2 - 2x + 3$……①，顶点坐标为 $(-1, 4)$；

（2）$\because OB = OC$，$\therefore \angle CBO = 45°$，

$\therefore S_{\triangle CPD} : S_{\triangle BPD} = 1 : 2$，$\therefore BD = \dfrac{2}{3} BC = \dfrac{2}{3} \times 3\sqrt{2} = 2\sqrt{2}$，$y_D = BD\sin\angle CBO = 2$，则点 D $(-1, 2)$；

（3）如图 12-27，设直线 PE 交 x 轴于点 H，

$\because \angle OGE = 15°$，$\angle PEG = 2\angle OGE = 30°$，

$\therefore \angle OHE = 45°$，$\therefore OH = OE = 1$，

则直线 HE 的表达式为：$y = -x - 1$……②，

联立①②并解得：$x = \dfrac{-1 \pm \sqrt{17}}{2}$（舍去正值），$\therefore P\left(\dfrac{-1 - \sqrt{17}}{2}, \dfrac{\sqrt{17} - 1}{2}\right)$.

五、已知三角函数值的角的构造（构造直角三角形）

例7 如图 12 - 28，已知抛物线 $y = ax^2 + bx + 6$（$a \neq 0$）与 x 轴交于点 A（-3，0）和点 B（1，0），与 y 轴交于点 C.

（1）求抛物线 y 的函数表达式及点 C 的坐标；

（2）点 M 为坐标平面内一点，若 $MA = MB = MC$，求点 M 的坐标；

（3）在抛物线上是否存在点 E，使 $4\tan \angle ABE = 11\tan \angle ACB$？若存在，求出满足条件的所有 E 点的坐标；若不存在，请说明理由。

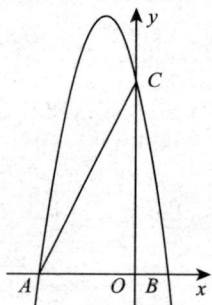

图 12 - 28

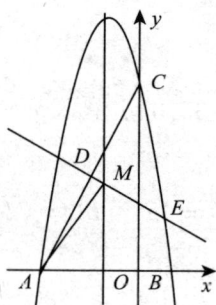

图 12 - 29

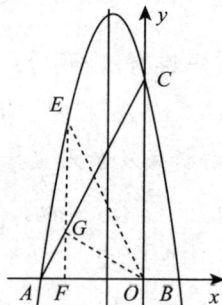

图 12 - 30

【思维方法导引】

（1）将点 A（-3，0）和点 B（1，0）分别代入 $y = ax^2 + bx + 6$ 即可求出抛物线的解析式及点 C 的坐标。

（2）如图 12 - 29，分别作线段 AB、AC 的垂直平分线，相交于点 M，则点 M 可使 $MA = MB = MC$，根据点 A 和点 C 的坐标可求出点 D 的坐标，根据互相垂直的两条直线的 k 值乘积为 -1，则可求出线段 AC 的垂直平分线 DE 的关系式，从而得出点 M 的坐标。

（3）过点 B 作 $BG \perp AC$ 于点 G，过点 E 作 $EF \perp x$ 轴于点 F，先求出直线 BG 的关系式，即可得到点 G 的坐标，求得 $\tan \angle ABE$ 的值，再根据 $4\tan \angle ABE = 11\tan \angle ACB$，解得 $EF = 2BF$，即可求出点 E 的坐标。

【解答】

（1）将点 A（-3，0）和点 B（1，0）分别代入 $y = ax^2 + bx + 6$

得，$\begin{cases} 0 = a \cdot (-3)^2 + b \cdot (-3) + 6 \\ 0 = a \cdot 1^2 + b \cdot 1 + 6 \end{cases}$，

解得 $\begin{cases} a = -2 \\ b = -4 \end{cases}$ ∴ 抛物线的解析式为 $y = -2x^2 - 4x + 6$，当 $x = 0$ 时，$y = 6$，

∴ 点 C 的坐标为（0，6）；

（2）如图 12-29，分别作线段 AB、AC 的垂直平分线，相交于点 M，则点 M 可使 $MA = MB = MC$，∵ 抛物线的解析式为 $y = -2x^2 - 4x + 6 = -2(x+1)^2 + 8$，

∴ 顶点坐标为（-2，8），对称轴为：直线 $x = -1$，

∴ 点 M 的横坐标为：$x = -1$，设直线 AC 的中点为 D，

∵ 点 A（-3，0），C（0，6），∴ 点 D 的坐标为 $\left(-\dfrac{3}{2}, 3 \right)$，

设直线 AC 的关系式为 $y = kx + b$，将点 A（-3，0），C（0，6）代入 $y = kx + b$ 得：$\begin{cases} b = 6 \\ 3 = -\dfrac{3}{2}k + b \end{cases}$，解得：$\begin{cases} k = 2 \\ b = 6 \end{cases}$，∴ 直线 AC 的解析式为 $y = 2x + 6$，

则可设线段 AC 的垂直平分线 DE 的关系式为 $y = -\dfrac{1}{2}x + b_1$，

将点 D 的坐标为 $\left(-\dfrac{3}{2}, 3 \right)$ 代入得，$3 = -\dfrac{3}{2} \times \left(-\dfrac{1}{2} \right) + b_1$，解得 $b_1 = \dfrac{9}{4}$，

∴ 直线 DE 的关系式为 $y = -\dfrac{1}{2}x + \dfrac{9}{4}$，当 $x = -1$ 时，$y = -\dfrac{1}{2} \times (-1) + \dfrac{9}{4} = \dfrac{11}{4}$，

∴ 点 M 的坐标为 $\left(-1, \dfrac{11}{4} \right)$；

（3）如图 12-30，过点 B 作 $BG \perp AC$ 于点 G，过点 E 作 $EF \perp x$ 轴于点 F，

∵ 直线 AC 的解析式为：$y = 2x + 6$，可设 BG 的关系式为 $y = -\dfrac{1}{2}x + b_2$，

将点 B 的坐标（1，0）代入得，$0 = 1 \times \left(-\dfrac{1}{2} \right) + b_2$，解得 $b_2 = \dfrac{1}{2}$，

∴ BG 的关系式为 $y = -\dfrac{1}{2}x + \dfrac{1}{2}$，联立 $\begin{cases} y = 2x + 6 \\ y = -\dfrac{1}{2}x + \dfrac{1}{2} \end{cases}$ 得，$\begin{cases} x = -\dfrac{11}{5} \\ y = \dfrac{8}{5} \end{cases}$，∴ 点 G 的坐标为 $\left(-\dfrac{11}{5}, \dfrac{8}{5} \right)$，

∴ $BG = \sqrt{\left[1 - \left(-\dfrac{11}{5} \right) \right]^2 + \left(\dfrac{8}{5} - 0 \right)^2} = \dfrac{8\sqrt{5}}{5}$，$CG = \sqrt{\left[0 - \left(-\dfrac{11}{5} \right) \right]^2 + \left(6 - \dfrac{8}{5} \right)^2}$

$$= \frac{11\sqrt{5}}{5},$$

∴在 Rt△BCG 中，$\tan \angle ACB = \dfrac{BG}{CG} = \dfrac{\dfrac{8\sqrt{5}}{5}}{\dfrac{11\sqrt{5}}{5}} = \dfrac{8}{11}$，又∵$4\tan \angle ABE = 11\tan$

$\angle ACB$，∴$4\tan \angle ABE = 8$，即 $4\dfrac{EF}{BF} = 8$，解得$\dfrac{EF}{BF} = 2$，∴$EF = 2BF$，设点 E 的坐标为 (e，$-2e^2 - 4e + 6$)，则点 F 的坐标为 (e，0)，∴$EF = -2e^2 - 4e + 6$，$BF = |1 - e|$，又∵$EF = 2BF$，即 $-2e^2 - 4e + 6 = 2|1 - e|$，∴$-2e^2 - 4e + 6 = 2$ $(1 - e)$ 或 $-2e^2 - 4e + 6 = 2$ $(e - 1)$，即 $e^2 + e - 2 = 0$ 或 $e^2 + 3e - 4 = 0$，解得 $e = -2$ 或 $e = 1$，$e = -4$ 或 $e = 1$（与点 B 重合，舍去），当 $x = e = -4$ 时，$y = -2x^2 - 4x + 6 = -10$，当 $x = e = -2$ 时，$y = -2x^2 - 4x + 6 = 6$，

∴点 E 的坐标为 (-4，-10) 或 (-2，6)．

例8 如图 12 -31，已知抛物线 $y = -x^2 + bx + c$ 过点 A (1，0)，B (-3，0)．

(1) 求抛物线的解析式及其顶点 C 的坐标。

(2) 设点 D 是 x 轴上一点，当 $\tan$ ($\angle CAO + \angle CDO$) $= 4$ 时，求点 D 的坐标。

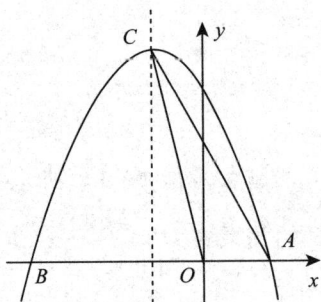

图 12 -31

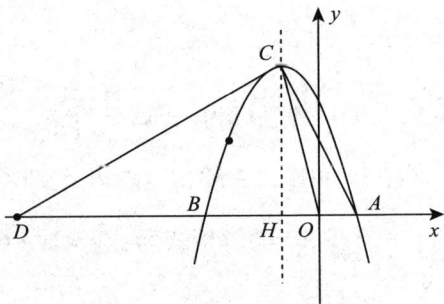

图 12 -32

【思维方法导引】

(1) 利用待定系数法，将 A，B 的坐标代入 $y = -x^2 + bx + c$ 即可求得二次函数的解析式。

(2) 设抛物线对称轴与 x 轴交于点 H，在 Rt△CHO 中，可求得 $\tan \angle COH = 4$，推出 $\angle ACO = \angle CDO$，可证△$AOC \backsim$ △ACD，利用相似三角形的性质可求出 AD 的长度，进一步可求出点 D 的坐标，由对称性可直接求出另一种情况。

【解答】

(1) 由题意把点 (1, 0), (–3, 0) 代入 $y = -x^2 + bx + c$, 得, $\begin{cases} -1 + b + c = 0 \\ -9 - 3b + c = 0 \end{cases}$,

解得 $b = -2$, $c = 3$, $\therefore y = -x^2 - 2x + 3 = -(x+1)^2 + 4$,

$\therefore$ 此抛物线的解析式为: $y = -x^2 - 2x + 3$, 顶点 C 的坐标为 (–1, 4);

(2) $\because$ 抛物线顶点 C (–1, 4), $\therefore$ 抛物线对称轴为直线 $x = -1$,

设抛物线对称轴与 x 轴交于点 H, 则 H (–1, 0),

在 Rt$\triangle CHO$ 中, $CH = 4$, $OH = 1$, $\therefore \tan \angle COH = \dfrac{CH}{OH} = 4$,

$\because \angle COH = \angle CAO + \angle ACO$, $\therefore$ 当 $\angle ACO = \angle CDO$ 时,

$\tan (\angle CAO + \angle CDO) = \tan \angle COH = 4$,

如图 12 – 32, 当点 D 在对称轴左侧时,

$\because \angle ACO = \angle CDO$, $\angle CAO = \angle CAO$,

$\therefore \triangle AOC \backsim \triangle ACD$,

$\therefore \dfrac{AC}{AD} = \dfrac{AO}{AC}$,

$\because AC = \sqrt{CH^2 + AH^2} = 2\sqrt{5}$, $AO = 1$,

$\therefore \dfrac{2\sqrt{5}}{AD} = \dfrac{1}{2\sqrt{5}}$, $\therefore AD = 20$, $\therefore OD = 19$, $\therefore D$ (–19, 0);

当点 D 在对称轴右侧时, 点 D 关于直线 $x = -1$ 的对称点 D' 的坐标为 (17, 0),

$\therefore$ 点 D 的坐标为 (–19, 0) 或 (17, 0).

【易错点】

在实际解题过程中, 有可能出现某些情况造成失分, 有必要加以防范与规避。

(1) 由于知识不过关, 构造模型或直角三角形不当, 导致出错。

(2) 计算能力不过关, 导致不会算, 算错, 或计算时间过长等。

(3) 阅读理解能力不够强, 审题不清, 理解不到位或理解错误就匆忙下笔导致出错。

总之, 在解答二次函数压轴题时, 既要有丰富的知识积累, 又要有灵活运用数学思想方法的能力, 如建模能力、类比能力, 从而培养出学生的数学核心素养。

专题十三 抛物线中菱形的存在性问题

综观历年中考真题，菱形存在性问题主要是以"两定两动"为设问方式。其中，"两定"指的是四边形四个顶点其中有两个顶点的坐标是确定的或者是可求解的；"两动"指的是其中一个动点在一条直线或者抛物线上，另外一个动点是平面内任意一点或者该动点也在一条直线或者抛物线上。

一、解题模型

1. 等腰三角形的构造方法

通常要考虑哪个点为顶角顶点（顶角顶点唯一），分为三种情况：

【问题】

已知定点 A，B 和直线 l，在 l 上求点 C，使 $\triangle ABC$ 为等腰三角形，请利用尺规作图的方法作出点 C 的位置。

【作图方法】

"两圆一线"如图 13-1。

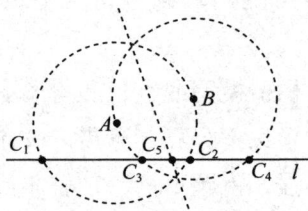

图 13-1

（1）以 A 为顶角顶点：$AB = AC$，以点 A 为圆心，以 AB 长度为半径作圆，交直线于点 C_1，C_2；

（2）以 B 为顶角顶点：$BA = BC$，以点 B 为圆心，以 AB 长度为半径作圆，

交直线于点 C_3，C_4；

（3）以 C 为顶角顶点：$CA = CB$，作出线段 AB 的垂直平分线交直线于点 C_5.

【解题策略】

分别表示出点 A，B，C 的坐标，再表示出线段 AB、AC、BC 的长度，分别由①$AB = AC$，②$BA = BC$，③$CA = CB$ 列方程解出坐标。或作等腰三角形底边的高，再利用勾股定理、相似、锐角三角函数等相关知识建立等量关系计算，且求"一线"（垂直平分线）通常用勾股定理。

2. 平行四边形顶点坐标公式

方法一：根据平行四边形的性质对角线互相平分，如图 13 - 2，可以知道点 P 为线段 AC 和线段 BD 的中点：

$\therefore$ 从 AC 看点 P 坐标为 $\left(\dfrac{x_A + x_C}{2}, \dfrac{y_A + y_C}{2} \right)$，从 BD 看点 P 坐标为 $\left(\dfrac{x_B + x_D}{2}, \dfrac{y_B + y_D}{2} \right)$

$\therefore \dfrac{x_A + x_C}{2} = \dfrac{x_B + x_D}{2}$，$\dfrac{y_A + y_C}{2} = \dfrac{y_B + y_D}{2}$，

$\therefore x_A + x_C = x_B + x_D$，$y_A + y_C = y_B + y_D$.

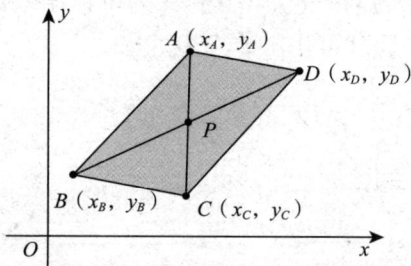

图 13 - 2

方法二：由平移性质可知，点 B 到点 A 与点 C 到点 D 的平移方向相同，平移距离相等

$\therefore x_A - x_B = x_D - x_C$，$y_A - y_B = y_D - y_C$，$\therefore x_A + x_C = x_B + x_D$，$y_A + y_C = y_B + y_D$.

3. 菱形存在性模型，菱形的构造方法

（1）两定点确定的线段为边作菱形。

【问题】

已知点 A，B 和直线 l，点 C 是直线 l 上的动点，点 D 是平面内的动点。

以 AB 为菱形的边，请作出符合题意的菱形 $ABCD$.

【作图方法】

由于点 D 是平面内的任意一个动点，意味着该点需要借助其他的点才能确定下来，因此，我们第一步先确定动点 C 的位置。要想使以 AB 为边的四边形是菱形，根据菱形的判定方法，我们可以确定 $\triangle ABC$ 是以 AB 为腰的等腰三角形，因此我们可以借助等腰三角形存在性知识，来确定点 C 的位置。确定方法具体如下：

① $AB = AC$，以点 A 为圆心，以 AB 长度为半径作圆，如图 13 - 3、图 13 - 4，交直线于点 C_1、C_2；以 BC 为对称轴作点 A 关于 BC 的对称点 D，因点 C 有两个点，故确定下来的点 D 有两个。

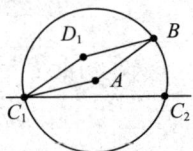 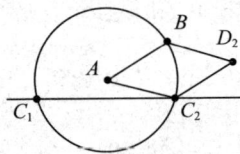

图 13 - 3　　　　　　　　　　　　　图 13 - 4

② $BA = BC$，以点 B 为圆心，以 AB 长度为半径作圆，如图 13 - 5、图 13 - 6，交直线于点 C_3、C_4；同理可作出 D_3、D_4.

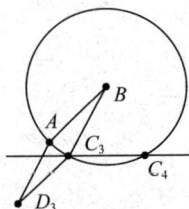 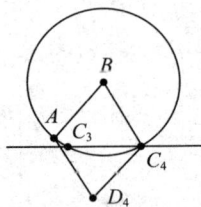

图 13 - 5　　　　　　　　　　　　　图 13 - 6

【解题策略】

第一步：确定点 C 的坐标

设出点 C 坐标，利用两点间距离坐标公式，表示出 AB、AC、BC 的长度。当 $AB = AC$ 时，列出方程，求出点 C 的坐标；当 $BA = BC$ 时，列出方程，求出点 C 的坐标。

第二步：确定点 D 的坐标

A、B 坐标已知，C 点坐标已求，根据平行四边形顶点坐标公式可求点 D 的坐标。

（2）两定点确定的线段为对角线作菱形。

【问题】

如图，已知定点 A、B，点 C 是抛物线上的动点，点 C 关于 AB 的对称点为点 D. 且以 A、B、C、D 为顶点的四边形是菱形．请作出所有符合题意的图形。

【作图方法】

如图 13-7 与图 13-8，

第一步：作 AB 的垂直平分线（因为 C、D 关于 AB 对称），交抛物线分别为 C_1、C_2；

第二步：分别作点 C_1、C_2 关于 AB 对称点 D_1、D_2. 分别连接 AC_1BD_1、AC_2 BD_2.

AC_1BD_1、AC_2BD_2 即所求作菱形。

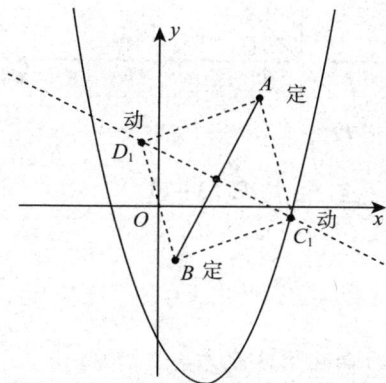

图 13-7

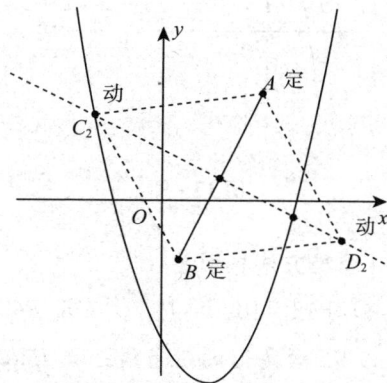

图 13-8

【解题策略】

第一步：求出 AB 的中点坐标 M 和 AB 的斜率 k，利用两直线垂直，斜率乘积为 -1 这个结论，设直线 CD 的函数关系式为 $y = -\dfrac{1}{k}x + b$，再把 AB 中点坐标 M 代入上式，解出 b 的值．从而求出直线 CD 函数关系式。

第二步：联立直线 CD 函数关系式和抛物线函数关系式，可以解得点 C 的坐标。

第三步：确定点 D 的坐标（根据平行四边形顶点坐标公式，可求出点 D 的坐标）。

二、例题精讲

1. 题型一：确定对角线

例1 如图 13-9，二次函数 $y = -x^2 + 3x + 4$ 的图像与 x 轴的一个交点为 B (4，0)，另一个交点为 A，且与 y 轴相交于 C (0，4)，P 为抛物线上一点，它关于直线 BC 的对称点为 Q，当四边形 $PBQC$ 为菱形时，求点 P 的坐标。

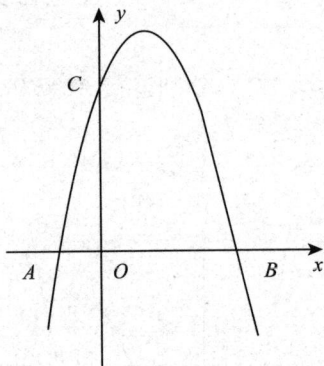

图 13-9

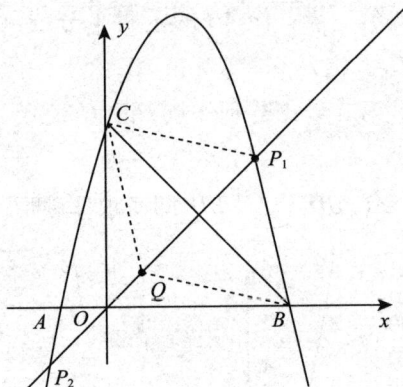

图 13-10

【思维方法导引】

如图 13-10，∵ P，Q 关于 BC 对称，

∴ BC 为菱形的对角线，点 P 在线段 BC 的垂直平分线上。

又∵ B (4，0)，C (0，4)，∴ 线段 BC 的垂直平分线的函数关系式为：

$y = x$，联立 $y = x$ 与 $y = -x^2 + 3x + 4$，解得：$x = 1 \pm \sqrt{5}$，

∴ P_1 ($1 + \sqrt{5}$，$1 + \sqrt{5}$)，P_2 ($1 - \sqrt{5}$，$1 - \sqrt{5}$)

2. 题型二：边和对角线均不确定

例2 如图 13-11，直线 $y = x + c$ 与 x 轴交于点 A (-4，0)，与 y 轴交于点 C，抛物线 $y = -x^2 - 3x + 4$ 经过点 A、C. 如图 13-12，M 是线段 OA 的上一个动点，过点 M 垂直于 x 轴的直线与直线 AC 和抛物线分别交于点 P、N. 若点 P 恰好是线段 MN 的中点，点 F 是直线 AC 上一个动点，在坐标平面内是否存在点 D，使以点 D、F、P、M 为顶点的四边形是菱形？若存在，请直接写出点 D 的坐标；若不存在，请说明理由。

【思维方法导引】

第一步：求出点 M、P 坐标，即确定定点的坐标；

设 M 坐标为 $(m, 0)$ $\therefore N$ 坐标为 $(m, -m^2 - 3m + 4)$ $\therefore P$ 点坐标为 $\left(m, \dfrac{-m^2 - 3m + 4}{2}\right)$，将 A 点 $(-4, 0)$ 代入直线 $y = x + c$ 中，求出直线 AC 的解析式为 $y = x + 4$，再将点 $P\left(m, \dfrac{-m^2 - 3m + 4}{2}\right)$ 代入 $y = x + 4$，解得 $m_1 = -4$（舍去），$m_2 = -1$，$\therefore M(-1, 0)$，$P(-1, 3)$.

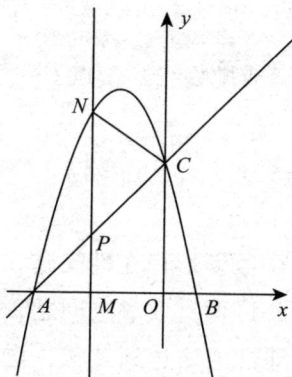

图 13 - 11

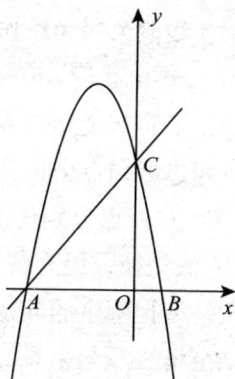

图 13 - 12

第二步：分类讨论

（1）两定点确定的线段为边作菱形。

① $PM = PF$，以 P 为圆心，PM 为半径作圆交 AC 于点 F_1，F_2.

由菱形的性质求出点 D 坐标为 $\left(-1 + \dfrac{3\sqrt{2}}{2}, \dfrac{3\sqrt{2}}{2}\right)\left(-1 - \dfrac{3\sqrt{2}}{2}, -\dfrac{3\sqrt{2}}{2}\right)$.

② $MP = MF$，以 P 为圆心 PM 为半径作圆交 AC 于点 F_3，M、D 关于直线 $y = x + 4$ 对称，点 D 坐标为 $(-4, 3)$.

（2）两定点确定的线段为对角线作菱形，$FP = FM$，作 PM 的垂直平分线交 AC 于点 F_4，易求 $F_4\left(-\dfrac{5}{2}, \dfrac{3}{2}\right)$.

又 F_4 与 D 关于 PM 对称，求出点 D 坐标为 $\left(\dfrac{1}{2}, \dfrac{3}{2}\right)$.

三、归纳总结

综上所述，解决二次函数中的菱形存在性问题一般步骤为：

第一步：找到（或根据已知求出）两定点 A、B；

第二步：求第一个动点 C（已知在一条直线或者抛物线上的动点）。

1. 以 AB 线段为边作菱形

（1）$AB = AC$，以点 A 为圆心，以 AB 长度为半径作圆，交直线（或抛物线）于点 C.

（2）$BA = BC$，以点 B 为圆心，以 AB 长度为半径作圆，交直线（或抛物线）于点 C.

2. 以 AB 线段为对角线作菱形

$CA = CB$，作出线段 AB 的垂直平分线交直线（或抛物线）于点 C.

第三步：求第二个动点 D.

由平行四边形顶点坐标公式：$x_A + x_C = x_B + x_D$，$y_A + y_C = y_B + y_D$

将 A、B、C 三点分别代入，即可求出 D 点。

"总结方法规律，提升解题技巧"。解答二次函数菱形存在性问题，可以通过构建数学模型把陌生的问题转化为熟悉的问题，进而有效解决问题，可以使学生养成把事情联系起来看的整体思维，并获取通性通法达到"懂一题，晓一类，通一片"的效果。

专题十四　分类讨论之综合题

分类讨论思想是按照一定标准对研究对象分成为数不多的几个部分或几种情况，然后逐个解决，最后予以总结做出结论的思想方法。分类讨论的实质是化整为零，各个击破的转化策略，分类讨论涉及的知识点众多，其关键是要弄清楚引起分类的原因，明确分类的对象和标准，应该按可能出现的情况做到既不重复又不遗漏，分门别类加以讨论求解，再将不同结论综合归纳，得出正确答案。运用分类讨论思想时，要做到以下两点：一是要有分类意识，善于从问题的情景中抓住分类对象；二是要找出科学合理的分类标准，应当满足互斥、无漏、最简原则。

一、因形状不确定

例1　在平面直角坐标系中，已知抛物线 $L: y = ax^2 + (c-a)x + c$ 经过点 $A(-3, 0)$ 和点 $B(0, -6)$，L 关于原点 O 对称的抛物线为 L'.

（1）求抛物线 L 的表达式；

（2）点 P 在抛物线 L' 上，且位于第一象限，过点 P 作 $PD \perp y$ 轴，垂足为 D. 若 $\triangle POD$ 与 $\triangle AOB$ 相似，求符合条件的点 P 的坐标。

【思维方法导引】

第（1）问所求表达式中有两个待定量 a 和 c，把两个已知点代入即可求解；第（2）问是典型的因位置不确定从而需分类讨论的相似问题，题中指明过点 P 作 $PD \perp y$ 轴，因此 $\angle PDO$ 一定是 $90°$，就有一组角一定相等的条件，为找到相似关系，要再找一组角，或者利用构成直角的两边成比例，运用两边成比例且夹角相等来判定两三角形相似，明显再找一组角不现实，更不便于此题的求解，因此利用点坐标表达出边长，用比例求解是正道，此时需要分类进行，根据对应边的不同会出现两组比例 $\dfrac{DO}{DP}=\dfrac{OB}{OA}$、$\dfrac{DO}{DP}=\dfrac{OA}{OB}$，这样题目就有了清晰思路。

第（1）问是常规求二次函数表达式题，把两个已知点 A、B 代入表达式中，构建二元一次方程组就可解出两个待定量 a、c。由两已知点 $A(-3,0)$、$B(0,-6)$ 代入，可求得 $a=-1$，$c=-6$，求出 L 的表达式为：$y=-x^2-5x-6$；

第（2）问是对称变化后，构造相似三角形时出现对应边不确定的问题，而且题目未给出图形，构图是此题的另一关键环节。首先要准确求出抛物线 L' 的表达式，又点 P 是抛物线 L' 上的不确定点，$\triangle POD$ 随着点 P 位置的不同而发生变化，其中 $\angle PDO$ 始终是直角，因此 DO、DP 始终是两直角边，从而利用不同的比例顺序可建立两种情况进行分类讨论。通过原点对称，把 L 图像上的点对称找出，利用二次函数表达式 x 轴交点求法，就可求出 L' 表达式，设 $P(x,x^2-5x+6)$，可表示出 DO、DP 的长，通过相似两边成比例且夹角相等的判定，因为直角已经确定是 $\angle PDO$，两直角边成比例，就可形成两种情况，$\dfrac{DO}{DP}=\dfrac{OB}{OA}$、$\dfrac{DO}{DP}=\dfrac{OA}{OB}$，可求出满足条件的四个 P 点坐标。

【解答】

（1）将 $A(-3,0)$、$B(0,-6)$ 分别代入 $y=ax^2+(c-a)x+c$，

得 $\begin{cases}9a-3(c-a)+c=0\\c=-6\end{cases}$

解得 $a=-1$，$c=-6$.

∴ 抛物线 L 的表达式为：$y=-x^2-5x-6$.

（2）如图 14-1，由抛物线 L 的表达式为：$y=-x^2-5x-6=-(x+2)(x+3)$，

得抛物线 L' 的表达式为 $y=(x-2)(x-3)=x^2-5x+6$.

已知 $A(-3,0)$、$B(0,-6)$，设 $P(x,x^2-5x+6)$.

∵ $\angle PDO=\angle AOB=90°$，分两种情况讨论 $\triangle POD$ 与 $\triangle AOB$ 相似。

① 如图 14-2，当 $\dfrac{DO}{DP}=\dfrac{OB}{OA}=2$ 时，$DO=2DP$.

∴ $x^2-5x+6=2x$. 解得 $x_1=1$，$x_2=6$.

∴ $P(1,2)$ 或 $(6,12)$

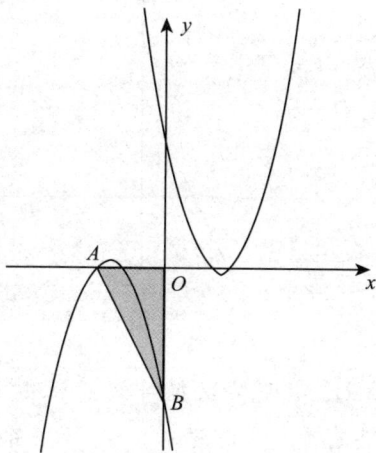

图 14 – 1

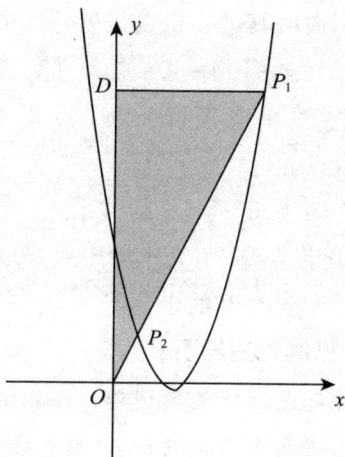

图 14 – 2

② 如图 14 – 3，当 $\dfrac{DO}{DP} = \dfrac{OA}{OB} = \dfrac{1}{2}$ 时，$DP = 2DO$.

∴ $x = 2\left(x^2 - 5x + 6\right)$．解得 $x_1 = \dfrac{3}{2}$，$x_2 = 4$.

∴ $P\left(\dfrac{3}{2},\ \dfrac{3}{4}\right)$ 或 $(4,\ 2)$．

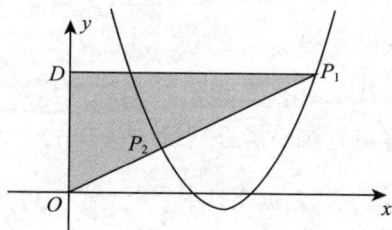

图 14 – 3

例 2 定义：在平面直角坐标系中，对于任意两点 $A(a,\ b)$，$B(c,\ d)$，若点 $T(x,\ y)$ 满足 $x = \dfrac{a+c}{3}$，$y = \dfrac{b+d}{3}$，那么称点 T 是点 A、B 的融合点。

例如：$A(-1,\ 8)$，$B(4,\ -2)$，当点 $T(x,\ y)$ 满足 $x = \dfrac{-1+4}{3} = 1$，$y = \dfrac{8+(-2)}{3} = 2$ 时，则点 $T(1,\ 2)$ 是点 A、B 的融合点。

（1）已知点 A $(-1, 5)$，B $(7, 7)$，C $(2,$
$4)$，请说明其中一个点是另外两个点的融合点；

（2）如图 14 - 4，点 D $(3, 0)$，点 E $(t, 2t+$
$3)$ 是直线 m 上任意一点，点 T (x, y) 是点 D、E
的融合点。

① 试确定 y 与 x 的关系式。

② 若直线 ET 交 x 轴于点 H，当 $\triangle DTH$ 为直角三
角形时，求点 E 的坐标。

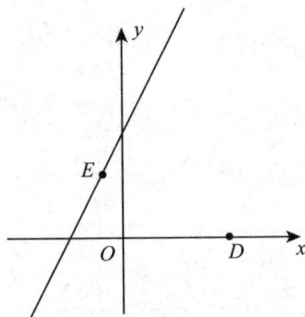

图 14 - 4

【思维方法导引】

此题是新定义类型题，在理解题意的基础上，按照定义操作就可解决（1）
问。根据新定义找到 x、y 的表达式，再利用共有变量 t 即可求出 x、y 关系式，
直角三角形的确定关键是到底谁是直角，所以需分类讨论直角位置，理解后构
图再求解会更方便。

（1）利用定义，进行横纵坐标组合计算，可确定点 C 是点 A、B 的融合点；

（2）第①问结合题目定义，借用 x、y 共用 t 的表达式，消元得出它们的关

系式，利用融合点定义，列出 $x = \dfrac{t+3}{3}$，$y = \dfrac{2t+3}{3}$，可看到 x、y 都是用 t 表示的

代数式，因此消去 t 就可得到 x 与 y 的关系式 $y = 2x - 1$；第②问是深层运用，
并且中间有两组借用 t 转换出的一次函数关系式，图像为固定直线，点 E、F 分
别是两直线上的不确定点，点 D 是固定点，在点 D、T、H 分别为直角顶点构建
直角，利用点坐标转化出线段长，用相似对应边成比例即可求出结果。此问建
立图像辅助，数形结合解题更轻松。分别过 E、T 作 x 轴垂线，垂足分别为 E'、

T'，借助 E 点纵坐标 $2t+3$，T 点纵坐标 $\dfrac{2t+3}{3}$，可得到隐藏的条件 $\dfrac{TT'}{EE'} = \dfrac{1}{3}$，通

过三角形相似对应边成比例 $\dfrac{HT'}{HE'} = \dfrac{TT'}{EE'} = \dfrac{1}{3}$，得到 $HE' = 3HT'$，从而可求出 H 是

一个定点 $\left(\dfrac{3}{2}, 0\right)$，再可判断出点 H 是 OD 的中点，点 D、H、E、F 的坐标都可

以表示，根据直角位置的确定，分出三类即：$\angle THD$、$\angle TDH$、$\angle HTD$ 为直角，
列出等式就可求出 E 点坐标。

【解答】

（1）$\because \dfrac{-1+7}{3} = 2$，$\dfrac{5+7}{3} = 4$，$\therefore \dfrac{x_A + x_B}{3} = x_C$，$\dfrac{y_A + y_B}{3} = y_C$

∴ 点 C 是点 A、B 的融合点。

（2）①∵点 T (x, y) 是点 D $(3, 0)$、E $(t, 2t+3)$ 的融合点，∴ $x = \dfrac{t+3}{3}$，$y = \dfrac{2t+3}{3}$ 由 $t = 3x - 3$，$2t = 3y - 3$，得 $2(3x-3) = 3y - 3$，整理，得 $y = 2x - 1$.

②如图 14-5，作 $EE' \perp x$ 轴于 E'，作 $TT' \perp x$ 轴于 T'. 由 $\dfrac{HT'}{HE'} = \dfrac{TT'}{EE'} = \dfrac{1}{3}$，得 $HE' = 3HT'$.

∴ $x_H - t = 3\left(x_H - \dfrac{t+3}{3}\right)$，解得 $x_H = \dfrac{3}{2}$，∴ $H\left(\dfrac{3}{2}, 0\right)$.

已知 D $(3, 0)$，$H\left(\dfrac{3}{2}, 0\right)$，$E$ $(t, 2t+3)$，$T\left(\dfrac{t+3}{3}, \dfrac{2t+3}{3}\right)$

第一种情况：如图 14-6，如果 $\angle THD = 90°$，那么 $x_T = x_H$.

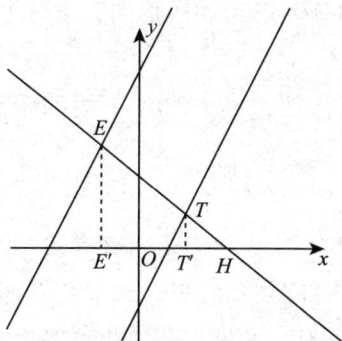

图 14-5

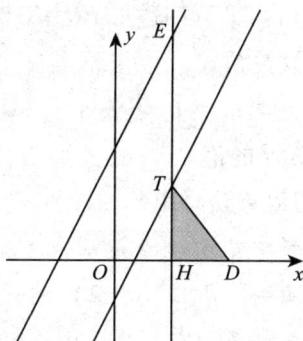

图 14-6

解 $\dfrac{t+3}{3} = \dfrac{3}{2}$，得 $t = \dfrac{3}{2}$，此时 $E\left(\dfrac{3}{2}, 6\right)$.

第二种情况：如图 14-7，如果 $\angle TDH = 90°$，那么 $x_T = x_D$.

解 $\dfrac{t+3}{3} = 3$，得 $t = 6$，此时 E $(6, 15)$.

第三种情况：不存在 $\angle HTD = 90°$ 的可能。

综上所述，点 E 的坐标是 $\left(\dfrac{3}{2}, 6\right)$ 或 $(6, 15)$.

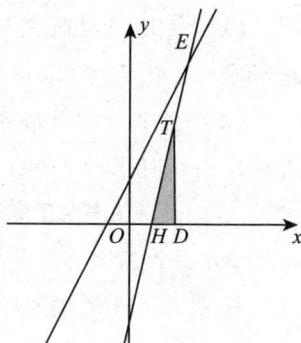

图 14-7

二、因运动造成的位置不确定

例3 如图 14 – 8，在 Rt△ABC 中，∠C = 90°，AC = 20，BC = 15. 点 P 从点 A 出发，沿 AC 向终点 C 运动，同时点 Q 从点 C 出发，沿射线 CB 运动，它们的速度均为每秒 5 个单位长度，点 P 到达终点时，P、Q 同时停止运动。当点 P 不与点 A、C 重合时，过点 P 作 PN⊥AB 于点 N，连接 PQ. 以 PN、PQ 为邻边作平行四边形 PQMN. 设平行四边形 PQMN 与△ABC 重叠部分图形的面积为 S，点 P 的运动时间为 t 秒。

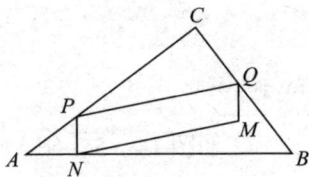

图 14 – 8

（1）①AB 的长为_____；②PN 的长用含 t 的代数式表示为_____；

（2）当平行四边形 PQMN 为矩形时，求 t 的值；

（3）当平行四边形 PQMN 与△ABC 重叠部分图形为四边形时，求 S 与 t 之间的函数关系式；

（4）当过点 P 且平行于 BC 的直线经过平行四边形 PQMN 一边的中点时，直接写出 t 的值。

【思维方法导引】

在题中发现 Q 点是从点 C 出发，沿射线 CB 运动，说明此题有图形变化，需注重构图。第（1）（2）问是基础性问题，利用勾股定理、相似三角形、矩形的基本性质即可解决；第（3）问先构造出图形，发现重合的四边形会不同，分出类别，利用相应四边形的面积求解公式进行求解；第（4）问较复杂，需继续做好图形演变，会发现有新的分类，利用线段关系得出等式求解。

（1）①运用勾股定理可求出结果是 25，②运用三角形相似对应边成比例 △ANP∽△ACB，可求出 PN = 3t；

（2）当平行四边形 PQMN 是矩形时，只有一个时刻，就是 PQ//AB 时，运用成比例就可求出 t 值；

（3）设 AM 与 AB 交于点 H，利用三角函数或相似均可求得 PN、AN、QH、BH、NH 等线段关于 t 的表达式，结合图形演变进行分类，以第（2）问为分界位，点 M 在△ABC 内部或边上时，点 M 在△ABC 外部时，重叠部分图形会不同，按平行四边形和直角梯形的面积求法即可得出结果；

（4）是直接给结果的问题，此类题往往较复杂，继续让图形进行演变，出现三种新类别，再次分类讨论，直线 P 经过 MN 的中点、QM 的中点或 PQ 的中点，利用线段间的推导，得出等式，从而解出 t 值。

【解答】

（1）①$AB = 25$. ②$PN = 3t$.

（2）如图 14 - 9，当平行四边形 $PQMN$ 为矩形时，点 M 落在 AB 上，$PQ//AB$.

由 $\dfrac{CQ}{CP} = \dfrac{CB}{CA}$，得 $\dfrac{5t}{20 - 5t} = \dfrac{3}{4}$，解得 $t = \dfrac{12}{7}$.

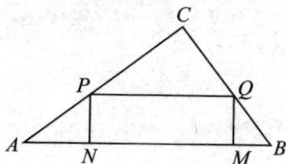

图 14 - 9

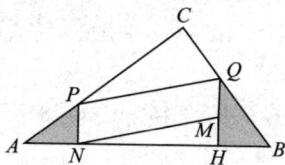

图 14 - 10

（3）如图 14 - 10，设直线 QM 与 AB 交于点 H.

在 Rt△APN 中，$AP = 5t$，$\sin\angle A = \dfrac{3}{5}$，∴ $PN = 3t$. 故 $AN = 4t$.

在 Rt△BQH 中，$BQ = 15 - 5t$，$\sin\angle B = \dfrac{4}{5}$，∴ $QH = \dfrac{4}{5}BQ = 12 - 4t$，$BH = 9 - 3t$.

故 $NH = AB - AN - BH = 25 - 4t - (9 - 3t) = 16 - t$.

① 如图 14 - 10，当点 M 在 △ABC 内部或边上时，重叠部分是平行四边形 $PQMN$，$0 < t \leqslant \dfrac{12}{7}$.

此时 $S = PN \cdot NH = 3t(16 - t) = -3t^2 + 48t$.

② 如图 14 - 11，当点 M 在 △ABC 外部时，重叠部分是直角梯形 $PQHN$，$\dfrac{12}{7} < t < 3$.

此时 $S = \dfrac{1}{2}(PN + QH) \cdot NH = \dfrac{1}{2}(3t + 12 - 4t)(16 - t) = \dfrac{1}{2}t^2 - 14t + 96$.

（4）答：直线经过 MN 的中点时，$t = \dfrac{100}{43}$；直线经过 QM 的中点时，$t = \dfrac{200}{59}$.

思路：如图 14 - 12，过点 P 作 AC 的垂线交 AB 于点 K，那么 $AK = \dfrac{5}{4}AP = \dfrac{25}{4}t$.

情景①：如图 14 - 12，直线 PK 经过 MN 的中点 D，作 $DG \perp AB$ 于 G，由 DG 是 △NMH 的中位线，得 $DG = \dfrac{1}{2}MH = \dfrac{1}{2}[3t - (12 - 4t)] = \dfrac{1}{2}(7t - 12)$，

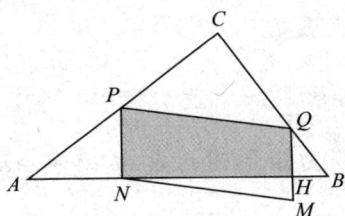

图 14 – 11

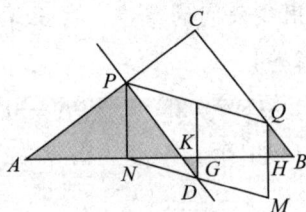

图 14 – 12

$\because AG = AN + NG = AN + \dfrac{1}{2}NH = 4t + \dfrac{1}{2}\,(16 - t)\,= \dfrac{7}{2}t + 8,$

$\therefore KG = AG - AK = \dfrac{7}{2}t + 8 - \dfrac{25}{4}t = 8 - \dfrac{11}{4}t.$

由 $KG = \dfrac{3}{4}DG$，可得：$8 - \dfrac{11}{4}t = \dfrac{3}{4} \times \dfrac{1}{2}\,(7t - 12)$，解得：$t = \dfrac{100}{43}.$

情景②：如图 14 – 13，直线 PK 经过 QM 的中点 E，此时点 Q 在 CB 的延长线上。

在 Rt$\triangle BQH$ 中，$BQ = 5t - 15$，$\therefore QH = 4t - 12$，$BH = 3t - 9.$

$\therefore EH = EQ + QH = \dfrac{3}{2}t + 4t - 12 = \dfrac{11}{2}t - 12,$

$KH = AB + BH - AK = 25 + \,(3t - 9)\,- \dfrac{25}{4}t = 16 - \dfrac{13}{4}t,$

由 $KH = \dfrac{3}{4}EH$，可得：$16 - \dfrac{13}{4}t = \dfrac{3}{4}\left(\dfrac{11}{2}t - 12\right)$，解得：$t = \dfrac{200}{59}.$

情景③：如图 14 – 14，当直线 PK 经过 PQ 的中点 F 时，点 P 与点 C 重合，不符合题意。

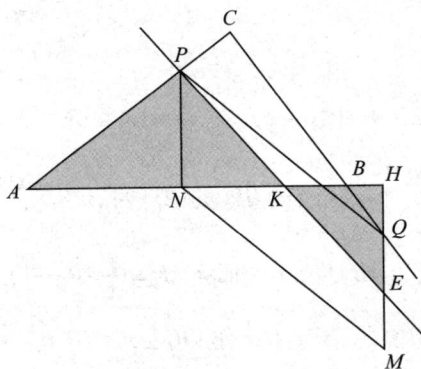

图 14 – 13

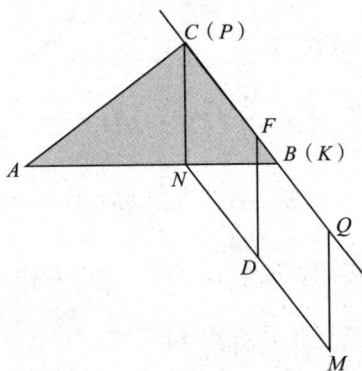

图 14 – 14

例4 如图 14－15，在 Rt△ABC 中，$\angle C = 90°$，$AC = 16\text{cm}$，$AB = 20\text{cm}$，动点 D 由点 C 向点 A 以每秒 1cm 的速度在边 AC 上运动，动点 E 由点 C 向点 B 以每秒 $\dfrac{4}{3}\text{cm}$ 的速度在边 BC 上运动，若点 D、点 E 从点 C 同时出发，运动 t 秒$(t>0)$，连接 DE.

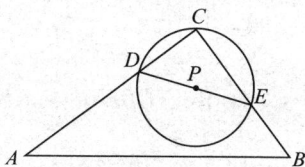

图 14－15

（1）求证：△DCE∽△BCA；

（2）设经过点 D、C、E 三点的圆为⊙P.

① 当⊙P 与边 AB 相切时，求 t 的值。

② 在点 D、点 E 运动过程中，若⊙P 与边 AB 交于点 F、G（点 F 在点 G 左侧），连接 CP 并延长 CP 交边 AB 于点 M，当△PFM 与△CDE 相似时，求 t 的值。

【思维方法导引】

利用比例关系即可解决（1）问的相似问题，圆的相切问题思路较直观，利用经过切点的半径与切线相垂直，做出相应辅助线进行思考。相似问题常常伴随着分类讨论，因位置不确定因素，从而得出不同的等量关系，此题从角的相等出发较简单，利用等角的三角函数值相等即可解出。

（1）已知 AC、AB 边长，通过勾股定理即可求出 BC 长，继而求出 $\angle A$ 的正切值，利用点 D、E 的运动速度和同时出发条件也可求 CD、CE 的比值，从而得到 $\angle CED$、$\angle A$ 的正切值相等，得两角相等，再加上 $\angle C$ 为公共角，可证出 △DCE 和 △BCA 相似。

（2）①⊙P 是经过点 D、C、E 三点的圆，$\angle C$ 是直角，所以 DE 是⊙P 的直径，利用 CD、CE 长求出 DE 长，可得⊙P 的半径是 $\dfrac{5}{6}t$，利用等角关系，可证明 $CM \perp AB$ 且 CM 经过点 P，所以⊙P 与 AB 就是相切于点 M，又因为 $AC = 16$，$\sin A = \dfrac{3}{5}$，可求出 $CM = \dfrac{48}{5}$，⊙P 的半径是 $\dfrac{5}{6}t$，直径就为 $\dfrac{5}{3}t$，可得等式 $\dfrac{5}{3}t = \dfrac{48}{5}$，就可解出 t 值。②随着点 D、点 E 的运动，⊙P 在增大，与边 AB 产生交点 F、G，△CDE 在变化过程中形状始终不变，△PFM 在变化，$\angle PFM$ 由小变大，在这个过程中，会出现 $\angle PFM = \angle CED$、$\angle PFM = \angle CDE$，就可分出两种情况，再利用等角的三角函数值相等或者是相似比求出对应 t 的值。

【解答】

（1）如图 14－16，在 Rt△ABC 中，$AC = 16\text{cm}$，$AB = 20\text{cm}$，$\therefore BC = 12\text{cm}$，

$\therefore \tan \angle A = \dfrac{3}{4}.$

在 Rt$\triangle CDE$ 中，$CD = t$，$CE = \dfrac{4}{3}t$，$\therefore \tan \angle CED = \dfrac{3}{4}.$ $\therefore \angle CED = \angle A$

$\therefore \triangle DCE \backsim \triangle BCA.$

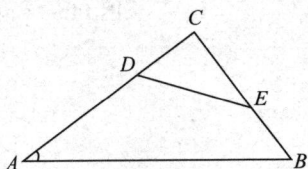

图 14－16

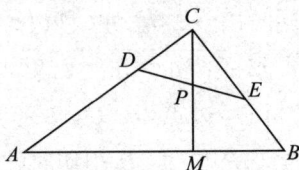

图 14－17

（2）①如图 14－17，连接 CP 并延长，交 AB 于点 M.

$\because \angle C = 90°$，$\therefore DE$ 为 $\odot P$ 的直径，$DE = \dfrac{5}{3}t.$

$\therefore PC = PD = PE = \dfrac{5}{6}t$，$\angle ECP = \angle CED.$

又$\because \angle A = \angle CED$，$\therefore \angle ECP = \angle A.$ $\therefore \angle ECP + \angle B = 90°$，$\therefore CM \perp AB.$

在 Rt$\triangle AMC$ 中，$AC = 16$，$\sin A = \dfrac{3}{5}$，$\therefore CM = \dfrac{48}{5}.$

$\because \odot P$ 与边 AB 相切，$\therefore PM = CP = \dfrac{5}{6}t.$ $\therefore CM = \dfrac{5}{3}t = \dfrac{48}{5}$，解得 $t = \dfrac{144}{25}.$

②如图 14－18，以 $\angle CED$ 与哪个角相等为标准，分两种情况讨论：

第一种：如图 14－18，当 $\angle PFM = \angle CED$ 时，$\therefore \sin \angle PFM = \sin \angle CED = \dfrac{3}{5}.$

$\therefore \dfrac{PM}{PF} = \dfrac{3}{5}$，即 $3PF = 5PM$，$\therefore 3 \times \dfrac{5}{6}t = 5\left(\dfrac{48}{5} - \dfrac{5}{6}t\right)$，解得 $t = \dfrac{36}{5}.$

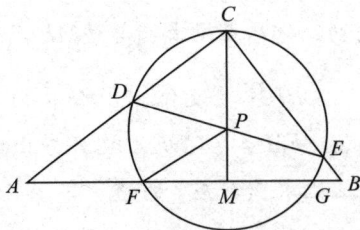

图 14－18

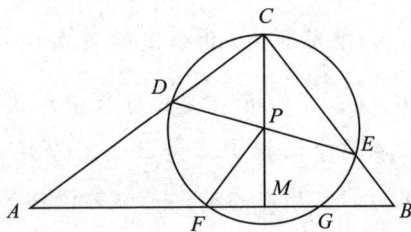

图 14－19

第二种：如图 14 – 19，当 $\angle FPM = \angle CED$ 时，$\therefore \sin\angle PFM = \cos\angle CED = \frac{4}{5}$.

$\therefore \dfrac{PM}{PF} = \dfrac{4}{5}$，即 $4PF = 5PM$，$\therefore 4 \times \dfrac{5}{6}t = 5\left(\dfrac{48}{5} - \dfrac{5}{6}t\right)$，解得 $t = \dfrac{32}{5}$.

三、因折叠造成的位置不确定

例 5 已知抛物线 C_1：$y = ax^2 - 4ax - 5$（$a > 0$）.

（1）当 $a = 1$ 时，求抛物线与 x 轴的交点坐标及对称轴；

（2）①试说明无论 a 为何值，抛物线 C_1 一定经过两个定点，并求出这两个定点的坐标；②将抛物线 C_1 沿这两个定点所在直线翻折，得到抛物线 C_2，直接写出 C_2 的表达式；

（3）若（2）中抛物线 C_2 的顶点到 x 轴的距离为 2，求 a 的值。

【思维方法导引】

（1）利用解二次函数的基本方法，第（1）问容易解出。避开 a 的影响，结合固定的对称轴、x 轴的交点特殊性，来寻找定点。翻折对称问题都是点的问题，需找准点的对应即可；到 x 轴的距离为 2，上下方都可以实现，从而分类求解。

第（1）问是常规性问题，给出 $a = 1$，则抛物线成已知，$y = x^2 - 4x - 5$，当 $y = 0$ 时可求出 x 轴交点，用公式 $x = -\dfrac{b}{2a}$ 求抛物线对称轴。

（2）①定点是图像恒经过的点，说明不受 a 的取值影响，所以可从去 a 的角度求解定点。因此，$y = ax^2 - 4ax - 5$ 可写成 $y = ax(x - 4) - 5$，当 $x = 0$，$x = 4$ 时达到目的，从而求出两定点 $(0, -5)$，$(4, -5)$；

②翻折变化只改变了开口方向，对称轴、开口大小、所经过的定点都未改变，因此易得出 C_2 表达式 $y = -ax^2 + 4ax - 5$.

（3）到 x 轴的距离为 2，可分类求解，属于绝对值或图形位置的分类问题，利用图形理解就是 x 轴上方或 x 轴下方都可以到 x 轴的距离为 2，用绝对值表示距离可理解为：$|y| = 2$，$y = \pm 2$，所以 $x = 2$ 时，得 $2 = -4a + 8a - 5$，$-2 = -4a + 8a - 5$，解出 a 的值为 $\dfrac{7}{4}$ 或 $\dfrac{3}{4}$.

【解答】

（1）当 $a = 1$ 时，$y = x^2 - 4x - 5$，对称轴为直线 $x = -\dfrac{b}{2a} = 2$；

∵ 二次函数与 x 轴有交点，令 $y = 0$.

即 $x^2 - 4x - 5 = 0$，解得 $x_1 = 5$，$x_2 = -1$，

∴ $y = x^2 - 4x - 5$ 与 x 轴交于 $(-1, 0)$ 或 $(5, 0)$ 两点。

∴ 抛物线与 x 轴的交点坐标为 $(-1, 0)$ 或 $(5, 0)$；对称轴为直线 $x = 2$.

（2）①二次函数 $y = ax^2 - 4ax - 5$ 可写成 $y = ax (x - 4) - 5$，

∵ 当 $x = 0$ 或 $x = 4$ 时，$y = -5$，∴ 无论 a 取何值，抛物线 C_1 都一定经过 $(0, -5)$，$(4, -5)$ 两点。

②这两个点连线为 $y = -5$；

将抛物线 C_1 沿 $y = -5$ 翻折，得到抛物线 C_2，开口方向变了，但是对称轴没变；

∴ 抛物线 C_2 的解析式为：$y = -a x^2 + 4ax - 5$，

（3）抛物线 C_2 的顶点到 x 轴的距离为 2，则 $x = 2$ 时，$y = 2$ 或者 -2；

当 $y = 2$ 时，$2 = -4a + 8a - 5$，解得，$a = \dfrac{7}{4}$；

当 $y = -2$ 时，$-2 = -4a + 8a - 5$，解得，$a = \dfrac{3}{4}$；

∴ $a = \dfrac{7}{4}$ 或 $\dfrac{3}{4}$.

例 6 如图 14 - 20，在矩形 $ABCD$ 中，$AB = 1$，$BC = a$，点 E 在边 BC 上，且 $BE = \dfrac{3}{5}a$，连接 AE，将 $\triangle ABE$ 沿 AE 折叠。

（1）若点 B 的对应点 B' 落在矩形内部，过 B' 作 AD 垂线，交 AD 于点 M，交 BC 于点 N，请判断 $\triangle AB'M$ 与 $\triangle B'EN$ 是否相似，给予证明，如果不相似请说明理由；

（2）若点 B 的对应点 B' 落在矩形 $ABCD$ 的边上，则 a 的值是多少？

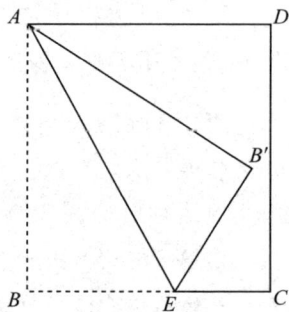

图 14 - 20

【思维方法导引】

（1）属于常规推理题，利用多重角的互余关系，等角的余角相等，$\angle DAB'$ 和 $\angle AB'M$ 互余，$\angle AB'M$ 和 $\angle EB'N$ 互余，可判断 $\angle DAB'$ 与 $\angle EB'N$ 相等，从而易得出 $\triangle AB'M$ 与 $\triangle B'EN$ 相似。

（2）把点 B 折叠到矩形 $ABCD$ 的边上，矩形的边有 AB、BC、CD、AD，先

排除 AB、BC 边，在 CD、AD 上都有可能，所以可进行分两类求解，第一种情况在 CD 边上，借助（1）问中的结论，利用相似对应边成比例，可找出答案，第二种情况在 AD 边上时，四边形 $ABEB'$ 是一个正方形，所以答案显而易见。

【解答】

（1）$\triangle AB'M$ 与 $\triangle B'EN$ 是相似 。

理由：如图 14 - 21，$\because$ 在矩形 $ABCD$ 中，$AD//BC$，$B'M \perp AD$，$\therefore B'N \perp BC$.

$\therefore \angle AMB' = \angle B'NE = 90°$，$\angle DAB' + \angle AB'M = 90°$.

又 $\because \angle B = \angle AB'E = 90°$，$\therefore \angle AB'M + \angle EB'N = 90°$.

$\therefore \angle DAB' = \angle EB'N$，$\therefore \triangle AB'M \backsim \triangle B'EN$.

（2）分两种情况：

① 如图 14 - 22，当 B' 落在 CD 边上时，$\triangle ADB' \backsim \triangle B'CE$，$\therefore \dfrac{AB'}{DB'} = \dfrac{B'E}{CE}$.

已知 $AB' = AB = 1$，$B'E = BE = \dfrac{3}{5}a$，$CE = BC - BE = \dfrac{2}{5}a$，

$\therefore \dfrac{1}{DB'} = \dfrac{3}{2}$，$\therefore DB' = \dfrac{2}{3}$，$\therefore a = \sqrt{1^2 - \left(\dfrac{2}{3}\right)^2} = \dfrac{\sqrt{5}}{3}$.

② 如图 14 - 23，当 B' 落在 AD 边上时，四边形 $ABEB'$ 是正方形。

$\therefore BE = \dfrac{3}{5}a = 1$，$\therefore a = \dfrac{5}{3}$.

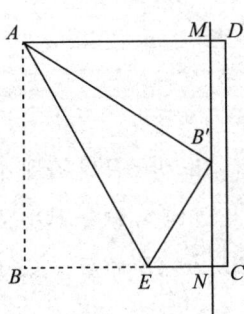

图 14 - 21

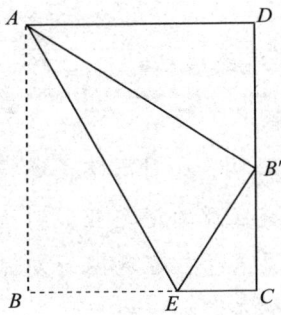

图 14 - 22

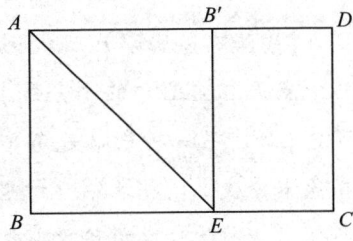

图 14 - 23

四、因对应关系不确定

例 7　在图 14 - 24，图 14 - 25，图 14 - 26 中，已知 $\square ABCD$，$\angle ABC = 120°$，点 E 为线段 BC 上的动点，连接 AE，以 AE 为边向上作菱形 $AEFG$，且 $\angle EAG = 120°$.

（1）如图 14-24，当点 E 与点 B 重合时，$\angle CEF =$ _____°；

（2）如图 14-25，连接 AF.①填空：$\angle FAD$ _____ $\angle EAB$（填 "＞"
"＝" "＜"）；②求证：点 F 在 $\angle ABC$ 的平分线上；

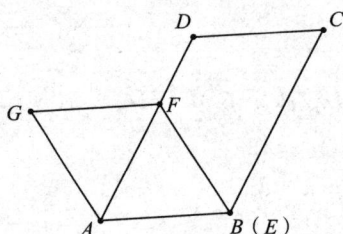 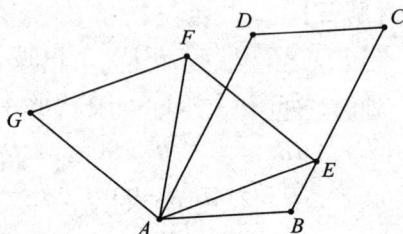

图 14-24   图 14-25

（3）如图 14-26，连接 EG，DG，并延长 DG 交 BA 的延长线于点 H，当四
边形 AEGH 是平行四边形时，求 $\dfrac{BC}{AB}$ 的值。

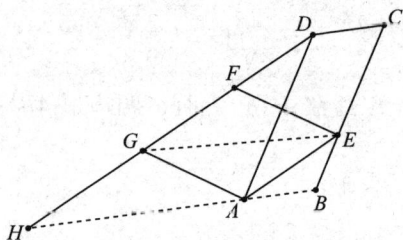

图 14-26

【思维方法导引】

点 F 在 $\angle ABC$ 的平分线上的证明，一种思路是连接 BF，证明 BF 是否平分
了 $\angle ABC$，另一种思路是角平分线性质的逆定理，到角的两边距离相等时，点
在角平分线上，相比第二种思路易入手，在构图时发现，BE 和 AB 的数量大小
不确定，因此分类讨论就能把握的更清晰准确。

（1）题中是利用特殊位置和特殊角度，运用菱形基本性质即可求解。

（2）题中第①问是初中几何中常用的等式转化手段，等量减等量差相等。
第②问可用两种方法证明。方法一：因点 E 在 BC 边上的不确定性，导致 BE 的
不确定性，图形就存在变化，不稳定的图形是不便解题，从而依据 BE 与 AB 的
大小关系进行分类，确定初步图形，则可分为 $BE > AB$、$BE = AB$、$BE < AB$. 运
用辅助线，过点 F 作两边的垂线段，构造全等三角形，可得对应边相等，结合

角平分线的逆定理即可证明出点 F 在 $\angle ABC$ 的平分线上。方法二：在 AD 上截取 $AP=AB$，通过全等证明推导出点 F、P、B 在同一直线上，再利用角度换算计算得出 $\angle ABF=\angle CBF=60°$，即可说明 BF 是 $\angle ABC$ 的角平分线。

（3）通过角度计算，可以转化出图中隐藏的非常多的特殊角，借助特殊角转化出边的关系，再通过证明 $\triangle AHD \backsim \triangle BAE$，利用相似三角形对应边成比例就可求出 $\dfrac{BC}{AB}$ 的值。

【解答】

（1）$60°$；

（2）① $=$；

② 方法一：如图 $14-27$，当 $BE>AB$ 时，过点 F 作 $FN\perp BC$ 于点 N，$FM\perp$ AB 的延长线于点 M。四边形 $FNBM$ 中，$\angle FMB=\angle FNB=90°$，$\angle B=120°$，$\therefore \angle MFN=60°$

又 $\because$ 四边形 $AEFG$ 是菱形，$\angle EAG=120°$，$\therefore AF$ 平分 $\angle EAG$，$AE=EF$.

$\therefore \angle FAE=60°$，$\triangle AEF$ 是等边三角形 $\therefore \angle AFE=60°$.

$\therefore \angle MFN-\angle AFN=\angle AFE-\angle AFN$，即 $\angle MFA=\angle NFE$.

在 $\triangle FMA$ 和 $\triangle FNE$ 中，$\begin{cases}\angle FMA=\angle FNE, \\ \angle MFA=\angle NFE, \\ FA=FE\end{cases} \therefore \triangle FMA\cong \triangle FNE.$

$\therefore FM=FN$

又 $\because FM\perp BA$，$FN\perp BC$

$\therefore$ 点 F 在 $\angle ABC$ 的平分线上。

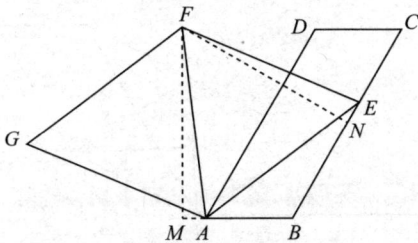

图 $14-27$

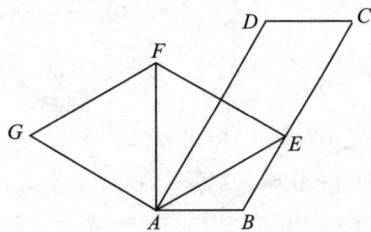

图 $14-28$

如图 $14-28$，当 $BE=AB$ 时，

$\because \angle ABC=120°$，$\therefore \angle EAB=\angle AEB=30°$

∵ 四边形 $AEFG$ 是菱形，$\angle EAG = 120°$，∴ $\angle FAE = \angle FEA = 60°$，$AE = EF$，

∴ △AEF 是等边三角形，$\angle FAB = \angle FEB = 90°$，∴ $AF = EF$.

∴ 点 F 在 $\angle ABC$ 的平分线上。

当 $BE < AB$ 时，类似地，可证点 F 在 $\angle ABC$ 的平分线上。

特别地当点 E 与点 B 重合时，点 F 在 $\angle ABC$ 的平分线上。

综上所述，点 F 在 $\angle ABC$ 的平分线上。

方法二：如图 14 - 29，当点 E 与点 B 不重合时，在射线 AD 上截取 $AP = AB$，连接 PB，PE.

∵ 四边形 $AEFG$ 是菱形，∴ AF 平分 $\angle EAG$，$AE = EF$.

∵ $\angle ABC = \angle EAG = 120°$，$BC // AD$，∴ $\angle BAD = \angle FAE = 60°$.

∴ △AEF 是等边三角形，且 $\angle FAP = \angle EAB$.

在 △FPA 和 △EAB 中，$\begin{cases} AF = AE, \\ \angle FAP = \angle EAB, \\ AP = AB \end{cases}$

∴ △$APF \cong$ △ABE.   ∴ $\angle FPA = \angle EBA = 120°$.

又∵ $AP = AB$，$\angle DAB = 60°$，∴ △APB 是等边三角形。

∴ $\angle APB = \angle PBA = 60°$.∴ $\angle FPA + \angle APB = 180°$.∴ F，P，B 三点在同一直线上。

又∵ $\angle PBA = 60°$，∴ 点 F 在 $\angle ABC$ 的平分线上。

当点 E 与点 B 重合时，∵ $\angle AEF = \dfrac{1}{2} \angle ABC = 60°$，∴ BF 平分 $\angle ABC$.

综上所述，点 F 在 $\angle ABC$ 的平分线上。

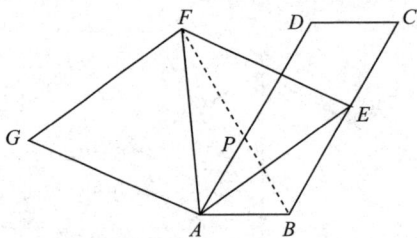

图 14 - 29

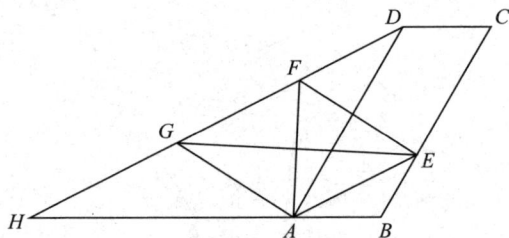

图 14 - 30

（3）如图 14 - 30，

∵ 四边形 $AEGH$ 和四边形 $AEFG$ 都是平行四边形，∴ $AE // GH$，$AE // GF$.

∴ HG 和 GF 重合。

又∵ GE 是菱形 $AEFG$ 的对角线，$\angle EAG = 120°$，∴ GE 平分 $\angle DGA$，$\angle DGA = 60°$.

∴ $\angle FGE = \dfrac{1}{2}\angle FGA = 30°$.

又∵ $GE // HB$，∴ $\angle H = \angle FGE = 30°$.

在 $\triangle AHD$ 中，$\angle DAB = 60°$，∴ $\angle ADH = 30°$，∴ $AH = AD$.

在 $\triangle GAD$ 中，$\angle ADG = 30°$，$\angle DGA = 60°$，∴ $\angle DAG = 90°$，$\angle H = \angle GAH = 30°$.

∴ $GD = 2AG$，$HG = AG$. ∴ $\dfrac{HD}{AE} = 3$.

∵ 四边形 $AEFG$ 是菱形，∴ $AG = AE$，$AE // HD$. ∴ $\angle H = \angle EAB = 30°$.

∴ $\angle AEB = 30°$，$AB = BE$.

∵ 四边形 $ABCD$ 是平行四边形，∴ $AD // BC$，$AD = BC$.

∴ $\angle B = \angle DAH$. ∴ $\triangle AHD \backsim \triangle BAE$，∴ $\dfrac{AD}{BE} = \dfrac{HD}{AE} = 3$. 即 $\dfrac{BC}{AB} = 3$.

例 8　如图 $14 - 31$，已知二次函数 L_1：$y = ax^2 - 2ax + a + 3$（$a > 0$）和二次函数 L_2：$y = -a(x + 1)^2 + 1$（$a > 0$）图像的顶点分别为 M，N，与 y 轴分别交于点 E，F.

（1）函数 $y = ax^2 - 2ax + a + 3$（$a > 0$）的最小值为_____；当二次函数 L_1、L_2 的 y 值同时随着 x 的增大而减小时，x 的取值范围是_____；

（2）当 $EF = MN$ 时，求 a 的值，并判断四边形 $ENFM$ 的形状（直接写出，不必证明）；

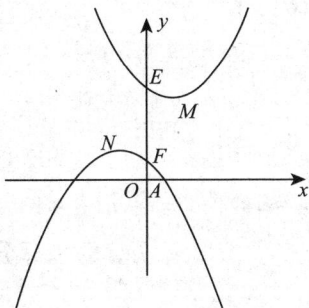

图 14－31

（3）若二次函数 L_2 的图像与 x 轴的右交点为 A（m，0），当 $\triangle AMN$ 为等腰三角形时，求方程 $-a(x + 1)^2 + 1 = 0$ 的解。

【思维方法导引】

第（1）（2）问运用相应的常规性质和思路都可解出，等腰三角形的判定同样伴随着分类思想的考察，三边的数量关系直接影响着分类结果，此题是典型的分类讨论问题。

（1）利用配方法，L_1 表达式可转化为 $y = a(x - 1)^2 + 3$，可明确得出函数顶点坐标，所以可得函数最小值 3；通过图像分析，顶点处是抛物线图像变化转换点，因此两顶点间的区域是 L_1、L_2 的 y 值同时随 x 的增大而减小的区域。

（2）由第（1）问可知 M、N 是已知点，所以 MN 的长可求得 $2\sqrt{2}$，再找出 E、F 点坐标，表示出 EF，即可用 $EF = MN$ 求出 a 值，再可判断四边形 $ENFM$ 是矩形。

（3）是典型的运用分类讨论方法进行解题，题目要求 $\triangle AMN$ 为等腰三角形，就要满足两边相等，即三种情况，$MN = NA$、$MA = NA$、$MN = MA$，只需要把 MN、NA、MA 表示出来，就可建立等式进行求解。把三边放在直角三角形中，利用勾股定理进行表示，可列方程求解出根，根据抛物线的对称性，可找出另一根，最后用函数图像与方程的关系，就可找出方程的解。

【解答】

（1）3，$-1 \leqslant x \leqslant 1$.

（2）如图 14-32，过点 M 作 $MB \perp x$ 轴，垂足为 B，过点 N 作 $NC \perp MB$，垂足为 C.

$\because y = ax^2 - 2ax + a + 3 = a(x-1)^2 + 3$. $\therefore$ 点 M 的坐标为（1，3），$MB = 3$，$OB = 1$.

又 $\because y = -a(x+1)^2 + 1$，$\therefore$ 点 N 的坐标为（-1，1）.

在 $\mathrm{Rt}\triangle MNC$ 中，$MC = 2$，$NC = 2$，$\therefore MN = \sqrt{MC^2 + NC^2} = \sqrt{2^2 + 2^2} = 2\sqrt{2}$.

$\because$ 当 $x = 0$ 时，二次函数 L_1 的函数值 $y = a(0-1)^2 + 3 = a + 3$，二次函数 L_2 的函数值 $y = -a(0+1)^2 + 1 = 1 - a$，

$\therefore E$，F 两点的坐标分别为（0，$a+3$）、（0，$1-a$），$\therefore EF = a + 3 - (1 - a) = 2a + 2$.

$\because EF = MN$，$\therefore 2a + 2 = 2\sqrt{2}$，$\therefore a = \sqrt{2} - 1$. $\therefore$ 四边形 $ENFM$ 为矩形。

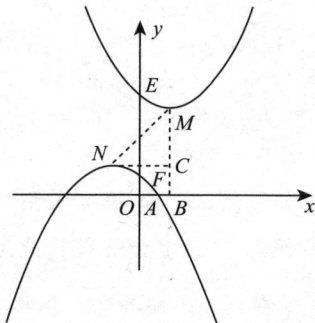

图 14-32

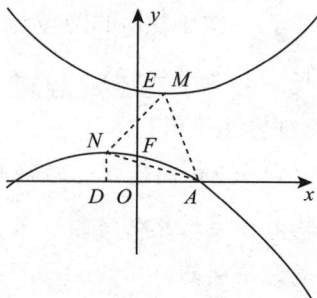

图 14-33

（3）由△AMN 为等腰三角形，可分如下三种情况：

① 如图 14 – 33，当 $MN = NA$ 时，过点 N 作 $ND \perp x$ 轴，垂足为 D.

在 Rt△NDA 中，$NA^2 = DA^2 + ND^2$，即 $(2\sqrt{2})^2 = (m+1)^2 + 1^2$，

∴ $m_1 = \sqrt{7} - 1$，$m_2 = -\sqrt{7} - 1$（不合题意，舍去）∴ A（$\sqrt{7} - 1$，0）.

∴ 抛物线 $y = -a(x+1)^2 + 1$（$a > 0$）与 x 轴的左交点坐标为（$-1 - \sqrt{7}$，0）.

∴ 方程 $-a(x+1)^2 + 1 = 0$ 的解为 $x_1 = \sqrt{7} - 1$，$x_2 = -1 - \sqrt{7}$.

② 如图 14 – 34，当 $MA = NA$ 时，过点 M 作 $MG \perp x$ 轴，垂足为 G，则有 $OG = 1$，$MG = 3$，$GA = |m - 1|$.

在 Rt△MGA 中，$MA^2 = MG^2 + GA^2$，即 $MA^2 = 3^2 + (m-1)^2$，由 ① 知 $NA^2 = (m+1)^2 + 1^2$，

∴ $(m+1)^2 + 1^2 = 3^2 + (m-1)^2$，解得 $m = 2$.

∴ A（2，0）.

∴ 抛物线 $y = -a(x+1)^2 + 1$（$a > 0$）与 x 轴的左交点坐标为（-4，0）.

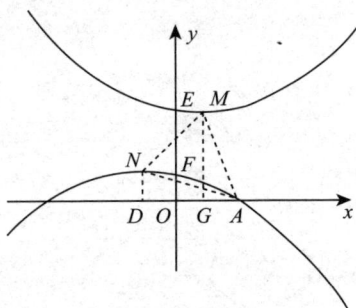

图 14 – 34

∴ 方程 $-a(x+1)^2 + 1 = 0$ 的解为 $x_1 = 2$，$x_2 = -4$.

③ 当 $MN = MA$ 时，$3^2 + (m-1)^2 = (2\sqrt{2})^2$.

此方程无解，∴ 此情况不存在。

综上所述，当△AMN 为等腰三角形时，方程 $-a(x+1)^2 + 1 = 0$ 的解为 $x_1 = \sqrt{7} - 1$，$x_2 = -1 - \sqrt{7}$ 或 $x_1 = 2$，$x_2 = -4$.

【易错点】

（1）合理且不缺漏地进行分类，例 1 问题中提到若△POD 与△AOB 相似，那么我们就要考虑如何相似，谁与谁是对应边，DO 和 OB 是对应边，也可能 DO 和 OA 是对应边；例 2 问题中给出当△DTH 为直角三角形时，我们要思考直角三角形有直角，那么直角顶点是哪个，点 D、T、H 都有可能是作为直角顶点。

（2）动点变化引起图形变化，构造好图形，从构图中找到分类依据，例 3 是动点带动图形变化，需考虑到图形变化过程的完整性，如果平行四边形在三角形内部，那么重合图形是平行四边形本身，还有可能平行四边形运动出了三角形，那么会使重合部分是梯形；同样例 4 中圆 P 随点的运动在变大，圆心 P 始终在 AB 边上的高上，圆 P 与 AB 边的交点位置不固定，从而△PFM 也在变

化，根据∠PFM 的相对应不同角得出不同的分类。

（3）图形的方向和数量的大小不要忽略情况的多样性，例 5 中抛物线C_2的顶点到 x 轴的距离为 2，在坐标系中 x 轴上面有到 x 轴距离为 2，还有可能在下方也会出现距离为 2 的情况；例 6 点 E 在 BC 边上，是不确定点，折痕 AE 也就不确定，这样折叠后 B' 位置也不确定，从而可能落在不同边上；例 8 是典型的数量关系不确定问题，想构成等腰三角形，就需要两边相等，$\triangle AMN$ 的三边 AM、AN、MN 选择其中两边相等都可实现等腰三角形。

专题十五　中点模型问题

中点模型是平面几何中的基本模型，其核心要素、显性特征是"中点"，初中阶段与之相关的几何定理包括：等腰三角形的"三线合一"，直角三角形斜边上的中线等于斜边的一半，三角形的中位线定理。在近些年江西省的中考题中，中点模型出现的频率较高，特别是在几何压轴综合题中多次涉及对该模型的建构，有一定的综合性和难度。它的几何背景不仅限于三角形，还包括特殊的四边形，几何知识点的横向联系相对更紧密，如何在相对复杂的几何图形中辨识或建构不同的中点模型成为解题的关键。

一、中点模型辅助线构造方法分类

1. 中点一连线——特殊三角形一个中点的模型构造

（1）已知直角三角形斜边中点，可以考虑构造斜边中线。

如图 $15-1$，在 $\triangle ABC$ 中，$\angle ABC = 90°$，取 AC 的中点 D，连接 BD，则有 $BD = AD = CD = \dfrac{1}{2}AC$.

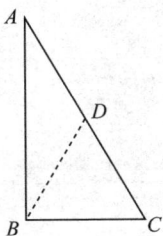
图 15－1

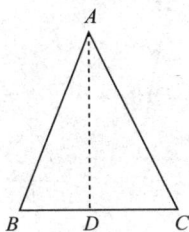
图 15－2

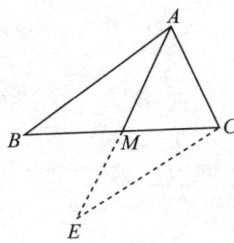
图 15－3

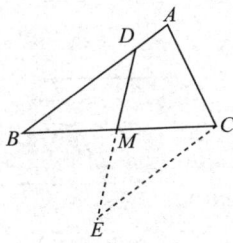
图 15－4

反过来，在 $\triangle ABC$ 中，点 D 在 AC 边上，若 $BD = AD = CD = \dfrac{1}{2}AC$，则有

$\angle ABC = 90°$.

（2）已知等边三角形、等腰三角形底边中点，可以考虑与顶角连接用"三线合一"。

如图 15 – 2，在 $\triangle ABC$ 中，若 $AB = AC$. 通常取底边 BC 的中点 D. 则 $AD \perp BC$，且 AD 平分 $\angle BAC$.

事实上，在 $\triangle ABC$ 中：① $AB = AC$；② AD 平分 $\angle BAC$；③ $BD = CD$；④ $AD \perp BC$.

对于以上四条语句，任意选择两个作为条件，就可以推出另外两条结论，即"知二得二"。

2. 中点一倍（延）长——一般三角形一个中点的模型构造

（1）已知三角形一边上的中点，倍长（类）中线法。

在 $\triangle ABC$ 中，M 为 BC 边的中点。

① 如图 15 – 3，连接 AM 并延长至点 E，使得 $ME = AM$. 连接 CE. 则 $\triangle ABM \cong \triangle ECM$.

② 如图 15 – 4，点 D 在 AB 边上，连接 DM 并延长至点 E. 使得 $ME = DM$. 连接 CE，则 $\triangle BDM \cong \triangle CEM$.

遇到线段的中点问题，常借助倍长中线的方法还原中心对称图形，利用"8"字形全等将题中条件集中，进行线段和角的转移，达到解题的目的，这种方法是最常用的也是最重要的方法。

（2）一组平行线中出现中点，可采用延长相交的方式得到三角形全等。

如图 15 – 5，$AB // CD$，点 E 是 BC 的中点，延长 AE 交 CD 于点 F，则 $\triangle ABE \cong \triangle FCE$.

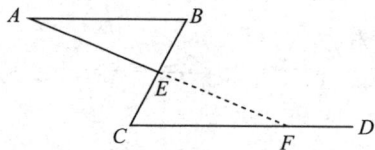

图 15 – 5

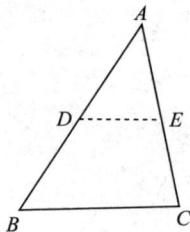

图 15 – 6

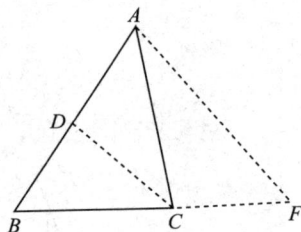

图 15 – 7

3. 多中点中位线——多边形中三角线中位线的模型构造

当已知条件中同时出现两个及以上中点时，常考虑构造中位线；或出现一个中点，要求证明平行线段或线段倍分关系时也常考虑构造中位线。

（1）三角形中，中位线的构造。

如图 15 – 6，在 $\triangle ABC$ 中，D 为 AB 边的中点，

① 如图 15 – 6，取 AC 边的中点 E，连接 DE. 则 $DE /\!/ BC$，且 $DE = \dfrac{1}{2} BC$.

② 如图 15 – 7，延长 BC 至点 F. 使得 $CF = BC$. 连接 CD，AF，则 $DC /\!/ AF$，

且 $DC = \dfrac{1}{2} AF$.

三角形的中位线从位置关系和数量关系两方面将图形中分散的线段关系集中起来。通常需要再找一个中点来构造中位线，或者倍长某线段构造中位线。

（2）四边形中，中位线的构造。

连接四边形的对角线，将四边形分割成三角形，在三角形中取中点构造中位线。

如图 15 – 8，在四边形 $ABCD$ 中，点 E、点 F 分别是 BC、AD 边上的中点，连接对角线 AC，并取中点 G，连接 EG、FG，则 $EG /\!/ AB$，且 $EG = \dfrac{1}{2} AB$，$FG /\!/ CD$，且 $FG = \dfrac{1}{2} CD$.

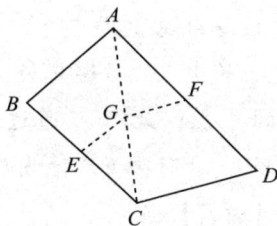

图 15 – 8

4. 其他

有些题目不直接给出中点，我们可以挖掘其中隐含中点，比如等腰三角形、等边三角形、直角三角形、平行四边形、圆中圆心是直径中点等可以出现中点的图形通常考虑用中点模型。

三角形中线的交点称为重心，它把中线分的线段比为 $2 : 1$.

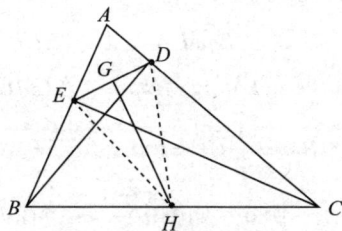

图 15 – 9

二、典型例题赏析

例 1　如图 15 – 9，在 $\triangle ABC$ 中，$BC = 22$，$BD \perp AC$ 于点 D，$CE \perp AB$ 于 E，H、G 分别是 BC、DE 的中点，若 $ED = 10$，求 HG 的长。

【思维方法导引】

在 $\triangle ABC$ 中出现多个中点的同时有多个直角三角形存在，其中恰有一点 H 为直角三角形斜边 BC 上的中点，所以构造两个直角三角形斜边上的中线成为该题的切入点。然后利用等腰 $\triangle EDH$ 的"三线合一"和勾股定理可求解。

【解答】

连接 EH、DH，由题意可得 EH、DH 分别为 $Rt\triangle BEC$，$Rt\triangle BDC$ 斜边的中线，所以 $EH = DH = \dfrac{1}{2}BC = 11$，而 G 为 DE 的中点，所以 $DG = EG = 5$，$HG \perp DE$，所以 $Rt\triangle HGD$ 中，$HG = \sqrt{DH^2 - DG^2} = 4\sqrt{6}$.

例 2 如图 15 – 10，$\triangle ABD$ 和 $\triangle ACE$ 都是直角三角形，其中 $\angle ABD = \angle ACE = 90°$，且点 C 在 AB 上，连接 DE，M 为 DE 的中点，连接 BM，CM，求证：$BM = CM$.

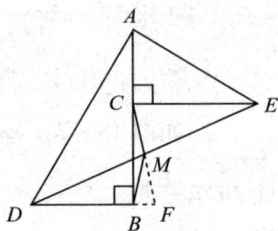

图 15 – 10

【思维方法导引】

该题出现了"中点"条件，可并不是直角三角形斜边上的中点，另辟蹊径，通过 $\angle ABD = \angle ACE = 90°$，得到 $CE//BD$，而 M 为 DE 的中点，此时可通过延长 CM、DB 构造出 $\triangle FMD$，容易证得 $\triangle CME \cong \triangle FMD$，此时很直观地发现 BM 是 $Rt\triangle CBF$ 斜边上的中线，从而得证。

【解答】

延长 CM，DB 交于点 F，则 $\angle CBF = 90°$，$\because \angle ABD = \angle BCE = 90°$，$\therefore CE//BD$，

$\therefore \angle ECM = \angle F$，$\angle CEM - \angle FDM$.

$\because EM = MD$，$\therefore \triangle CME \cong \triangle FMD$，$\therefore CM = MF$，

$\therefore BM = \dfrac{1}{2}CF = CM$.

例 3 如图 15 – 11，在四边形 $ABCD$ 中，$AD = BC$，$AB//CD$，对角线 AC 与 BD 交于点 O，$\angle ACD = 60°$，点 S、P、Q 分别是 OD、OA、BC 的中点。

求证：$\triangle PQS$ 是等边三角形。

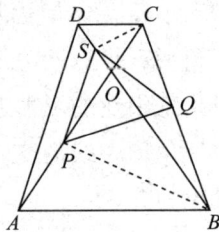

图 15 – 11

【思维方法导引】

该题中出现了三个中点，直接观察可得一条三角形的中位线 SP. 由 $\angle ACD = 60°$ 及其他条件可推得 $\triangle OCD$ 与 $\triangle OAB$ 均为等边三角形。连接 CS、PB，巧用"三线合一"得到 $Rt\triangle BSC$ 和 $Rt\triangle BPC$，此时点 Q 恰为斜边 BC 上的中点。

证明：连接 CS，BP.

$\because$ 在四边形 $ABCD$ 中，$AD = BC$，$AB//CD$，$\therefore \angle DAB = \angle CBA$，$\therefore$ 可得出

$\triangle CAB \cong \triangle DBA$,

∴ $\angle CAB = \angle DBA$, 同理可得出：$\angle ACD = \angle BDC$, ∴ $AO = BO$, $CO = DO$.

∵ $\angle ACD = 60°$, ∴ $\triangle OCD$ 与 $\triangle OAB$ 均为等边三角形。

∵ S 是 OD 的中点, ∴ $CS \perp DO$.

在 Rt$\triangle BSC$ 中, Q 为 BC 中点, SQ 是斜边 BC 的中线, ∴ $SQ = \dfrac{1}{2}BC$. 同理 $BP \perp AC$.

在 Rt$\triangle BPC$ 中, $PQ = \dfrac{1}{2}BC$. 又∵ SP 是 $\triangle OAD$ 的中位线, ∴ $SP = \dfrac{1}{2}AD = \dfrac{1}{2}BC$.

∴ $SP = PQ = SQ$. 故 $\triangle SPQ$ 为等边三角形。

例 4　在 $\triangle ABM$ 中, $\angle ABM = 45°$, $AM \perp BM$ 于 M, 点 C 是 BM 延长线上一点, 连接 AC.

（1）如图 15 – 12, 若 $AB = 3\sqrt{2}$, $BC = 5$, 求 AC 的长；

（2）如图 15 – 13, 点 D 是线段 AM 上一点, $MD = MC$, 点 E 是 $\triangle ABC$ 外一点, $EC = AC$, 连接 ED 并延长交 BC 于点 F, 且点 F 是线段 BC 的中点, 求证：$\angle BDF = \angle CEF$.

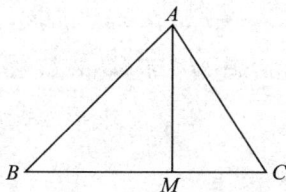

图 15 – 12

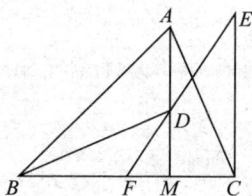

图 15 – 13

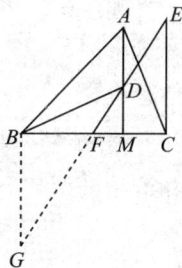

图 15 – 14

【思维方法导引】

题（1）可由解直角三角形的知识求得．题（2）中, 需要证明的相等的两个角既不在一个三角形中, 也不在有可能全等的两个三角形中, 这时考虑构造图形, 进行角的等量转换来证明结论。由于题中出现了线段上的中点, 所以通过倍长类中线法构造全等三角形, 来完成对应边 $EC = BG = BD$ 和对应角 $\angle BDG = \angle G = \angle E$ 的转换成为可行途径。

【解答】

(1) $\because \angle ABM = 45°$, $AM \perp BM$, $\therefore AM = BM = AB \cdot \cos45° = 3$,

$\therefore CM = BC - BM = 5 - 3 = 2$, $\therefore AC = \sqrt{AM^2 + CM^2} = \sqrt{13}$.

(2) 如图 15 - 14, 延长 EF 到点 G, 使得 $FG = EF$, 连接 BG.

$\because DM = CM$, $\angle BMD = \angle AMC$, $BM = AM$,

$\therefore \triangle BMD \cong \triangle AMC$ (SAS) $\therefore AC = BD$.

又 $CE = AC$, $\therefore BD = CE$.

$\because BF = FC$, $\angle BFG = \angle CFE$, $FG = FE$, $\therefore \triangle BFG \cong \triangle CFE$ (SAS).

$\therefore BG = CE$, $\angle G = \angle E$. $\therefore BD = CE = BG$. $\therefore \angle BDG = \angle G = \angle E$, 即 $\angle BDF = \angle CEF$.

例5 我们定义: 如图 15 - 15, 在 $\triangle ABC$ 中, 把 AB 绕点 A 顺时针旋转 α $(0° < \alpha < 180°)$ 得到 AB', 把 AC 绕点 A 逆时针旋转 β 得到 AC', 连接 $B'C'$. 当 $\alpha + \beta = 180°$ 时, 我们称 $\triangle A'B'C'$ 是 $\triangle ABC$ 的 "旋补三角形", $\triangle AB'C'$ 边 $B'C'$ 上的中线 AD 叫做 $\triangle ABC$ 的 "旋补中线", 点 A 叫做 "旋补中心"。

特例感知:

(1) 在图 15 - 16, 图 15 - 17 中, $\triangle AB'C'$ 是 $\triangle ABC$ 的 "旋补三角形", AD 是 $\triangle ABC$ 的 "旋补中线"。

① 如图 15 - 16, 当 $\triangle ABC$ 为等边三角形时, AD 与 BC 的数量关系为;

② 如图 15 - 17, 当 $\angle BAC = 90°$, $BC = 8$ 时, 则 AD 长为_____.

猜想论证:

(2) 在图 15 - 15 中, 当 $\triangle ABC$ 为任意三角形时, 猜想 AD 与 BC 的数量关系, 并给予证明。

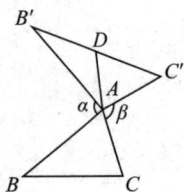

图 15 - 15

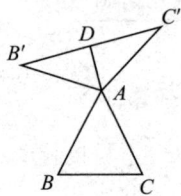

图 15 - 16

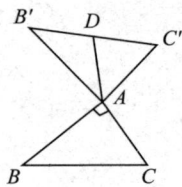

图 15 - 17

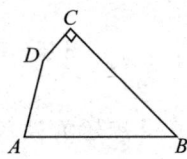

图 15 - 18

拓展应用:

(3) 如图 15 - 18, 在四边形 $ABCD$, $\angle C = 90°$, $\angle D = 150°$, $BC = 12$, $CD = 2\sqrt{3}$, $DA = 6$. 在四边形内部是否存在点 P, 使 $\triangle PDC$ 是 $\triangle PAB$ 的 "旋补三

角形"? 若存在, 给予证明, 并求△PAB 的"旋补中线"长; 若不存在, 说明理由。

【思维方法导引】

(1) ①由"旋补三角形"定义出发, 可知△AB'C'为顶角为120°的等腰三角形, 由"旋补中线"的定义可推得 $AD\perp B'C'$, 容易推得△ADB'是含有30°的直角三角形, 可得 $AD=\dfrac{1}{2}AB'$ 即可解决问题。②△ABC 从"等边三角形"改为"直角三角形", 在"几何新定义"的条件下, 容易证明△BAC≌△B'AC', 根据直角三角形斜边中线定理即可解决问题。

(2) 方法一: 由特殊到一般的模型转变, 题 (1) ②中的全等不一定存在, 改变固有思路, 抓住核心条件"中点"尝试倍长中线法, 如图 15 – 19 中, 倍长中线 AD 到 M, 再连接 B'M, C'M, 易得四边形 AC'MB'是平行四边形, 再证明△BAC≌△AB'M, 即可解决问题。

方法二: "旋补三角形"的两角互补, 两边相等, 容易联想到动态的旋转变换. 将△AB'C'绕点 A 顺时针旋转, 当 AC'与 AC 重合时, 会惊喜地发现 AD'恰为△EBC 的中位线。

(3) 此题为题 (2) 的应用拓展, 显然需要应用上题结论。如何构造"旋补三角形", 并证明"旋补中线"成为该题的难点。原模型中 AB = AB', AC = AC'提供了灵感, 借助中垂线将四边形两对边进行分割并连线, 能初步得到"旋补三角形"模型。

【解答】

(1) ① $AD=\dfrac{1}{2}BC$; ② $AD=4$.

(2) 结论: $AD=\dfrac{1}{2}BC$.

方法一: 如图 15 – 19 中, 延长 AD 到 M, 使得 AD = DM, 连接 B'M, C'M.

∵ B'D = DC', AD = DM, ∴ 四边形 AC'MB'是平行四边形, ∴ AC' = B'M = AC.

∵ ∠BAC + ∠B'AC' = 180°, ∠B'AC' + ∠AB'M = 180°, ∴ ∠BAC = ∠MB'A.

∵ AB = AB', ∴ △BAC≌△AB'M, ∴ BC = AM, ∴ $AD=\dfrac{1}{2}BC$.

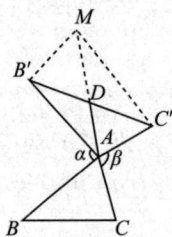

图 15-19

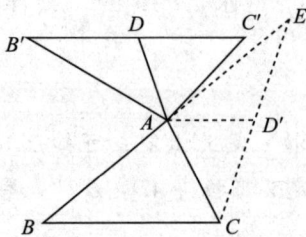

图 15-20

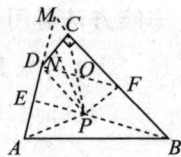

图 15-21

方法二：如图 15-20，将 $\triangle AB'C'$ 绕点 A 顺时针旋转 $\angle C'AC$ 的度数，得到 $\triangle AEC$，此时 AC' 与 AC 重合，D 的对应点为 D'，连接 AD'.

由定义可知 $\angle B'AC' + \angle BAC = 180°$. 由旋转得 $\angle B'AC' = \angle EAC$，$\therefore \angle BAC + \angle EAC = 180°$.

$\therefore E$、A、B 三点在同一直线上。

$\because AB = AB' = AE$，$ED' = D'C$，$\therefore AD'$ 是 $\triangle EBC$ 的中位线 $\therefore AD' = \dfrac{1}{2}BC$.

（3）存在。

理由：如图 15-21 中，延长 AD 交 BC 的延长线于 M，作 $BE \perp AD$ 于 E，作线段 BC 的垂直平分线交 BE 于 P，交 BC 于 F，连接 PA、PD、PC，作 $\triangle PCD$ 的中线 PN.

连接 DF 交 PC 于点 O.

$\because \angle ADC = 150°$，$\therefore \angle MDC = 30°$，在 $Rt\triangle DCM$ 中，$\because CD = 2\sqrt{3}$，$\angle DCM = 90°$，$\angle MDC = 30°$，$\therefore CM = 2$，$DM = 4$，$\angle M = 60°$，

在 $Rt\triangle BEM$ 中，$\because \angle BEM = 90°$，$BM = 14$，$\angle MBE = 30°$，$\therefore EM = \dfrac{1}{2}BM = 7$，$\therefore DE = EM - DM = 3$，

$\because AD = 6$，$\therefore AE = DE$，$\because BE \perp AD$，$\therefore PA = PD$，$PB = PC$，在 $Rt\triangle CDF$ 中，$\because CD = 2\sqrt{3}$，$CF = 6$，$\therefore \tan\angle CDF = \sqrt{3}$，$\therefore \angle CDF = 60° = \angle CPF$，易证 $\triangle FCP \cong \triangle CFD$，$\therefore CD = PF$，$\because CD // PF$，$\therefore$ 四边形 $CDPF$ 是矩形，$\therefore \angle CDP = 90°$，

$\therefore \angle ADP = \angle ADC - \angle CDP = 60°$，$\therefore \triangle ADP$ 是等边三角形，$\therefore \angle ADP = 60°$，

$\because \angle BPF = \angle CPF = 60°$，$\therefore \angle BPC = 120°$，$\therefore \angle APD + \angle BPC = 180°$，

$\therefore \triangle PDC$ 是 $\triangle PAB$ 的"旋补三角形"，在 $Rt\triangle PDN$ 中，$\because \angle PDN = 90°$，$PD = AD = 6$，$DN = \sqrt{3}$，

$$\therefore PN = \sqrt{DN^2 + PD^2} = \sqrt{(\sqrt{3})^2 + 6^2} = \sqrt{39}.$$

例6　我们把两条中线互相垂直的三角形称为"中垂三角形"。如图 15 – 22、图 15 – 23、图 15 – 24 中，AF，BE 是 $\triangle ABC$ 的中线，$AF \perp BE$，垂足为 P，像 $\triangle ABC$ 这样的三角形均为"中垂三角形"。设 $BC = a$，$AC = b$，$AB = c$.

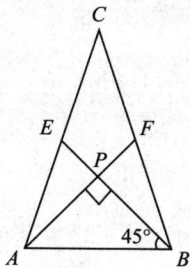
图 15 – 22

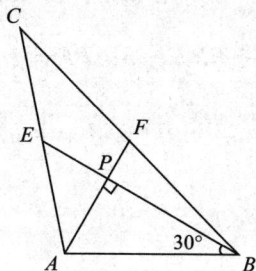
图 15 – 23

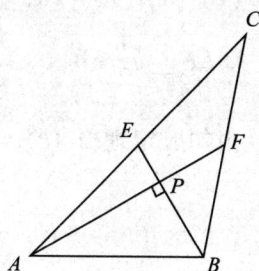
图 15 – 24

特例探索：

（1）如图 15 – 22，当 $\angle ABE = 45°$，$c = 2\sqrt{2}$ 时，$a = \underline{\qquad}$，$b = \underline{\qquad}$；

如图 15 – 23，当 $\angle ABE = 30°$，$c = 4$ 时，$a = \underline{\qquad}$，$b = \underline{\qquad}$；

归纳证明：

（2）请你观察（1）中的计算结果，猜想 a^2，b^2，c^2 三者之间的关系，用等式表示出来，请利用图 15 – 24 证明你发现的关系式；

拓展应用：

（3）如图 15 – 25，在 $\square ABCD$ 中，点 E，F，G 分别是 AD，BC，CD 的中点，$BE \perp EG$，$AD = 2\sqrt{5}$，$AB = 3$. 求 AF 的长。

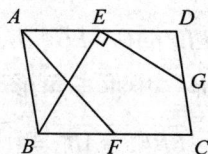
图 15 – 25

【思维方法导引】

该题为从特殊到一般的推理演绎题，题（1）由条件中的两条中线入手可构造三角形中位线，利用特殊角计算得到结果。题（2）各边线段的具体数值长度变为字母，增加了难度，中位线的构造仍然保留，充分利用相似三角形对应边的比例关系和勾股定理的等式关系，经过推导得到结论。题（3）难度明显提升，找到或构造"中垂三角形"成为解题关键，而两条相互垂直的中线为此提供了关键条件。切入点在于找到平行四边形与"中垂三角形"的联系，题（2）中的结论适用于已知"中垂三角形"两边求第三边。由条件可知 $\triangle ABF$ 中 AB、BF 的边长，从而求得 AF 的长，若 $\triangle ABF$ 为中垂三角形即可求解。条件中的三个中点给构造中位线进而得到平行线，取 AB 的中点 H，连接 HF 由 $BE\perp$ EG 转化为 $BE\perp HF$ 提供了保障，连接 AC 又出现三角形的中位线。

【解答】

(1) $a=b=2\sqrt{5}$. $a=2\sqrt{13}$，$b=2\sqrt{7}$.

(2) 如图 15-26，连接 EF，设 $AP=m$，$BP=n$.，则 $c^2=AB^2=m^2+n^2$

$\because EF\underline{\underline{/\!/}}\dfrac{1}{2}AB$，$\quad\therefore PE=\dfrac{1}{2}BP=\dfrac{1}{2}n$，$PF=\dfrac{1}{2}AP=\dfrac{1}{2}m$，

由勾股定理得 $AE^2=m^2+\dfrac{1}{4}n^2$，$BF^2=n^2+\dfrac{1}{4}m^2$，

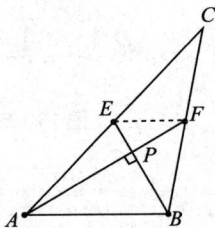 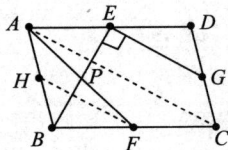

图 15-26　　　　　　　　　　　图 15-27

$\therefore b^2=AC^2=4AE^2=4m^2+n^2$，而 $a^2=BC^2=4BF^2=4n^2+m^2$

$\therefore a^2+b^2=5（m^2+n^2）=5c^2$

(3) 如图 15-27，取 AB 的中点 H，连接 FH，AC，由中位线定理可得 $FH/\!/AC/\!/EG$，从而 $FH\perp BE$，易证 $\triangle APE\cong\triangle FPB$，所以 $AP=FP$，所以 $\triangle ABF$ 是"中垂三角形"从而利用（1）中结论得 $AB^2+AF^2=5BF^2$，计算得 $AF=\sqrt{5BF^2-AB^2}=4$.

例7 已知：$\triangle ABC$ 和 $\triangle ADE$ 是等腰直角三角形，$\angle ACB=\angle ADE=90°$，$F$ 为 BE 的中点。连接 DF，CF.

(1) 如图 15-28，当点 D 在 AB 上，点 E 在 AC 上时，请直接写出此时线段 DF，CF 的数量关系和位置关系（不用证明）；

(2) 如图 15-29，在（1）的条件下将 $\triangle ADE$ 绕点 A 顺时针旋转 $45°$. 请你判断此时（1）中的结论是否仍然成立，并证明你的判断；

(3) 如图 15-30，在（1）的条件下将 $\triangle ADE$ 绕点 A 顺时针旋转角 α，请你判断此时（1）中的结论是否仍然成立，并证明你的判断。

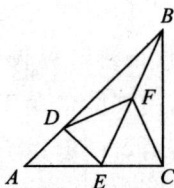

图 15－28

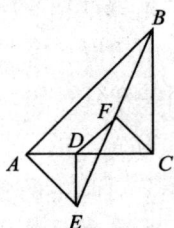

图 15－29

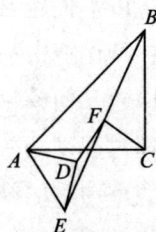

图 15－30

【思维方法导引】

题（1）由题意可知，点 F 为 Rt$\triangle BDE$ 和 Rt$\triangle BCE$ 公共斜边 BE 上的中点，直接用直角三角形斜边中线定理可得数量关系相等，再由等边对等角及外角定理可知 $\angle DFC = 2\angle ABC = 90°$可推得位置关系。题（2）中$\triangle ADE$ 的位置发生变化，抓住点 F 为 BE 的中点及 $DE /\!/ BC$ 两个中点模型条件，延长 DF 构造 "8" 字型三角形全等的同时得到点 F 为 Rt$\triangle DCG$ 斜边 DG 上的中点，恰有 "一箭双雕" 之效。题（3）难度增大，由特殊角转为一般角 α，解题策略仍是抓住点 F 为中点和两个等腰直角三角形的条件展开思维，结合倍长类中线法和构造共顶点等腰三角形模型成为有效探究途径。

【解答】

（1）$DF = CF$，$DF \perp CF$；

（2）成立。如图 15－31，延长 DF 交 BC 于点 G，则$\triangle DEF \cong \triangle GBF$，从而得 $DF = GF$，$CD = CG$，即得证。

（3）成立。如图 15－32，延长 CF 至点 G，使得 $FG = CF$，连接 EG，则 $GE = CB = CA$，$GE \perp AC$，可得 $\angle CAD = \angle GED$. 连接 DG，CD，从而$\triangle ADC \cong \triangle EDG$（SAS）. 即得证。

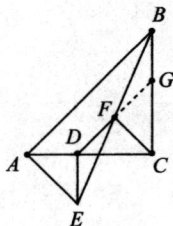

图 15－31

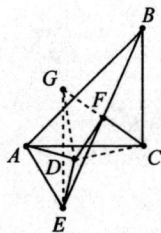

图 15－32

215

　　通过以上例题赏析，我们不难发现江西省中考热点题型几何综合题的一般模式为：特例探索—归纳证明—应用拓展。该类型习题，以"几何新定义"为载体，构建几何模型，探索过程由特殊到一般，入手特殊图形推理计算较常规，演绎推理对模型的一般性特征把握有一定的认知要求，应用拓展则依赖于新图形中模型重构后的结论运用，该环节对学生的要求较高。而中点模型作为一种常见几何模型，它所涉及的知识点较为广泛，在三角形、四边形、圆等几何图形中均有涉足。因此，科学区分中点模型中几种辅助线的构造方法，并根据不同习题的图形特征、已知条件等加以灵活应用成为解题的关键。要在做好常规数学基础训练的同时，提升数学学习自信，耐心细致地完成审题流程，由简入手，科学判断，寻找原型，迁移推广，化无形为有形，变平凡为神奇，拨开迷雾见"模型"！

专题十六　角平分线模型问题

　　角平分线的性质都是以轴对称为基础的，其辅助线作法、模型的建构也多从轴对称的角度来考虑。如何有效做到模型分类，根据条件精准选择辅助线构造方式，成为很多学生数学学习的瓶颈，它能考查学生数学学习的核心素养、几何直观、模型思想、推理能力等。

　　本文着重就初中涉及的角平分线的相关知识及模型构建和典型例题进行分析阐述。

一、常见模型构造

1. 过角平分线上一点作两边的垂线段

　　如图 16-1，P 是 $\angle MON$ 的平分线上一点，过点 P 作 $PA \perp OM$ 于点 A，$PB \perp ON$ 于点 B，则 $PB = PA$.

　　模型分析：利用角平分线的性质：角平分线上的点到角两边的距离相等，构造模型，为边相等、角相等、三角形全等创造更多的条件，进而可以快速找到解题的突破口。

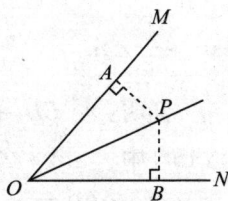

图 16-1

2. 借助角平分线的轴对称性构造全等三角形

　　如图 16-2，P 是 $\angle MON$ 的平分线上一点，点 A 是射线 OM 上任意一点，在 ON 上截取 $OB = OA$，连接 PB，则 $\triangle OPB \cong \triangle OPA$.

　　模型分析：利用角平分线图形的对称性，在角的两边构造对称全等三角形，可以得到对应边、对应角相等、利用对称性把一些线段或角进行转移，这是经常使用的一种解题技巧。

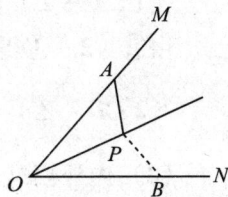

图 16-2

3. 角平分线 + 高 = 等腰三角形

如图 16 – 3，P 是 $\angle MON$ 的角平分线上一点，AP $\perp OP$ 于 P 点，延长 AP 交 ON 于点 B，则 $\triangle AOB$ 是等腰三角形。

模型分析：构造此模型可以利用等腰三角形的"三线合一"，也可以得到两个全等的直角三角形，进而得到对应边、对应角相等。这个模型巧妙地把角平分线和三线合一联系在一起。

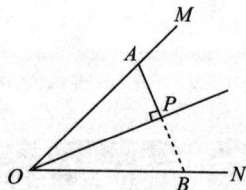

4. 角平分线 + 平行线 = 等腰三角形

如图 16 – 4，P 是 $\angle MON$ 的平分线上一点，过点 P 作 $PA//ON$，交 OM 于点 Q，则 $\triangle POQ$ 是等腰三角形。

模型分析：有角平分线时，常过角平分线上一点作角的一边的平行线，构造等腰三角形，为证明结论提供更多的条件，体现了角平分线与等腰三角形之间的密切关系。

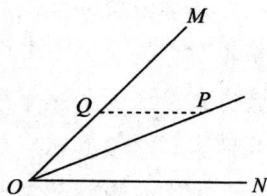

5. 内内模型 + 内外模型 + 外外模型

（1）内内模型．如图 16 – 5，$\triangle ABC$ 两个内角平分线交于点 D，则 $\angle D = 90° + \frac{1}{2}\angle A.$

证明：∵ CD 平分 $\angle ACB$，BD 平分 $\angle ABC$，∴ $\angle 1 = \angle 2$，$\angle 3 = \angle 4$，在 $\triangle ABC$ 中，$\angle A + \angle 1 + \angle 2 + \angle 3 + \angle 4 = 180°$

在 $\triangle DBC$ 中，$\angle D + \angle 2 + \angle 4 = 180°$

∵ $\angle 1 = \angle 2$，$\angle 3 = \angle 4$，

∴ $\begin{cases} \angle A + 2\angle 2 + 2\angle 4 = 180° & ① \\ \angle D + \angle 2 + \angle 4 = 180° & ② \end{cases}$

由②×2 – ①得 $2\angle D + 2\angle 2 + 2\angle 4 - \angle A - 2\angle 2 - 2\angle 4 = 360° - 180°$，

∴ $2\angle D - \angle A = 180°$，即 $\angle D = 90° + \frac{1}{2}\angle A.$

（2）内外模型。如图 16 – 6，$\triangle ABC$ 的一个内角平分线和一个外角平分线交于点 D，则 $\angle D = \frac{1}{2}\angle A.$

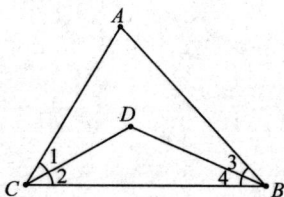

图 16 - 5

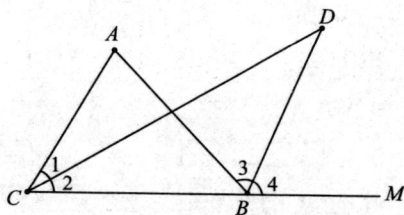

图 16 - 6

证明：∵ CD 平分 $\angle ACB$，BD 平分 $\angle ABM$，∴ $\angle 1 = \angle 2$，$\angle 3 = \angle 4$，

在 △ABC 中，$\angle A + \angle ACB = \angle ABM$，即 $\angle A + \angle 1 + \angle 2 = \angle 3 + \angle 4$

在 △DBC 中，$\angle D + \angle 2 = \angle 4$

∵ $\angle 1 = \angle 2$，$\angle 3 = \angle 4$

∴ $\begin{cases} \angle A + 2\angle 2 = 2\angle 4 & ① \\ \angle D + \angle 2 = \angle 4 & ② \end{cases}$

由①－②×2 得 $\angle A + 2\angle 2 - 2\angle D - 2\angle 2 = 2\angle 4 - 2\angle 4$，

∴ $\angle A = 2\angle D$，即 $\angle D = \dfrac{1}{2}\angle A$.

（3）外外模型．如图 16 - 7，△ABC 两个外角的角平分线交于点 D，则 $\angle D = 90° - \dfrac{1}{2}\angle A$.

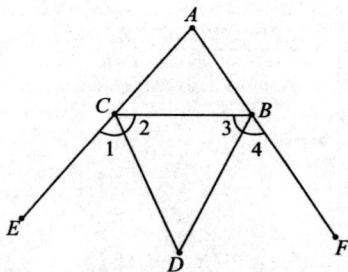

图 16 - 7

证明：∵ CD 平分 $\angle BCE$，BD 平分 $\angle CBF$，$\angle 1 = \angle 2$，$\angle 3 = \angle 4$，

在 △ABC 中，$\angle A + \angle ACB + \angle ABC = 180°$，即 $\angle ACB + \angle ABC = 180° - \angle A$ ①

∵ $\angle ACB = 180° - \angle BCE = 180° - \angle 1 - \angle 2$，$\angle ABC = 180° - \angle CBF = 180° - \angle 3 - \angle 4$，

∴ $\angle ACB + \angle ABC = 180° - \angle 1 - \angle 2 + 180° - \angle 3 - \angle 4 = 360° - \angle 1 - \angle 2 -$

∠3 − ∠4②

由①＝②，得∠A＋180°＝∠1＋∠2＋∠3＋∠4，在△BCD中，∠2＋∠3＋∠D＝180°，

∵ ∠1＝∠2，∠3＝∠4，∴ ∠A＋180°＝2（∠2＋∠3），

即 $\begin{cases} \angle A + 180° = 2（\angle 2 + \angle 3） & ③ \\ \angle 2 + \angle 3 + \angle D = 180° & ④ \end{cases}$

由④可得∠2＋∠3＝180°－∠D，代入③式可得∠A＋180°＝2（180°－∠D），整理可得∠D＝90°－$\frac{1}{2}$∠A.

6. 内心知识点的考查

三角形内心指三个内角的三条角平分线相交于一点，这个点叫做三角形的内心。这个点也是这个三角形内切圆的圆心。三角形内心到三角形三条边的距离相等。

例：如图16－8，设△ABC的内切圆为⊙I（r），∠A、∠B、∠C的对边分别为 a、b、c，S 为三角形面积，则内切圆半径 $r = \dfrac{2S}{a+b+c}$.

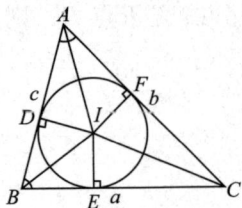

图16－8

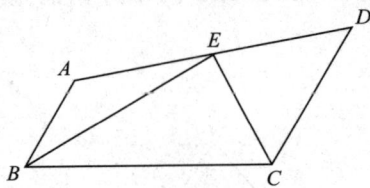

图16－9

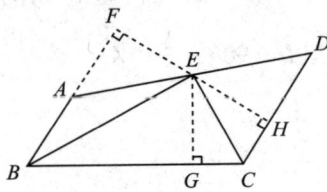

图16－10

二、典型例题赏析

类型1：过角平分线上一点作两边的垂线段

例1 如图16－9，AB//CD，E 为 AD 上一点，且 BE、CE 分别平分∠ABC、∠BCD，求证：$AE = ED$.

【思维方法导引】

该题中两条角平分线交于一点，求证交点为线段 AD 的中点。显然，利用三角形全等图形证明"先天不足"，四边形的问题需要化归为三角形的问题来处理。过角平分线上一点作角两边的垂线段，构造全等的直角三角形，从而得到边、角相等的条件，省去证明全等这一环节，似乎让习题证明更加简捷明晰。

证明：如图 16 – 10，过点 E 分别作 $EF \perp AB$ 于 F，$EG \perp BC$ 于 G，$EH \perp CD$ 于 H

$\because BE$ 平分 $\angle ABC$，$EF \perp AB$ 于 F，$EG \perp BC$ 于 G，$\therefore EF = EG$.

$\because CE$ 平分 $\angle BCD$，$EG \perp BC$ 于 G，$EH \perp CD$ 于 H，$\therefore EG = EH$，$\therefore EG = EH = EF$.

又 $\because AB // CD$，$\therefore \angle D = \angle FAE$.

$\because \angle F = \angle EHD = 90°$，$\therefore \triangle FAE \cong \triangle HDE$（AAS），$\therefore EA = ED$.

类型 2：借助角平分线的轴对称性构造全等三角形

例 2　如图 16 – 11，在 $\triangle ABC$ 中，$AB = AC$，$\angle A = 100°$，BD 平分 $\angle ABC$. 求证：$AD + BD = BC$.

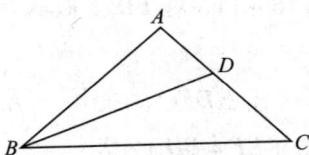

图 16 – 11

【思维方法导引】

角平分线所在的直线是角的对称轴，可以利用对称性构造全等三角形。当证明一条线段的长度等于另两条线段的长度和时，一般会采用截长法或补短法，然后借助三角形全等完成线段的等量转换。此题的难点在于，在线段 BC 上若截取 AB 可得全等，但并非结论所需证明的线段，需进一步通过等腰三角形来完成线段的转换（证法 1）；若截取 BF，则无法利用对称性，需在 BD 上进一步截取 BE 才能完成全等（证法 3）；补短法也是不错的选择，将线段 BD 延长至点 F，通过证明等腰三角形可获得结论。

【解答】

证法 1：如图 16 – 12，在 BC 上截取 $BE = BA$，$BF = BD$，连接 DE，DF.

易证 $\triangle ABD \cong \triangle EBD$，$\therefore DE = DA$，且 $\angle DEB = \angle A = 100°$，$\therefore \angle 1 = 80°$，

$\because AB = AC$，$\angle A = 100°$，$\therefore \angle ABC = \angle C = 40°$，

又 $\because BD$ 平分 $\angle ABC$，$\therefore \angle 4 = \angle 3 = 20°$.

由 $BD = BF$ 得 $\angle 2 = \angle BDF = 80°$，$\therefore \angle 1 = \angle 2$，$\therefore DE = DF$，

又 $\because \angle BDC = \angle A + \angle 4 = 120°$，$\therefore \angle 5 = 40° = \angle C$，$\therefore CF = DF$，

$\therefore CF = DE = DA$，$\therefore BC = BF + FC = DB + AD$.

证法 2（思路 2）：如图 16 – 13，在 BC 上截取 $BE = BA$，延长 BD 到 F 使 $BF = BC$，连接 DE，DF.

易证△ABD≌△EBD，再证△DCE≌△DCF，所以 DF = DE = AD，

由△BFC 为等腰三角形，所以 BC = BF = BD + DF = BD + AD.

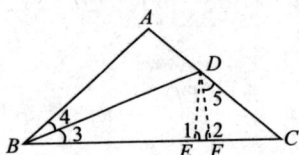 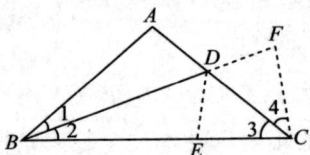 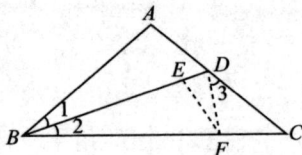

图 16-12　　　　　　图 16-13　　　　　　图 16-14

证法3（思路3）：如图 16-14，在 BD 上截取 BE = BA，在 BC 上截取 BF = BD，连接 EF，DF.

易证△ABD≌△EBF，再证△DFC 为等腰三角形，所以 DF = FC，所以 BC = BF + FC = BD + DF = BD + EF = BD + AD.

例3　已知射线 AP 是△ABC 的外角平分线，连接 PB、PC.

（1）如图 16-15，若 BP 平分∠ABC，且∠ACB = 30°，直接写出∠APB = _____.

（2）如图 16-16，若 P 与 A 不重合，求证：AB + AC < PB + PC.

（3）如图 16-16，若过点 P 作 PM⊥BA，交 BA 延长于 M 点，且∠BPC = ∠BAC，求：$\dfrac{AC - AB}{AM}$ 的值。

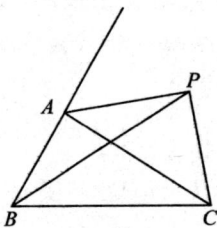 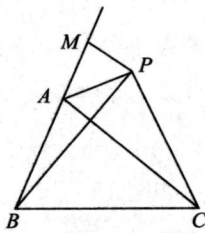

图 16-15　　　　　　　图 16-16

【思维方法导引】

（1）根据三角形的角平分线的定义和三角形外角的性质即可得到结论。

（2）一方面，将线段 AC 补短到 BA 的延长线上来（如图 16-17 在射线 AD 上取一点 H，使得 AH = AC），另一方面，利用外角角平分线的对称性，可得到一组三角形全等（连接 PH，则△APH≌△APC），于是顺利地将所需证明的线段构造到一个三角形当中，最后根据三角形的三边关系即可得到结论。

（3）角平分线性质定理常规构造，如图 16-18，过 P 作 $PN \perp AC$ 于 N，根据角平分线的性质得到 $PM = PN$，根据全等三角形的性质得到 $AM = AN$，$BM = CN$，于是得到结论。

【解答】

（1）$\because \angle DAC = \angle ABC + \angle ACB$，$\angle 1 = \angle 2 + \angle APB$，

$\because AE$ 平分 $\angle DAC$，PB 平分 $\angle ABC$，$\therefore \angle 1 = \dfrac{1}{2} \angle DAC$，$\angle 2 = \dfrac{1}{2} \angle ABC$，

$\therefore \angle APB = \angle 1 - \angle 2 = \dfrac{1}{2} \angle DAC - \dfrac{1}{2} \angle ABC = \dfrac{1}{2} \angle ACB = 15°$，故答案为：15°；

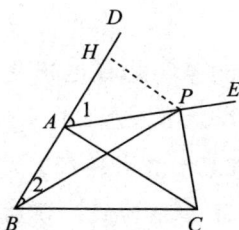

图 16-17

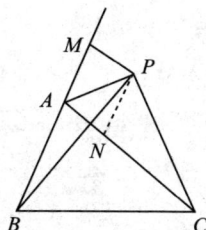

图 16-18

（2）如图 16-17，在射线 AD 上取一点 H，使得 $AH = AC$，连接 PH.

则 $\triangle APH \cong \triangle APC$，$\therefore PC = PH$.

在 $\triangle BPH$ 中，$PB + PH > BH$，$\therefore PB + PC > AB + AC$.

（3）如图 16-18，过 P 作 $PN \perp AC$ 于 N，

$\because AP$ 平分 $\angle MAN$，$PM \perp BA$，$\therefore PM = PN$，在 Rt $\triangle APM$ 与 Rt $\triangle APN$

中，$\begin{cases} PM = PN, \\ AP = AP \end{cases}$，

$\therefore$ Rt$\triangle APM \cong$ Rt$\triangle APN$（HL），$\therefore AM = AN$，

$\because \angle BPC = \angle BAC$，$\therefore A$，$B$，$C$，$P$ 四点共圆，$\therefore \angle ABP = \angle PCN$.

在 $\triangle PMB$ 与 $\triangle PNC$ 中，$\begin{cases} \angle MBP = \angle PCN \\ \angle PMB = \angle PNC = 90°，\therefore BM = CN， \\ PM = PN \end{cases}$

$\because AM = AN$，$\therefore AC - AB = 2AM$，$\therefore \dfrac{AC - AB}{AM} = \dfrac{2AM}{AM} = 2$.

类型 3：角平分线 + 高（互补）= 等腰三角形

例 4 如图 16-19，在 $\triangle ABC$ 中，$\angle BAC = 90°$，$AB = AC$，BE 平分 $\angle ABC$，

223

$CE \perp BE$.

求证：$BD = 2CE$.

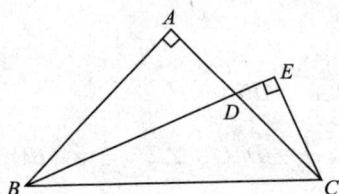

图 16 – 19

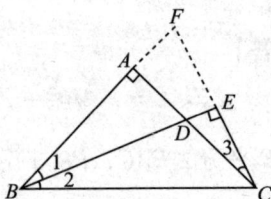

图 16 – 20

【思维方法导引】

该题容易陷入"角平分线上的点到角两边距离相等"的模型诱导，往往会受条件"BE 平分 $\angle ABC$，$CE \perp BE$"的影响，过点 D 做 BC 边上的垂线。到此，解题进入"瓶颈"，无法进一步推导，那么如何处理呢？另辟蹊径，结合 BE 既是角平分线，又是高的条件，展开联想，该题可以添加辅助线，分别延长 BA、CE 交于一点 F，构造一个等腰三角形 BCF. 显然，$CF = 2CE$，接下来仅需证明 $\triangle ABD \cong \triangle ACF$. 由此可以总结，当一条线段同时满足"是角平分线""是中线"和"是高"中两个时，可考虑将图形补成一个等腰三角形解决问题。

【解答】

如图 16 – 20，分别延长 BA、CE 相交于 F，$\because CE \perp BE$，$\therefore \angle 3 + \angle EDC = 90°$，$\because \angle BAC = 90°$，$\therefore \angle 1 + \angle ADB = 90°$.

又 $\angle ADB = \angle EDC$，$\therefore \angle 1 = \angle 3$，

又 $AB = AC$，$\angle BAD = \angle FAC = 90°$，$\therefore \triangle ABD \cong \triangle ACF$，$\therefore BD = CF$，$\because BD$ 平分 $\angle ABC$，$\therefore \angle 1 = \angle 2$. $\because BE = BE$，$\angle BEF = \angle BEC = 90°$，$\therefore \triangle BEF \cong \triangle BEC$，$\therefore CE = EF$，$\therefore CF = 2CE$，$\therefore BD = 2CE$.

例 5 定义：有一组邻边相等且对角互补的四边形叫做等补四边形。

理解：如图 16 – 21，点 A，B，C 在 $\odot O$ 上，$\angle ABC$ 的平分线交 $\odot O$ 于点 D，连接 AD，CD. 求证：四边形 $ABCD$ 是等补四边形；

探究：如图 16 – 22，在等补四边形 $ABCD$ 中，$AB = AD$，连接 AC，AC 是否平分 $\angle BCD$？请说明理由。

运用：如图 16 – 23，在等补四边形 $ABCD$ 中，$AB = AD$，其外角 $\angle EAD$ 的平分线交 CD 的延长线于点 F，$CD = 10$，$AF = 5$，求 DF 的长。

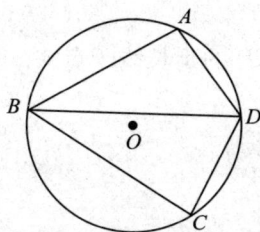

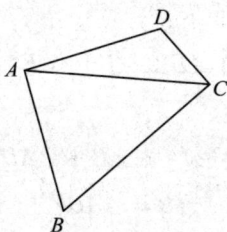

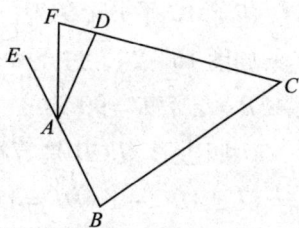

图 16－21　　　　　　　　图 16－22　　　　　　　　图 16－23

【思维方法导引】

该题结构由理解—探究—运用，比较符合近些年江西中考命题题型趋势，能够通过自主学习来进行探究，运用是解决问题的核心要素。以上 3 个问题的背景图形均为等补四边形，角平分线的出现也由圆周角到内角，最后延伸到外角。紧扣角平分线的判定和对称性进行知识点汇总，模型构造，从而解决相关问题。

（1）由圆内接四边形互补可知 $\angle A + \angle C = 180°$，$\angle ABC + \angle ADC = 180°$，再证 $AD = CD$，即可根据等补四边形的定义得出结论。

（2）求证角平分线，常规套路，过点 A 分别作角两边的垂线段，证 $\triangle ABE \cong \triangle ADF$，易得 $AE = AF$，根据角平分线的判定可得出结论；由此不难发现，等补四边形的其中一条对角线平分其中一个内角。

（3）连接 AC，先证 $\angle EAD = \angle BCD$，推出 $\angle FCA = \angle FAD$，再证 $\triangle ACF \backsim \triangle DAF$，利用相似三角形对应边的比相等可求出 DF 的长。

【解答】

（1）证明：∵ 四边形 $ABCD$ 为圆内接四边形。

∴ $\angle A + \angle C = 180°$，$\angle ABC + \angle ADC = 180°$.

∵ BD 平分 $\angle ABC$，∴ $\angle ABD = \angle CBD$.

∴ $\overset{\frown}{AD} = \overset{\frown}{CD}$，∴ $AD = CD$，∴ 四边形 $ABCD$ 是等补四边形。

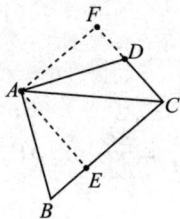

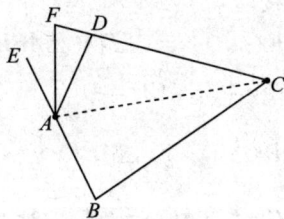

图 16－24　　　　　　　　　　　　　图 16－25

（2）AC 平分 $\angle BCD$，理由如下：

如图 16 - 24，过点 A 分别作 $AE \perp BC$ 于点 E，$AF \perp CD$ 的延长线于点 F，则 $\angle AEB = \angle AFD = 90°$.

∵ 四边形 $ABCD$ 是等补四边形，∴ $\angle B + \angle ADC = 180°$.

又 $\angle ADC + \angle ADF = 180°$，∴ $\angle B = \angle ADF$.

∵ $AB = AD$，∴ $\triangle ABE \cong \triangle ADF$（AAS），

∴ $AE = AF$，∴ AC 是 $\angle BCF$ 的平分线，即 AC 平分 $\angle BCD$.

（3）如图 16 - 25，连接 AC，

∵ 四边形 $ABCD$ 是等补四边形，∴ $\angle BAD + \angle BCD = 180°$

又 $\angle BAD + \angle EAD = 180°$，∴ $\angle EAD = \angle BCD$.

∵ AF 平分 $\angle EAD$，∴ $\angle FAD = \dfrac{1}{2} \angle EAD$.

由（2）知，AC 平分 $\angle BCD$，∴ $\angle FCA = \dfrac{1}{2} \angle BCD$，∴ $\angle FCA = \angle FAD$.

又 $\angle AFC = \angle DFA$，∴ $\triangle ACF \backsim \triangle DAF$，

∴ $\dfrac{AF}{DF} = \dfrac{CF}{AF}$，即 $\dfrac{5}{DF} = \dfrac{DF + 10}{5}$，∴ $DF = 5\sqrt{2} - 5$.

类型 4：角平分线 + 平行线 = 等腰三角形

例 6 如图 16 - 26，在 $\triangle ABC$ 中，$AB = 8$，$BC = 4$，$CA = 6$，$CD // AB$，BD 是 $\angle ABC$ 的平分线，BD 交 AC 于点 E，求 AE 的长。

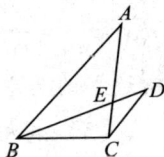

【思维方法导引】

根据角平分线定义和平行线的性质容易推得 $\angle D = \angle CBD$，即 $\triangle BCD$ 为等腰三角形，$BC = CD = 4$，证 $\triangle AEB \backsim \triangle CED$，得出比例式，求出 $AE = 2CE$，即可得出答案。"角平分线 + 平行线 = 等腰三角形" 的模型思想清晰可见。

【解答】

∵ BD 为 $\angle ABC$ 的平分线，∴ $\angle ABD = \angle CBD$，

∵ $AB // CD$，∴ $\angle D = \angle ABD$，∴ $\angle D = \angle CBD$，∴ $BC = CD$.

∵ $BC = 4$，∴ $CD = 4$.

∵ $AB // CD$，∴ $\triangle ABE \backsim \triangle CDE$，∴ $\dfrac{AB}{CD} = \dfrac{AE}{CE}$，∴ $\dfrac{8}{4} = \dfrac{AE}{CE}$，∴ $AE = 2CE$.

∵ $AC = 6 = AE + CE$，∴ $AE = 4$.

例 7 如图 16 - 27，在 $\triangle ABC$ 中，$AB \neq AC$，DE 在 BC 上，且 $DE = EC$，过

图 16 - 26

D 作 $DF//BA$ 交 AE 于点 F, $DF = AC$, 请说明 AE 平分 $\angle BAC$.

【思维方法导引】

要说明 $\angle BAE = \angle CAE$, 可寻找一个角等于这两个角, 利用点 E 为 CD 的中点, 过点 D 作 AC 的平行线 DG, 这样的构造可谓"一箭双雕", 其一, 可证 $\triangle DEG \cong \triangle CEA$, 其二, 可证 $\triangle DGF$ 为等腰三角形, 由此, $\angle CAE = \angle G = \angle DFE = \angle BAE$.

证明: 如图 16-28, 过点 D 作 $DG//AC$ 交 AE 的延长线于点 G,

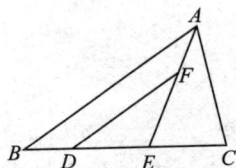

图 16-27

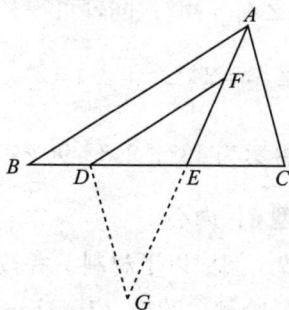

图 16-28

$\because DE = CE$, $\angle DEG = \angle AEC$, $\angle G = \angle CAE$.

$\therefore \triangle DEG \cong \triangle CEA$, $\therefore AC = DG = DF$, $\therefore \angle CAE = \angle G = \angle DFE$.

$\because DF//AB$, $\therefore \angle BAE = \angle DFE$, $\therefore \angle BAE = \angle CAE$, 即 AE 平分 $\angle BAC$.

类型 5: 内外模型

例 8 如图 16-29, 在 $\triangle ABC$ 中, $\angle A = 96°$, 延长 BC 到 D, $\angle ABC$ 与 $\angle ACD$ 的平分线相交于点 A_1, 则 $\angle A_1$ _____, 若 $\angle A_1 BC$ 与 $\angle A_1 CD$ 的平分线相交于点 A_2, 则 $\angle A_2 =$ _____, ……以此类推, 则 $\angle A_{n-1} BC$ 与 $\angle A_{n-1} CD$ 的平分线相交于点 A_n, 则 $\angle A_n$ 的度数为 _____.

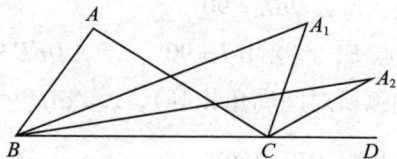

图 16-29

【思维方法导引】

该题为典型的内外模型, 即由内角的平分线、外角的平分线反复迭代, 探索所形成的角与角之间的关系，并较好地将相关规律表示出来。由 $\angle A_1CD =$ $\angle A_1 + \angle A_1BC$，$\angle ACD = \angle ABC + A$，而 A_1B、A_1C 分别平分 $\angle ABC$ 和 $\angle ACD$，得到 $\angle ACD = 2\angle A_1CD$，$\angle ABC = 2\angle A_1BC$，于是有 $\angle A = 2\angle A_1$，同理可得 $\angle A_1 = 2\angle A_2$，即 $\angle A = 2^2\angle A_2$，因此找出规律。

【解答】

$\because A_1B$、A_1C 分别平分 $\angle ABC$ 和 $\angle ACD$，$\therefore \angle ACD = 2\angle A_1CD$，$\angle ABC = 2\angle A_1BC$，而 $\angle A_1CD = \angle A_1 + \angle A_1BC$，$\angle ACD = \angle ABC + \angle A$，$\therefore \angle A = 2\angle A_1 = 96°$，$\therefore \angle A_1 = 48°$，同理可得 $\angle A_1 = 2\angle A_2$，即 $\angle A = 2^2\angle A_2 = 96°$，

$\therefore \angle A_2 = 24°$，$\therefore \angle A = 2^n\angle A_n$，$\therefore \angle A_n = 96° \times \left(\dfrac{1}{2}\right)^n$.

故答案为 $48°$，$24°$，$96° \times \left(\dfrac{1}{2}\right)^n$.

类型 6：内心

例 9 阅读以下材料，并按要求完成相应的任务：

莱昂哈德·欧拉（Leonhard Euler）是瑞士数学家，在数学上经常见到以他的名字命名的重要常数，公式和定理，下面是欧拉发现的一个定理：在 $\triangle ABC$ 中，R 和 r 分别为外接圆和内切圆的半径，O 和 I 分别为其外心和内心，则 $OI^2 = R^2 - 2Rr$.

下面是该定理的证明过程（部分）：

延长 AI 交 $\odot O$ 于点 D，过点 I 作 $\odot O$ 的直径 MN，连接 DM，AN.

$\because \angle D = \angle N$，$\therefore \angle DMI = \angle NAI$（同弧所对的圆周角相等），

$\therefore \triangle MDI \backsim \triangle ANI.$ $\therefore \dfrac{IM}{IA} = \dfrac{ID}{IN}$，$\therefore IA \cdot ID = IM \cdot IN$①

如图 $16-32$，在图 $16-31$（隐去 MD，AN）的基础上作 $\odot O$ 的直径 DE，连接 BE，BD，BI，IF.

$\because DE$ 是 $\odot O$ 的直径，$\therefore \angle DBE = 90°$.

$\because \odot I$ 与 AB 相切于点 F，$\therefore \angle AFI = 90°$，$\therefore \angle DBE = \angle IFA$.

$\because \angle BAD = \angle E$（同弧所对圆周角相等），$\therefore \triangle AIF \backsim \triangle EDB.$

$\therefore \dfrac{IA}{DE} = \dfrac{IF}{BD}$，$\therefore IA \cdot BD = DE \cdot IF$②

任务：

（1）观察发现：$IM = R + d$，$IN = $ _____（用含 R，d 的代数式表示）；

（2）请判断 BD 和 ID 的数量关系，并说明理由。

（3）请观察式子①和式子②，并利用任务（1），（2）的结论，按照上面的证明思路，完成该定理证明的剩余部分；

（4）应用：若△ABC 的外接圆的半径为 5cm，内切圆的半径为 2cm，则△ABC 的外心与内心之间的距离为_____ cm.

图 16－30

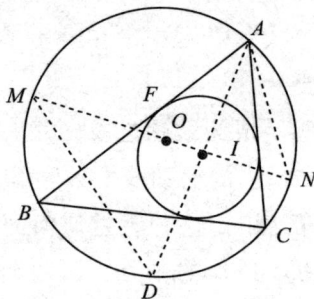

图 16－31

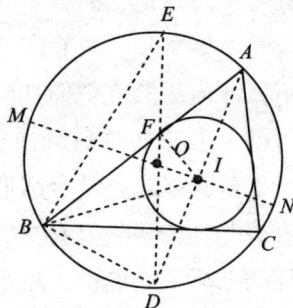

图 16－32

【思维方法导引】

材料阅读题，文字内容冗长，对应试者容易造成视觉疲劳和阅读恐慌，此类型题目除了数学知识点的考查之外，重点体现了对阅读理解能力、应变迁移应用能力的考查。题目本身难度不高，且步步引导，应当充分把握命题思路，反复应用前题结论，拾阶而上，迎刃而解。其中，第 2 问考查了三角形内心的定义，该类型问题亦在江西省中考题中出现，请大家关注。

【解答】

（1）$R - d$

（2）$BD = ID$

理由如下：$\because$ 点 I 是 △ABC 的内心，$\therefore \angle BAD = \angle CAD$，$\angle CBI = \angle ABI$.

$\because \angle DBC = \angle CAD$，$\angle BID = \angle BAD + \angle ABI$，$\angle DBI = \angle DBC + \angle CBI$，

$\therefore \angle BID = \angle DBI$，$\therefore BD = ID$.

（3）由（2）知：$BD = ID. \therefore IA \cdot ID = DE \cdot IF$

又$\because DE \cdot IF = IM \cdot IN$，$\therefore 2Rr = (R + d)(R - d)$，$\therefore R^2 - d^2 = 2Rr$

（4）由（3）知，$d^2 = R^2 - 2Rr$，将 $R = 5$，$r = 2$ 代入

$\therefore d^2 = R^2 - 2Rr = 5^2 - 2 \times 5 \times 2 = 5$，$\therefore d = \sqrt{5}$

在实际解题过程中，有可能出现某些情况造成失分，这就有必要加以防范与规避。

（1）角平分线性质及判定定理内涵掌握不清晰，"点到角两边的距离"需要充分认识，即"过点往角两边作垂线段的长度"。在基本模型构造过程中一定要把握这个关键点，从而做到举一反三，轻松应对。

（2）基本模型的学习需要循序渐进。几何图形的模型描述了某一类问题的共性特征及结论，而在不同的图形背景下如何熟练应用这些模型，成为大多数同学学习的瓶颈。只有在"浸透式"学习中，在经历了充分思考、推理、挫折之后，才能更熟练把握其中的要义。

（3）找准关键信息构造模型将成为解题之要。每一种模型中都暗含其基本特征，认真审题，结合图形构造适当的辅助线，数学学习要充分培养提升"几何直观"能力，暂且称之为"图感"。这种感觉从何而来，其实质在于对基本特征的把握，比如说：角平分线、线段的中点、三角形的高、平行线等，这些都能关联到相关模型。择善用之，巧妙构造，定能破题。

专题十七 旋转模型问题

　　旋转模型是近年来江西省中考的热点题型，通常出现在几何计算题与几何证明题当中，涉及的知识点非常多，除了考查旋转本身的定义和性质外，还可以结合三角形、特殊四边形等知识点进行灵活运用，对学生分析问题、解决问题的能力要求较高，综观近几年江西省中考数学可以发现对这方面的考察力度比较大，应当引起我们的重视。

　　（1）旋转的定义：在平面内，将一个图形绕一个定点按某个方向转动一个角度，这样的图形运动称为旋转，这个定点称为旋转中心，转动的角称为旋转角。旋转不改变图形的形状和大小。

　　旋转的性质：对应点到旋转中心的距离相等，任意一组对应点与旋转中心的连线所成的角都等于旋转角，对应线段相等，对应角相等。

　　（2）在解答旋转模型的习题时可以从以下方面进行思考：

　　① 边等宜转：如果题目本身没有图形的旋转，但符合构造旋转的条件，有两条相等的线段且它们有公共的端点时，可以考虑把含其中一条线段的某个图形绕公共端点旋转一定的角度，使这两条相等的线段重合。比如：图 17－1 点 C 是线段 AB 的中点，可以把线段 AC 绕点 C 旋转 180°使得 AC 与 BC 重合；图 17－2 将正方形 $ABCD$ 内的△ABE 绕点 A 顺时针旋转 90°使得 AB 与 AD 重合。

　　② 一转成双：如果题目中已有图形的旋转，那么必然有一对全等图形和一对相似三角形，此时可以抓住旋转的性质和已知条件，结合全等图形或相似三角形的性质来解题。如图 17－3，把△ABC 绕点 C 逆时针旋转 40°得到△$A'B'C$，根据旋转的性质可以得到△ABC≌△$A'B'C$ 且 △$AA'C$∽△$BB'C$（因为这两个三角形都是等腰三角形且它们的顶角相等）。

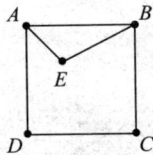

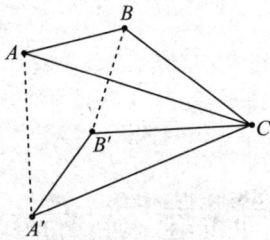

图 17 - 1　　　　　　　图 17 - 2　　　　　　　图 17 - 3

③ 转后成特：如果通过题目中的图形旋转产出了特殊图形（一般是特殊三角形或特殊四边形），往往需要把旋转的性质、特殊图形的性质还有旋转的角度结合起来，综合考虑它们之间的联系来解题。此类题目的内容覆盖面很广，对知识点的考查灵活多变，在中考题中出现的频率较大，我们需要多积累这方面的解题经验和技巧。

（3）在中考数学中，旋转变换是非常重要的作辅助线的方式之一，它可以把题目中有关点、线、角等分散的条件集中起来，再结合旋转的性质与已知条件，往往可以达到事半功倍的解题效果；对于题目已有的旋转图形，我们需要分析旋转前后图形之间的关系，找出条件与结论之间的内在联系，从而解决问题。

一、边等宜转

例1　（1）问题解决。一节数学课上，老师提出了这样一个问题：如图 17 - 4，点 P 是正方形 $ABCD$ 内一点，$PA = 1$，$PB = 2$，$PC = 3$。你能求出 $\angle APB$ 的度数吗？

小明通过观察、分析、思考，形成了如下思路：

思路一：将 $\triangle BPC$ 绕点 B 逆时针旋转 $90°$，得到 $\triangle BP'A$，连接 PP'，求出 $\angle APB$ 的度数；

思路二：将 $\triangle APB$ 绕点 B 顺时针旋转 $90°$，得到 $\triangle CP'B$，连接 PP'，求出 $\angle APB$ 的度数。

请参考小明的思路，任选一种写出完整的解答过程。

（2）类比探究．如图 17 - 5，若点 P 是正方形 $ABCD$ 外一点，$PA = 3$，$PB = 1$，$PC = \sqrt{11}$，求 $\angle APB$ 的度数。

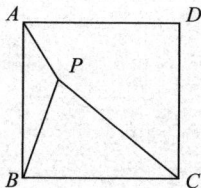

图 17 - 4

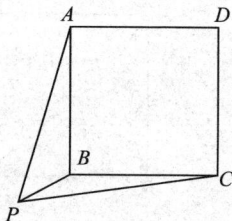

图 17 - 5

【思维方法导引】

本题通过旋转变换作辅助线把分散的条件集中起来，综合运用旋转的性质、正方形的性质等来进行巧妙的求解。

（1）思路一：本题图形满足边等宜转的条件：$AB = BC$ 且它们有公共端点 B，如图 17 - 6，通过旋转变换作辅助线，将 $\triangle BPC$ 绕点 B 逆时针旋转 $90°$ 得到 $\triangle BP'A$，连接 PP'，则所求的 $\angle APB$ 可以看作 $\angle BPP'$ 与 $\angle APP'$ 的和；首先得到 $\triangle PBP'$ 是等腰直角三角形，求出 $\angle BPP'$ 的度数，然后由图易猜测 $\angle APP'$ 为 $90°$，通过求 $\triangle APP'$ 的三边长可验证 $\angle APP'$ 是直角，从而得出 $\angle APB$ 的度数。

思路二：同思路一的方法即可得出结果。

（2）先通过旋转变换作辅助线，将 $\triangle BPC$ 绕点 B 逆时针旋转 $90°$，得到 $\triangle BP'A$，连接 PP'，则所求的 $\angle APB$ 可以看作 $\angle APP'$ 与 $\angle BPP'$ 的差，接下来同（1）的思路分别求出 $\angle BPP'$ 与 $\angle APP'$ 的度数，从而得出结果。

【解答】

（1）如图 17 - 6，将 $\triangle BPC$ 绕点 B 逆时针旋转 $90°$ 得到 $\triangle BP'A$，连接 PP'，

$\therefore \triangle ABP' \cong \triangle CBP$. $\therefore \angle PBP' = 90°$，$BP' = BP = 2$，$AP' = CP = 3$.

在 $Rt\triangle PBP'$ 中，$BP = BP' = 2$，

$\therefore \angle BPP' = 45°$，根据勾股定理得，$PP' = \sqrt{2}BP = 2\sqrt{2}$.

$\because AP = 1$，$PP' = 2\sqrt{2}$，$AP' = 3$，$\therefore AP^2 + PP'^2 = AP'^2$，

$\therefore \triangle APP'$ 是直角三角形，且 $\angle APP' = 90°$，

$\therefore \angle APB = \angle APP' + \angle BPP' = 90° + 45° = 135°$.

（2）如图 17 - 7，将 $\triangle BPC$ 绕点 B 逆时针旋转 $90°$，得到 $\triangle BP'A$，连接 PP'，

$\therefore \triangle ABP' \cong \triangle CBP$，$\therefore \angle PBP' = 90°$，$BP' = BP = 1$，$AP' = CP = \sqrt{11}$.

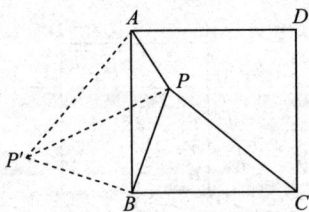

图 17－6

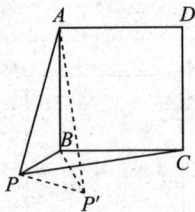

图 17－7

在 Rt△PBP'中，$BP = BP' = 1$，$\therefore \angle BPP' = 45°$，根据勾股定理得，$PP' = \sqrt{2}BP = \sqrt{2}$.

$\because AP = 3$，$PP' = \sqrt{2}$，$AP' = \sqrt{11}$，$\therefore AP^2 + PP'^2 = AP'^2$，

$\therefore △APP'$是直角三角形，且$\angle APP' = 90°$，$\therefore \angle APB = \angle APP' - \angle BPP' = 90° - 45° = 45°$.

例 2 如图 17－8，在四边形 $ABCD$ 中，$\angle B = 60°$，$\angle D = 30°$，$AB = BC$.

(1) 求$\angle A + \angle C$ 的度数。

(2) 连接 BD，探究 AD，BD，CD 三者之间的数量关系，并说明理由。

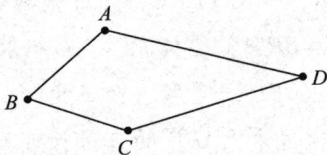

图 17－8

(3) 若 $AB = 1$，点 E 在四边形 $ABCD$ 内部运动，且满足 $AE^2 = BE^2 + CE^2$，求点 E 运动路径的长度。

【思维方法导引】

本题和例 1 一样，通过旋转作辅助线，结合已知条件和特殊多边形的性质，充分利用旋转变换的特点来解题。

(1) 由四边形的内角和定理直接计算即可。

(2) AD，BD，CD 三者比较分散，联想到旋转可以把分散的条件集中起来，而本题也满足边等宜转的条件：$AB = BC$ 且它们有公共端点 B，如图 17－9，通过旋转变换作辅助线，将△BCD 绕点 B 逆时针旋转 $60°$ 得到△BAQ，连接 DQ，题目转化为探究 AD，DQ，AQ 三者之间的数量关系，接下来由（1）的结论证明△ADQ 是直角三角形即可得出结论。

(3) 联想（2）的结论，如图 17－10，尝试将△BCE 绕点 B 逆时针旋转 $60°$ 得到△BAF，连接 EF，可得$\angle AFE = 90°$，由此得到$\angle BEC = \angle BFA = 150°$，以 BC 为边向外作等边△OBC，则点 E 在以 O 为圆心，OB 为半径的圆周上运动，运动轨迹是弧 BC，接下来只需求出弧 BC 的长度即可。

【解答】

（1）在四边形 $ABCD$ 中，$\angle B=60°$，$\angle D=30°$，

$\therefore \angle A+\angle C=360°-\angle B-\angle C=360°-60°-30°=270°$.

（2）如图 17-9，将 $\triangle BCD$ 绕点 B 逆时针旋转 $60°$，得到 $\triangle BAQ$，连接 DQ，

$\therefore BD=BQ$，$\angle DBQ=60°$，$\therefore \triangle BDQ$ 是等边三角形，

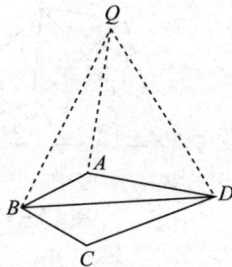

图 17-9

$\therefore BD=DQ$，又 $\because \angle BAD+\angle C=270°$，$\angle C=\angle BAQ$，

$\therefore \angle BAD+\angle BAQ=270°$，$\therefore \angle DAQ=360°-270°=90°$，

$\therefore \triangle DAQ$ 是直角三角形，$\therefore AD^2+AQ^2=DQ^2$.

即 $AD^2+CD^2=BD^2$.

（3）如图 17-10，将 $\triangle BCE$ 绕点 B 逆时针旋转 $60°$ 得到 $\triangle BAF$，连接 EF，

$\therefore BE=BF$，$\angle EBF=60°$，$\therefore \triangle BEF$ 是等边三角形。

$\therefore EF=BE$，$\angle BFE=60°$，$\because AE^2=BE^2+CE^2$，

$\therefore AE^2=EF^2+AF^2$，$\therefore \angle AFE=90°$，

$\therefore \angle BFA=\angle BFE+\angle AFE=60°+90°=150°$，

$\therefore \angle BEC=150°$.

即动点 E 在四边形 $ABCD$ 内运动，满足 $\angle BEC=150°$，

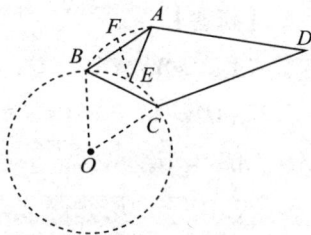

图 17-10

以 BC 为边向外作等边 $\triangle OBC$，则点 E 在以 O 为圆心，OB 为半径的圆周上运动，运动轨迹是弧 BC，

$\because OB=AB=1$，则弧 $BC=\dfrac{60\pi \times 1}{180}=\dfrac{\pi}{3}$.

二、一转成双

例3 已知在 $\triangle ABC$ 中，$AB=AC$，$\angle BAC=90°$，D、E 分别是 AB、AC 的中点，将 $\triangle ADE$ 绕点 A 按顺时针方向旋转一个角度 α（$0°<\alpha<90°$）得到 $\triangle AD'E'$，连接 BD'、CE'，如图 17-11。

（1）求证：$BD'=CE'$；

（2）如图 17-12，当 $\alpha=60°$ 时，设 AB 与 $D'E'$ 交于点 F，求 $\dfrac{BF}{FA}$ 的值。

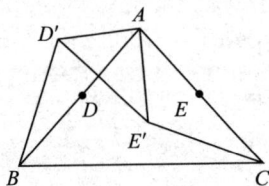

图 17 - 11

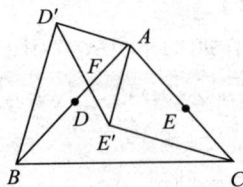

图 17 - 12

【思维方法导引】

本题是关于三角形的一转成双，主要考查旋转与全等三角形、相似三角形的知识点的综合运用。

(1) 要证明 $BD' = CE'$，只要证明这两条边所在的三角形全等即可；由题目条件，很容易证得 $\triangle BD'A \cong \triangle CE'A$；

(2) 要求 $\dfrac{BF}{FA}$ 的值，容易联想到相似三角形的性质，所以转化为证明 $BFD' \backsim \triangle AFE'$，已有一组对顶角，且易知 $\angle FAE' = 30°$，然后通过连接 DD' 可证得 $\angle ABD' = 30°$，即可得出相似。

【解答】

(1) $\because AB = AC$，D、E 分别是 AB、AC 的中点，

$\therefore AD = AE = BD = CE.$ 由旋转的性质可知，$\angle DAD' = \angle EAE' = \alpha$，$AD' = AD$，$AE' = AE$，

$\therefore AD' = AE'$，又 $\angle DAD' = \angle EAE' = \alpha$，$AB = AC$，$\therefore \triangle BD'A \cong \triangle CE'A$（SAS），$\therefore BD' = CE'$.

(2) 如图 17 - 13，连接 DD'.

$\because \angle DAD' = 60°$，$AD = AD'$，$\therefore \triangle ADD'$ 是等边三角形，

$\therefore \angle ADD' = \angle AD'D = \angle DAD' = 60°$，$DD' = DA = DB$，$\therefore \angle DBD' = \angle DD'B = 30°$，$\therefore \angle BD'A = 90°$.

$\because \angle D'AE' = 90°$，$\therefore \angle BAE' = \angle D'AE' - \angle DAD' = 30°$，$\therefore \angle BAE' = \angle ABD' = 30°$.

又 $\angle BFD' = \angle AFE'$，$\therefore \triangle BFD' \backsim \triangle AFE'$.

$\therefore \dfrac{BF}{AF} = \dfrac{BD'}{AE'} = \dfrac{BD'}{AD'}$.

$\therefore$ 在 $\text{Rt}\triangle ABD'$ 中，$\tan \angle BAD' = \dfrac{BD'}{AD'} = \sqrt{3}$，$\therefore \dfrac{BF}{FA} = \sqrt{3}$.

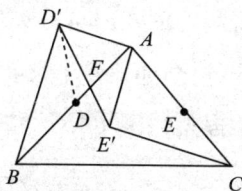

图 17 – 13

例 4　如图 17 – 14，在矩形 $ABCD$ 中，将 $\angle ABC$ 绕点 A 按逆时针方向旋转一定角度后，BC 的对应边 $B'C'$ 交 CD 边于点 G，连接 BB'、CC'．若 $AD = 7$，$CG = 4$，$AB' = B'G$，求 $\dfrac{CC'}{BB'}$ 的值。

【思维方法导引】

本题通过一转成双构造相似三角形，综合运用旋转与相似三角形的性质等来解题。

要求 $\dfrac{CC'}{BB'}$ 的值，容易联想到通过相似三角形的性质进行转化来求解，所以连接 AC 和 AC' 构造 $\triangle ABB' \backsim \triangle ACC'$，把求 $\dfrac{CC'}{BB'}$ 转化为求 $\dfrac{AC}{AB}$，再连接 AG，利用等腰直角 $\triangle AB'G$ 得到 AG 与 AB 的数量关系，然后在 $\mathrm{Rt}\triangle ADG$ 中用勾股定理求出 AB 的值，再求出 AC 的值即可得出结果。

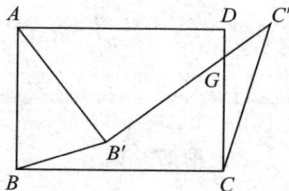

图 17 – 14

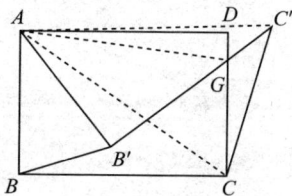

图 17 – 15

【解答】

如图 17 – 15，连接 AC、AG、AC'，由旋转可得，$AB = AB'$，$AC = AC'$，$\angle BAB' = \angle CAC'$，

$\therefore \dfrac{AB}{AC} = \dfrac{AB'}{AC'}$，$\therefore \triangle ABB' \backsim \triangle ACC'$，$\therefore \dfrac{CC'}{BB'} = \dfrac{AC}{AB}$．

$\because AB' = B'G$，$\angle AB'G = \angle ABC = 90°$，$\therefore \triangle AB'G$ 是等腰直角三角形，

$\therefore AG = \sqrt{2}AB'$．

设 $AB = AB' = x$，则 $AG = \sqrt{2}x$，$DG = x - 4$，

在 Rt$\triangle ADG$ 中，$AD^2 + DG^2 = AG^2$ 即：$7^2 + (x-4)^2 = (\sqrt{2}x)^2$，

解得：$x_1 = 5$，$x_2 = -13$（舍去），$\therefore AB = 5$.

$\therefore$ 在 Rt$\triangle ABC$ 中，$AB^2 + BC^2 = AC^2$，$AC = \sqrt{74}$，$\therefore \dfrac{CC'}{BB'} = \dfrac{AC}{AB} = \dfrac{\sqrt{74}}{5}$

例5 将正 n 边形绕点 A 顺时针旋转 $60°$ 后，发现旋转前后两图形有另一交点 O，连接 AO，我们称 AO 为"叠弦"；再将"叠弦" AO 所在的直线绕点 A 逆时针旋转 $60°$ 后，交旋转前的图形于点 P，连接 PO，我们称 $\angle OAB$ 为"叠弦角"，$\triangle AOP$ 为"叠弦三角形"。

探究证明：

（1）请在图 17 - 16 和图 17 - 17 中选择其中一个证明："叠弦三角形"（$\triangle AOP$）是等边三角形；

（2）如图 17 - 17，求证：$\angle OAB = \angle OAE'$.

归纳猜想：

（1）图 17 - 16、图 17 - 17 中的"叠弦角"的度数分别为_____；

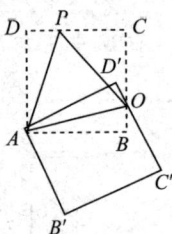

图 17 - 16

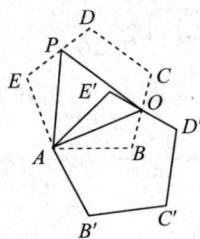

图 17 - 17

（2）图 17 - 18 中，"叠弦三角形" _____ 等边三角形（填"是"或"不是"）；

（3）图 17 - 19 中，"叠弦角"的度数为_____（用含 n 的式子表示）.

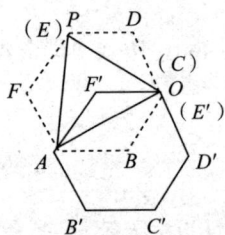

图 17 - 18

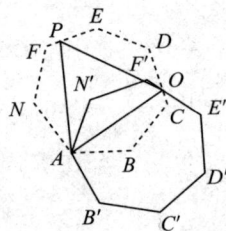

图 17 - 19

【思维方法导引】

本题是关于特殊多边形的一转成双，需要综合运用旋转与特殊多边形的性质来解题。

（1）在图 17－16 中，要说明 $\triangle AOP$ 是等边三角形，已有 $\angle OAP=60°$，只需再证明 $\triangle AOP$ 中有两条边相等即可，易证得 $\triangle APD\cong\triangle AOD'$，从而得出结论；图 17－17 中的证明方法同上；

（2）由（1）易知图 17－17 中 $\triangle APE\cong\triangle AOE'$，然后只要证明 $\angle PAE=\angle OAB$ 即可，作 $AM\perp DE$ 于点 M，作 $AN\perp CB$ 于点 N，先证明 $Rt\triangle AEM\cong Rt\triangle ABN$，再证明 $Rt\triangle APM\cong Rt\triangle AON$，就可得出结论。

（3）在图 17－17 中，由（2）知叠弦角 $\angle OAB=\angle OAE'$，通过旋转性质可得 $\angle EAE'=60°$，再结合正五边形的内角度数即可求得叠弦角 $\angle OAB$ 的度数；同理可求出图 17－16 中"叠弦角" $\angle BAO$ 的度数。

（4）同（1）的证明方法一样。

（5）图 17－19 中的多边形是正 $(n+3)$ 边形，同（3）的计算方法一样，找出规律即可。

【解答】

（1）如图 17－16，∵ 四边形 $ABCD$ 和四边形 $AB'C'D'$ 是正方形，

∴ $AD=AD'$，$\angle D=\angle D'=90°$. 由旋转可知，$\angle DAD'=\angle OAP=60°$.

∴ $\angle DAP=\angle D'AO$.

∴ $\triangle APD\cong\triangle AOD'$（ASA），∴ $AP=AO$. ∵ $\angle OAP=60°$，∴ $\triangle AOP$ 是等边三角形。

（图 17－17 中的证明方法同上）。

（2）如图 17－20，作 $AM\perp DE$ 于点 M，作 $AN\perp CB$ 于点 N.

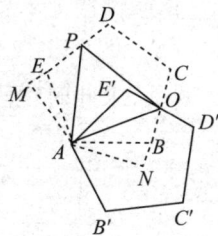

图 17－20

∵ 五边形 $ABCDE$ 和五边形 $AB'C'D'E'$ 是正五边形。

∴ $AE=AE'$，$\angle DEA=\angle E'=108°$. 由旋转可知，$\angle EAE'=\angle OAP=60°$，

∴ $\angle EAP=\angle E'AO$，∴ $\triangle APE\cong\triangle AOE'$（ASA），

∴ $\angle OAE'=\angle PAE$，$AP=AO$.

在 $Rt\triangle AEM$ 和 $Rt\triangle ABN$ 中，$\angle AEM=\angle ABN=72°$，$AE=AB$，

∴ $Rt\triangle AEM\cong Rt\triangle ABN$（AAS），

$\therefore \angle EAM = \angle BAN$，$AM = AN$.

在 Rt△APM 和 Rt△AON 中，$AP = AO$，$AM = AN$，

$\therefore$ Rt△$APM \cong$ Rt△AON（HL），$\therefore \angle PAM = \angle OAN$，

$\therefore \angle PAE = \angle OAB$，又 $\angle OAE' = \angle PAE$，$\therefore \angle OAB = \angle OAE'$.

（3）在图 17 – 17 中，由（2）可知 $\angle OAB = \angle OAE'$，

又由旋转得：$\angle EAE' = 60°$，且知正五边形内角 $\angle BAE = 108°$，

$\therefore \angle BAE' = \angle BAE - \angle EAE' = 48°$，$\therefore \angle BAO = \dfrac{1}{2}\angle BAE = 24°$.

同理可得：图 17 – 16 中"叠弦角" $\angle BAO = 15°$.

（4）同（1）可得，在图 n 中，"叠弦三角形"是等边三角形。

（5）图 n 中的多边形是正（$n+3$）边形。

同（3）的方法得，$\angle BAO = \left[\,(n+3-2)\,180° \div (n+3) - 60°\right] \div 2 = 60° - \dfrac{180°}{n+3}$.

三、转后成特

例 6 如图 17 – 21，边长为 4 的正方形 $ABCD$ 中，点 E 在 AB 边上（不与点 A、B 重合），点 F 在 BC 边上（不与点 B、C 重合）。

第一次操作：将线段 EF 绕点 F 顺时针旋转，当点 E 落在正方形上时，记为点 G；

第二次操作：将线段 FG 绕点 G 顺时针旋转，当点 F 落在正方形上时，记为点 H；

依此操作下去……

（1）图 17 – 22 中的三角形 EFD 是经过两次操作后得到的，其形状为 _____，求此时线段 EF 的长；

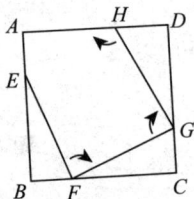

图 17 – 21

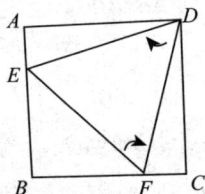

图 17 – 22

（2）若经过三次操作可得到四边形 $EFGH$.

① 请判断四边形 $EFGH$ 的形状为＿＿＿＿，此时 AE 与 BF 的数量关系是＿＿＿＿.

② 以①中的结论为前提，设 AE 的长为 x，四边形 $EFGH$ 的面积为 y，求 y 与 x 的函数关系式及面积 y 的取值范围。

【思维方法导引】

本题通过旋转产生了正三角形和正方形这些特殊多边形，需要灵活运用它们的性质和判定来解题。

（1）由直观感觉可以知道 $\triangle EFD$ 的形状，然后根据旋转的性质得到其三边的数量关系，即可证得；求 EF 的长时，由 $\triangle EFD$ 的形状知 $EF = DF = DE$，接下来发现 EF 与 DE 都是直角三角形的斜边，所以可以把它们的数量关系联系起来，通过勾股定理列方程来进行求解。

（2）①类比（1）的方法可以得出四边形 $EFGH$ 的形状以及 AE 与 BF 的数量关系；②求四边形 $EFGH$ 的面积，容易联想到割补法，可以用大正方形 $ABCD$ 的面积减去四个全等三角形的面积，得到四边形 $EFGH$ 的面积，从而求出 y 与 x 的的函数关系式；或者从前面的结论知道四边形 $EFGH$ 是正方形，然后直接利用正方形的面积公式求出 y 与 x 的的函数关系式；最后根据 x 的取值范围来得到 y 的取值范围。

【解答】

（1）图 $17-22$ 中，由旋转性质可知 $EF = DF = DE$，则 $\triangle EFD$ 为等边三角形。

在 $\text{Rt}\triangle ADE$ 与 $\text{Rt}\triangle CDF$ 中，有 $AD = CD$，$DE = DF$，

$\therefore \text{Rt}\triangle ADE \cong \text{Rt}\triangle CDF$（HL），$\therefore AE = CF$.

设 $AE = CF = x$，则 $BE = BF = 4 - x$，$\therefore \triangle BEF$ 为等腰直角三角形，

$\therefore EF = \sqrt{2}\,(4-x)$，即：$EF = DF = DE = \sqrt{2}\,(4-x)$，

在 $\text{Rt}\triangle ADE$ 中，由勾股定理得：$AE^2 + AD^2 = DE^2$ 即：$x^2 + 4^2 = \left[\sqrt{2}\,(4-x)\right]^2$，

解得：$x_1 = 8 - 4\sqrt{3}$，$x_2 = 8 + 4\sqrt{3}$（舍去），$\therefore EF = \sqrt{2}\,(4-x) = 4\sqrt{6} - 4\sqrt{2}$.

（2）①如图 $17-23$，由旋转性质可知，$EF = FG = GH = HE$，$\angle EFG = 90°$，

$\therefore$ 四边形 $EFGH$ 的形状为正方形。

$\because \angle 1 + \angle 2 = 90°$，$\angle 2 + \angle 3 = 90°$，$\therefore \angle 1 = \angle 3$，

同理可证：$\angle 2 = \angle 4$.

在 $\triangle AEH$ 与 $\triangle BFE$ 中，$\angle 1 = \angle 3$，$EH = EF$，$\angle 2 = \angle 4$，

$\therefore \triangle AEH \cong \triangle BFE$ （ASA），$\therefore AE = BF$.

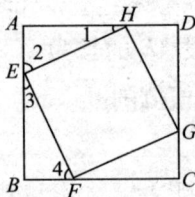

图 17－23

②解法一：同①可得 $\triangle AEH$、$\triangle BFE$、$\triangle CGF$、$\triangle DHG$ 均为全等三角形，

$\therefore$ 设 $BF = CG = DH = AE = x$，则 $AH = BE = CF = DG = 4 - x$，

$y = S_{正方形ABCD} - 4S_{\triangle AEH} = 4 \cdot 4 - 4 \cdot \dfrac{1}{2}x(4-x) = 2x^2 - 8x + 16$，$\therefore y = 2x^2 - 8x + 16$ $(0 < x < 4)$，

$\because y = 2x^2 - 8x + 16 = 2(x-2)^2 + 8$，$\therefore$ 当 $x = 2$ 时，$y = 8$；当 $x = 0$ 或 4 时，$y = 16$，

$\therefore y$ 的取值范围为 $8 \leqslant y < 16$.

解法二：设 $AE = x$，则 $AH = BE = 4 - x$，在 $\text{Rt}\triangle AHE$ 中，$AE^2 + AH^2 = HE^2$，

$\therefore y = HE^2 = x^2 + (4-x)^2 = 2x^2 - 8x + 16$，$\therefore y = 2x^2 - 8x + 16$ $(0 < x < 4)$.

$\because y = 2x^2 - 8x + 16 = 2(x-2)^2 + 8$，$\therefore$ 当 $x = 2$ 时，$y = 8$；当 $x = 0$ 或 4 时，$y = 16$，

$\therefore y$ 的取值范围为 $8 \leqslant y < 16$.

例7 如图 17－24，点 E 是正方形 $ABCD$ 边 CD 上任意一点，以 DE 为边作正方形 $DEFG$，连接 BF，点 M 是线段 BF 中点，射线 EM 与 BC 交于点 H，连接 CM.

（1）请直接写出 CM 和 EM 的数量关系和位置关系；

（2）把图 17－24 中的正方形 $DEFG$ 绕点 D 顺时针旋转 $45°$，此时点 F 恰好落在线段 CD 上，如图 17－25，其他条件不变，（1）中的结论是否成立，请说明理由；

（3）把图 17－24 中的正方形 $DEFG$ 绕点 D 顺时针旋转 $90°$，此时点 E、G 恰好分别落在线段 AD、CD 上，如图 17－26，其他条件不变，（1）中的结论是否成立，请说明理由。

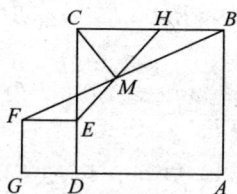

图 17-24

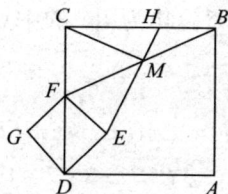

图 17-25

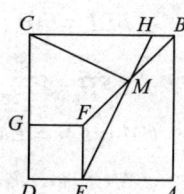

图 17-26

【思维方法导引】

本题通过旋转多次产生了等腰直角三角形这一特殊三角形，解题时需要灵活把握它的性质和判定，将它与旋转和正方形的性质结合起来。

（1）由题意我们容易猜想 $CM = EM$ 且 $CM \perp EM$；要证明 $CM = EM$，结合 $Rt\triangle CEH$，只需证明 $EM = HM$，再转化为证明 $\triangle FME \cong \triangle BMH$ 即可；接下来通过 $BH = DE$ 证明 $Rt\triangle CEH$ 是等腰直角三角形，即可得到 $CM \perp EM$.

（2）如图 17-25，在 $Rt\triangle CBF$ 中，CM 为斜边 BF 一半，如果我们能构造一个直角三角形使得 EM 也为斜边 BF 一半，即可得到 $CM = EM$，所以尝试连接 BE，通过等腰直角 $\triangle DEF$ 证得 $\triangle BEF$ 确为直角三角形，接下来在四边形 $CMEF$ 中有两个等腰三角形，由此得到 $\angle MCF + \angle MEF$ 的度数，继而得到 $\angle CME$ 的度数，从而得出结论。

（3）在图 17-26 中，我们可以尝试构造一条线段把 CM 与 EM 联系起来，连接 MG，DF，通过证明 $\triangle EDM \cong \triangle GDM$ 得到 $EM = GM$，再作 $MN \perp CD$ 于点 N，通过证明 MN 是 CG 的中垂线来得到 $CM = GM$，继而得到 $CM = EM$；下面同 （2）求出四边形 $CDEM$ 中 $\angle MCD$ 与 $\angle MED$ 的和，从而得到 $CM \perp EM$.

【解答】

（1）如图 17-24，结论：$CM = EM$，$CM \perp EM$；理由如下：

∵ $AD // EF$，$AD // BC$，∴ $BC // EF$，∴ $\angle EFM = \angle HBM$.

在 $\triangle FME$ 和 $\triangle BMH$ 中，$\angle EFM = \angle HBM$，$FM = BM$，$\angle EMF = \angle HMB$，

∴ $\triangle FME \cong \triangle BMH$（ASA），∴ $HM = EM$，$EF = BH$.

∵ $CD = BC$，$EF = ED = BH$，∴ $CD - ED = BC - BH$，即 $CE = CH$，

又 $\angle HCE = 90°$，$HM = EM$，∴ $CM = EM$，$CM \perp EM$.

（2）如图 17-27，连接 BE.

∵ 四边形 $ABCD$ 和四边形 $EDGF$ 是正方形，∴ $\angle FDE = 45°$，$\angle CBD = 45°$，

∴ 点 B、E、D 在同一条直线上。

$\because \angle BCF = 90°$，$\angle BEF = 90°$，$M$ 为 BF 的中点，$\therefore CM = EM = FM = \dfrac{1}{2}BF$.

$\because \angle EFD = 45°$，$\therefore \angle EFC = 135°$.

$\because CM = FM = EM$，$\therefore \angle MCF = \angle MFC$，$\angle MFE = \angle MEF$.

$\therefore \angle MCF + \angle MEF = 135°$，$\therefore \angle CME = 360° - 135° - 135° = 90°$，$\therefore CM \perp EM$.

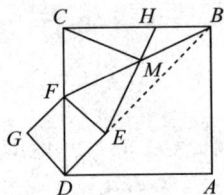

图 17-27

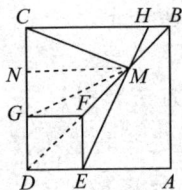

图 17-28

（3）如图 17-28，连接 DF，MG，作 $MN \perp CD$ 于点 N.

在 $\triangle EDM$ 和 $\triangle GDM$ 中，$DE = DG$，$\angle MDE = \angle MDG$，$DM = DM$，

$\therefore \triangle EDM \cong \triangle GDM$（SAS），$\therefore EM = GM$，$\angle MED = \angle MGD$.

$\because M$ 为 BF 的中点，$FG // MN // BC$，$\therefore GN = NC$.

又 $MN \perp CD$，$\therefore CM = GM$，$\therefore CM = EM$，$\angle MCG = \angle MGC$.

$\because \angle MGC + \angle MGD = 180°$，$\therefore \angle MCG + \angle MED = 180°$，$\therefore \angle CME + \angle CDE = 180°$.

$\because \angle CDE = 90°$，$\therefore \angle CME = 90°$.$\therefore$（1）中的结论成立。

例 8 已知在矩形 $ABCD$ 中，$\angle ADC$ 的平分线 DE 与 BC 边所在的直线交于点 E，点 P 是线段 DE 上一定点（其中 $EP < PD$）.

（1）如图 17-29，若点 F 在 CD 边上（不与 D 重合），将 $\angle DPF$ 绕点 P 逆时针旋转 $90°$ 后，角的两边 PD、PF 分别交射线 DA 于点 H、G.

① 求证：$PG = PF$；

② 探究：DF、DG、DP 之间有怎样的数量关系，并证明你的结论。

（2）拓展：如图 17-30，若点 F 在 CD 的延长线上（不与 D 重合），过点 P 作 $PG \perp PF$，交射线 DA 于点 G，你认为（1）中 DF、DG、DP 之间的数量关系是否仍然成立？若成立，给出证明；若不成立，请写出它们所满足的数量关系式，并说明理由。

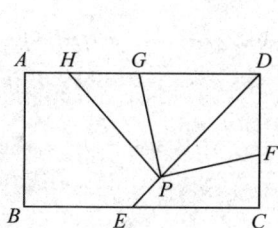

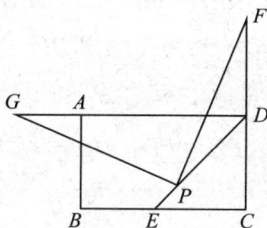

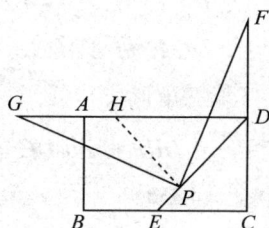

图 17 − 29　　　　　　　图 17 − 30　　　　　　　图 17 − 31

【思维方法导引】

本题通过旋转产生了等腰直角三角形这一特殊三角形，灵活把握它的性质和判定，将它与旋转和矩形的性质结合起来是解题的关键。

（1）①要证明 $PG = PF$，一般是证明这两条边所在的三角形全等，接下来只要证得 △HPD 是等腰直角三角形就很容易推导出 △HPG ≌ △DPF；

②解本题的关键是通过寻找关系把 DF、DG、DP 进行转化，来得到它们之间的数量关系；由①知 △HPG ≌ △DPF，可以把 DF 转化为 GH，再由 $DG + GH = HD$，从而利用等腰直角 △HPD 让 HD 作为纽带把 $DG + DF$ 与 DP 联系起来，得到 DF、DG、DP 之间的数量关系；

（2）由（1）我们容易联想到把 ∠DPF 绕点 P 逆时针旋转90°，结合（2）中的情境，过点 P 作 PH⊥PD 交射线 DA 于点 H，即可达到效果，然后同（1）先证明 △HPG ≌ △DPF，再利用等腰直角 △HPD 让 HD 作为纽带把 $DG − DF$ 与 DP 联系起来，得到 DF、DG、DP 之间的数量关系。

【解答】

（1）①由旋转可知，∠GPF = ∠HPD =90°，∴ ∠GPH = ∠FPD.

∵ DE 平分 ∠ADC，又 ∠ADC = 90°，∴ ∠PDF = ∠ADP = 45°，

∴ △HPD 是等腰直角三角形，∴ PH = PD，∠DHP = ∠PDF = 45°.

在 △HPG 和 △DPF 中，∠PHG = ∠PDF，PH = PD，∠GPH = ∠FPD，

∴ △HPG ≌ △DPF（ASA），∴ PG = PF.

②结论：$DG + DF = \sqrt{2}DP$，理由如下：

由①知，△HPD 是等腰直角三角形，△HPG ≌ △DPF，

∴ $HD = \sqrt{2}DP$，$HG = DF$，∴ $HD = HG + DG = DF + DG$，∴ $DG + DF = \sqrt{2}DP$.

（2）不成立，数量关系式应为：$DG − DF = \sqrt{2}DP$，理由如下：

如图 17 − 31，过点 P 作 PH⊥PD 交射线 DA 于点 H.

∵ $PF \perp PG$，∴ $\angle GPF = \angle HPD = 90°$．∴ $\angle GPH = \angle FPD$．

∵ DE 平分 $\angle ADC$，$\angle ADC = 90°$，∴ $\angle HDP = \angle EDC = 45°$，∴ $\triangle HPD$ 为等腰直角三角形．

∴ $\angle DHP = \angle EDC = 45°$，$PH = PD$，$HD = \sqrt{2}DP$，∴ $\angle GHP = \angle FDP = 180° - 45° = 135°$．

在 $\triangle HPG$ 和 $\triangle DPF$ 中，$\angle GPH = \angle FPD$，$PH = PD$，$\angle GHP = \angle FDP$，

∴ $\triangle HPG \cong \triangle DPF$（ASA），∴ $HG = DF$，

∴ $DH = DG - HG = DG - DF$，∴ $DG - DF = \sqrt{2}DP$．

专题十八　翻折模型问题

翻折是一种轴对称变换，它是指把一个图形按某一直线对折后所形成的新的图形的变化，它强调在图形折叠变换的过程中，图形的形状、大小不变，只是位置发生了改变。解这一类题的关键在于抓住翻折前后两个图形是全等的，对应线段是相等的，弄清翻折后不变的要素。另外，从运动变化图形的特殊位置探索出一般的结论或者从中获得解题的启示，这种从特殊到一般的思想对我们解决运动变化问题是极为重要的。

从折叠后要解答的几何元素上看，大致有以下几种形式：折叠后求定值（包括最大值与最小值）；折叠后求特殊位置的特殊值；求证折叠后形成特殊图形或两个图形存在特殊关系；折叠后求某个几何元素的取值范围。

从解答的过程中，我们可以从以下几个方面进行思考：

（1）先确定对应边，对应角以及折痕，折叠前后的图形全等，且折痕是对应点连线的中垂线；

（2）求线段长通常确定一个直角三角形或两个相似三角形，利用勾股定理和相似三角形的性质求解；

（3）若翻折后存在直角三角形，可借助勾股定理研究线段之间的数量关系，利用直角三角形的性质解题；

（4）在矩形的翻折中，由于矩形的对边平行，翻折后的两个对应角相等，因此可以构造等腰三角形，图形可以用勾股定理或相似来处理；

（5）在正方形和菱形等特殊四边形的翻折过程中，可能会出现特定的等量关系或线段比例关系；

（6）翻折前后的两个图形关于折痕对称，折痕上的任一点与对称点所连的线段相等，且这两条线段的夹角被对称轴平分；

（7）折叠后，由于产生的位置不同，或者形成的图形形状不同，应当进行分类讨论。

一、折叠后求定值

例1　如图 18-1，矩形 $ABCD$ 中，$AD=12$，$AB=8$，E 是 AB 上一点，且 $EB=3$，F 是 BC 上一动点，若将 △EBF 沿 EF 对折后，点 B 落在点 P 处，则点 P 到点 D 的最短距离为_____.

【思维方法导引】

一般来说，求两动点间的最短距离有三种方法：①作对称，利用两点间线段最短这一定理；②建立二次函数模型，利用二次函数的最值；③找到第三个点，这三个点可构造一个三角形，有两边的长度固定，再利用三角形的两边之和大于第三边这一定理。本题可以利用第三种方法，先根据勾股定理计算 ED 的长，当 E、P、D 共线时，DP 最小，即最短距离是此时 PD 的长。

【解答】

如图 18-2，连接 PD，DE，

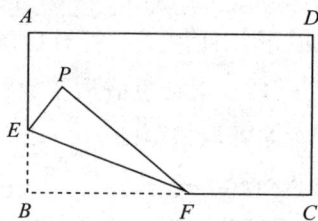

图 18-1

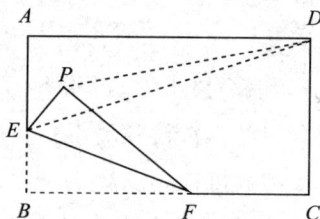

图 18-2

∵ 四边形 $ABCD$ 是矩形，∴ $\angle A=90°$.

∵ $AB=8$，$BE=3$，∴ $AE=5$.

∵ $AD=12$，∴ $DE=\sqrt{5^2+12^2}=13$. 由折叠得：$EB=EP=3$，

∵ $EP+DP \geqslant ED$，∴ 当 E、P、D 共线时，DP 最小，∴ $DP=DE-EP=13-3=10$；

故答案为：10.

例2　在数学探究活动中，敏敏进行了如下操作：如图 18-3，将四边形纸片 $ABCD$ 沿过点 A 的直线折叠，使得点 B 落在 CD 上的点 Q 处。折痕为 AP；再将 △PCQ，△ADQ 分别沿 PQ，AQ 折叠，此时点 C，D 落在 AP 上的同一点 R 处。请完成下列探究：

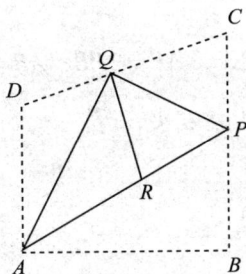

图 18 – 3

（1）$\angle PAQ$ 的大小为_____°；

（2）当四边形 $APCD$ 是平行四边形时，$\dfrac{AB}{QR}$ 的值为_____.

【思维方法导引】

（1）由折叠的性质可以知道，$\angle DAQ = \angle QAP = \angle PAB$，因此可以猜想 $\angle PAQ$ 的度数是 30°，猜想 $\angle DAB = 90°$，由折叠的性质可得 $\angle B = \angle AQP$，而 $\angle DQA = \angle AQR$，$\angle CQP = \angle PQR$，由此可得 $\angle AQP = 90°$，此时只要能证明出 $AD // BC$，问题就可以解决。而由折叠可知，$\angle D = \angle ARQ$，$\angle C = \angle QRP$，由平角的性质可得 $\angle D + \angle C = 180°$，故 $AD // BC$. 问题得解。

（2）猜想 QR 是 Rt$\triangle APQ$ 斜边的中线，要想知道 $\dfrac{AB}{QR}$ 的值，只要知道 $\dfrac{AB}{AP}$，而第（1）问已经求出 $\angle PAB$ 的度数。具体地，由平行四边形和折叠的性质可得 $AR = PR$，由直角三角形的性质可得 $AP = 2PB = 2QR$，$AB = \sqrt{3}PB$，即可求解。

【解答】

（1）由折叠的性质可得：$\angle B = \angle AQP$，$\angle DAQ = \angle QAP = \angle PAB$，$\angle DQA = \angle AQR$，$\angle CQP = \angle PQR$，$\angle D = \angle ARQ$，$\angle C = \angle QRP$.

$\because \angle QRA + \angle QRP = 180°$，$\therefore \angle D + \angle C = 180°$. $\therefore AD // BC$，$\therefore \angle B + \angle DAB = 180°$.

$\because \angle DQR + \angle CQR = 180°$，$\therefore \angle DQA + \angle CQP = 90°$，$\therefore \angle AQP = 90°$.

$\therefore \angle B = \angle AQP = 90°$，$\therefore \angle DAB = 90°$，$\therefore \angle DAQ = \angle QAP = \angle PAB = 30°$.

故答案为：30.

（2）由折叠的性质可得：$AD = AR$，$CP = PR$.

$\because$ 四边形 $APCD$ 是平行四边形，$\therefore AD = PC$，$\therefore AR = PR$.

又 $\because \angle AQP = 90°$，$\therefore QR = \dfrac{1}{2}AP.$

$\because \angle PAB = 30°$，$\angle B = 90°$，$\therefore AP = 2PB$，$AB = \sqrt{3}PB.$

$\therefore PB = QR$，$\therefore \dfrac{AB}{QR} = \sqrt{3}.$ 故答案为：$\sqrt{3}.$

二、特殊位置的特殊值

例 3 如图 18 - 4，在 $\triangle ABC$ 中，$AB = 4\sqrt{2}$，$\angle B = 45°$，$\angle C = 60°$.

（1）求 BC 边上的高线长。

（2）点 E 为线段 AB 的中点，点 F 在边 AC 上，连接 EF，沿 EF 将 $\triangle AEF$ 折叠得到 $\triangle PEF$.

① 如图 18 - 5，当点 P 落在 BC 上时，求 $\angle AEP$ 的度数。

② 如图 18 - 6，连接 AP，当 $PF \perp AC$ 时，求 AP 的长。

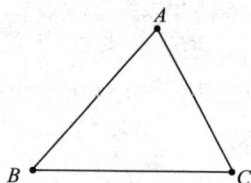

图 18 - 4

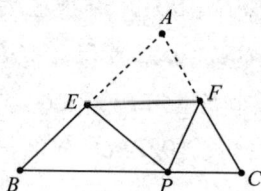

图 18 - 5

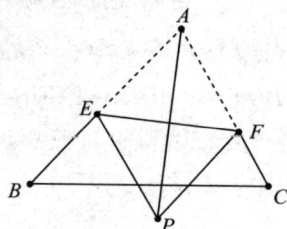

图 18 - 6

【思维方法导引】

（1）如图 18 - 4 中，过点 A 作 $AD \perp BC$ 于 D. 解直角三角形求出 AD 即可。

（2）①由折叠可知，$AE = PE$，而 E 是 AB 的中点，可得 $BE = EP$，可得 $\angle EPB = \angle B = 45°$，$\therefore \angle BEP = 90°$，问题解决。

②解法一：由于 $PF \perp AC$，故 $\triangle APF$ 是直角三角形，且 FE 平分 $\angle AFP$. 根据折叠可知 $AP \perp EF$，可得 $\triangle AFP$ 是等腰直角三角形。故要求 AP 的长，只要求出 AF 的长即可。AF 又是 $\triangle AEF$ 的边，因此只要证明 $\triangle AEF \backsim \triangle ACB$，根据相似三角形对应边成比例，即可求出 AF 解决问题，其中 AC 的长可根据（1）中的结论与 $\angle C$ 的度数利用三角函数求得。

解法二：连接 BP，根据 $AE = BE = PE$ 可知，$\triangle ABP$ 是直角三角形，根据解法一可求得 $\angle PAF$ 为 $45°$，故 $\angle BAP = 30°$，根据三角函数可求出 AP 的长。

【解答】

(1) 如图 18 – 7 中，过点 A 作 $AD \perp BC$ 于 D.

在 $\text{Rt}\triangle ABD$ 中，$AD = AB \cdot \sin 45° = 4\sqrt{2} \times \dfrac{\sqrt{2}}{2} = 4$.

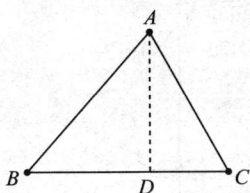 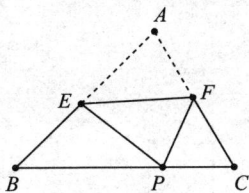 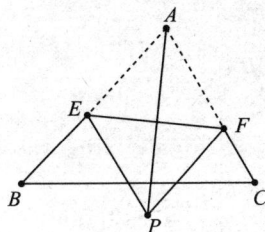

图 18 – 7　　　　　　　图 18 – 8　　　　　　　图 18 – 9

(2) ①如图 18 – 8，$\because \triangle AEF \cong \triangle PEF$，$\therefore AE = EP$，

$\because AE = EB$，$\therefore BE = EP$，$\therefore \angle EPB = \angle B = 45°$.

$\therefore \angle PEB = 90°$，$\therefore \angle AEP = 180° - 90° = 90°$.

②方法一：如图 18 – 9，由（1）可知，$AC = \dfrac{AD}{\sin 60°} = \dfrac{8\sqrt{3}}{3}$，

$\because PF \perp AC$，$\therefore \angle PFA = 90°$.

$\because \triangle AEF \cong \triangle PEF$，$\therefore \angle AFE = \angle PFE = 45°$，$\therefore \angle AFE = \angle B$.

$\because \angle EAF = \angle CAB$，$\therefore \triangle AEF \backsim \triangle ACB$.

$\therefore \dfrac{AF}{AB} = \dfrac{AE}{AC}$，即 $\dfrac{AF}{4\sqrt{2}} = \dfrac{2\sqrt{2}}{\dfrac{8\sqrt{3}}{3}}$，$\therefore AF = 2\sqrt{3}$.

在 $\text{Rt}\triangle AFP$，$AF = FP$，$\therefore AP = \sqrt{2}AF = 2\sqrt{6}$.

方法二：由 $AE = BE = PE$ 可得直角三角形 ABP，由 $PF \perp AC$，可得 $\angle AFE = 45°$，可得 $\angle FAP = 45°$，即 $\angle PAB = 30°$，$AP = AB\cos 30° = 2\sqrt{6}$.

例4 如图 18 – 10，已知一个直角三角形纸片 ACB，其中 $\angle ACB = 90°$，$AC = 4$，$BC = 3$，E、F 分别是 AC、AB 边上的点，连接 EF.

(1) 如图 18 – 10，若将纸片 ACB 的一角沿 EF 折叠，折叠后点 A 落在 AB 边上的点 D 处，且使 $S_{四边形\ ECBF} = 3S_{\triangle EDF}$，求 AE 的长；

(2) 如图 18 – 11，若将纸片 ACB 的一角沿 EF 折叠，折叠后点 A 落在 BC 边上的点 M 处，且使 $MF /\!/ CA$.

① 试判断四边形 $AEMF$ 的形状，并证明你的结论；

② 求 EF 的长；

（3）如图 18 – 12，若 FE 的延长线与 BC 的延长线交于点 N，$CN = 1$，$CE = \dfrac{7}{4}$，求 $\dfrac{BF}{AF}$ 的值。

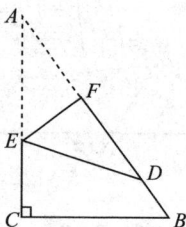

图 18 – 10

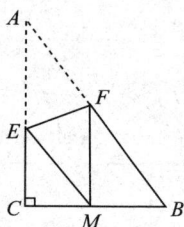

图 18 – 11

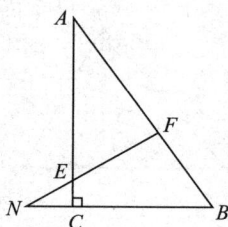

图 18 – 12

【思维方法导引】

（1）由 $S_{\text{四边形}ECBF} = 3S_{\triangle EDF}$ 可得 $S_{\triangle ABC} = 4S_{\triangle EDF}$，即 $S_{\triangle ABC} = 4S_{\triangle AEF}$，而 $\triangle ABC$ 与 $\triangle DEF$ 相似，所以相似比为 $2 : 1$，根据相似三角形的对应边成比例可求解。

（2）①可猜想四边形 $AEMF$ 是菱形，由折叠可知 $AE = EM$，$AF = FM$. 要想证明 $AE = AF$，可由 $MF /\!/ CA$ 得到。②由于 EF 是菱形的一条对角线，因此可考虑利用面积相等法求解，即菱形的面积可以等于两条对角线积的一半，也可以等于底乘高。因此，有菱形的边长、菱形的高、对角线 AM 的长等几个数据需要求出，而根据 $\triangle CME \backsim \triangle CBA$ 可以求出 CM 与 EM 的长，其中 CM 的长正好等于菱形的高，AM 的长可根据勾股定理求出，问题得解。

（3）要想求两条线段的比值，一般地，要构造两个相似三角形，使得将这两条线段分别在两个三角形中，再找对应边的比。根据这一思路，可过 F 作 BC 的垂线，垂足为 H，构造两个相似三角形，如 $\triangle BFH \backsim \triangle BAC$，而 $\triangle ABC$ 的三边已定，所以 $\triangle BFH$ 的三边的比值可定，可用 x 的形式分别表示这三条边的长度，进而可表示 CH 的长，根据 $\triangle NCE \backsim \triangle NHF$ 可求得 x 的值。

【解答】

（1）如图 18 – 13，$\because \triangle ACB$ 的一角沿 EF 折叠，折叠后点 A 落在 AB 边上的点 D 处，$\therefore EF \perp AB$，$\triangle AEF \cong \triangle DEF$，$\therefore S_{\triangle AEF} = S_{\triangle DEF}$.

$\because S_{\text{四边形}ECBF} = 3S_{\triangle EDF}$，$\therefore S_{\triangle ABC} = 4S_{\triangle AEF}$，在 $\text{Rt}\triangle ABC$ 中，

$\therefore \angle ACB = 90°$，$AC = 4$，$BC = 3$，$\therefore AB = \sqrt{AC^2 + BC^2} = \sqrt{3^2 + 4^2} = 5.$

$\because \angle EAF = \angle BAC$，$\therefore \text{Rt} \triangle AEF \backsim \text{Rt} \triangle ABC$，$\therefore \dfrac{S_{\triangle AEF}}{S_{\triangle ABC}} = \left(\dfrac{AE}{AB}\right)^2$，即 $\left(\dfrac{AE}{5}\right)^2 =$

$\dfrac{1}{4}$，$\therefore AE = \dfrac{5}{2}$.

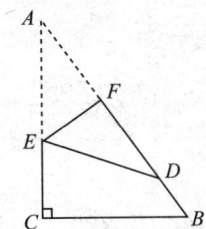

图 18 – 13

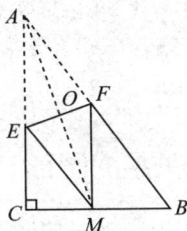

图 18 – 14

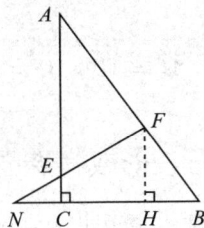

图 18 – 15

（2）①四边形 $AEMF$ 为菱形。理由如下：如图 18 – 14，$\because \triangle ACB$ 的一角沿 EF 折叠，折叠后点 A 落在 BC 边上的点 M 处，

$\therefore AE = EM$，$AF = MF$，$\angle AFE = \angle MFE$，

$\because MF // AC$，$\therefore \angle AEF = \angle MFE$，$\therefore \angle AEF = \angle AFE$，$\therefore AE = AF$，$\therefore AE = EM = MF = AF$，

$\therefore$ 四边形 $AEMF$ 为菱形；

②连接 AM 交 EF 于点 O，如图 18 – 15，设 $AE = x$，则 $EM = x$，$CE = 4 - x$，

$\because$ 四边形 $AEMF$ 为菱形，$\therefore EM // AB$，

$\therefore \triangle CME \backsim \triangle CBA$，$\dfrac{CM}{CB} = \dfrac{CE}{CA} = \dfrac{EM}{AB}$，即 $\dfrac{CM}{3} = \dfrac{4 - x}{4} = \dfrac{x}{5}$，解得 $x = \dfrac{20}{9}$，

$CM = \dfrac{4}{3}$，

在 $\text{Rt} \triangle ACM$ 中，$AM = \sqrt{AC^2 + CM^2} = \sqrt{4^2 + \left(\dfrac{4}{3}\right)^2} = \dfrac{4\sqrt{10}}{3}$，

$\because S_{菱形 AEMF} = \dfrac{1}{2} EF \cdot AM = AE \cdot CM$，$\therefore EF = \dfrac{2 \times \dfrac{4}{3} \times \dfrac{20}{9}}{\dfrac{4\sqrt{10}}{3}} = \dfrac{4\sqrt{10}}{9}$；

（3）如图 18 – 15，作 $FH \perp BC$ 于 H，$\because EC // FH$，$\therefore \triangle NCE \backsim \triangle NHF$，

$\therefore CN : NH = CE : FH$，即 $1 : NH = \dfrac{4}{7} : FH$，$\therefore FH : NH = 4 : 7$，

设 $FH = 4x$，$NH = 7x$，则 $CH = 7x - 1$，$BH = 3 - (7x - 1) = 4 - 7x$，

$\because FH//AC$, $\therefore \triangle BFH \backsim \triangle BAC$, $\therefore BH : BC = FH : AC$,

即 $(4-7x) : 3 = 4x : 4$, 解得 $x = \dfrac{2}{5}$, $\therefore FH = 4x = \dfrac{8}{5}$, $BH = 4-7x = \dfrac{6}{5}$,

在 $Rt\triangle BFH$ 中, $BF = \sqrt{\left(\dfrac{6}{5}\right)^2 + \left(\dfrac{8}{5}\right)^2} = 2$,

$\therefore AF = AB - BF = 5 - 2 = 3$, $\therefore \dfrac{AF}{BF} = \dfrac{3}{2}$.

三、形成特殊图形或特殊关系的图形

例5 如图 18-16, 在 $\triangle ABC$ 中, $\angle ACB = 90°$, 将 $\triangle ABC$ 沿直线 AB 翻折得到 $\triangle ABD$, 连接 CD 交 AB 于点 $M.E$ 是线段 CM 上的点, 连接 $BE.F$ 是 $\triangle BDE$ 的外接圆与 AD 的另一个交点, 连接 EF, BF.

(1) 求证: $\triangle BEF$ 是直角三角形;

(2) 求证: $\triangle BEF \backsim \triangle BCA$;

(3) 当 $AB = 6$, $BC = m$ 时, 在线段 CM 上存在点 E, 使得 EF 和 AB 互相平分, 求 m 的值。

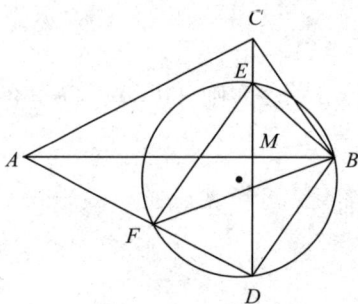

图 18-16

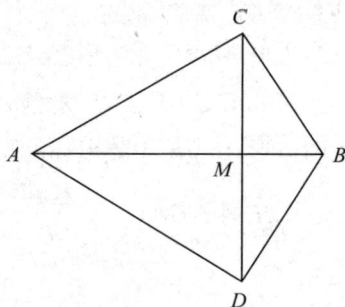

图 18-17

【思维方法导引】

(1) 要想得到 $\triangle BEF$ 是直角三角形, 只要证明 $\angle BEF = 90°$, 而在圆内接四边形 $DBEF$ 中, $\angle BDA = \angle BCA = 90°$. 问题得解。

(2) 根据 (1) 可知, $\angle BEF = \angle BCA = 90°$, 只要再找一对角相等, 就可以证明这两个三角形相似。根据同弧所对的圆周角相等可知, $\angle EFB = \angle BDC$, 于是问题转化成证明 $\angle CAB = \angle BDC$, 而 $\angle BDC = \angle BCD$, 因此只要证明 $\angle CAB = \angle BCD$, 显然, 这两个角相等, 问题得解。

（3）设 EF 与 AB 相交于 J 点，由 EF 和 AB 互相平分，可知四边形 $AFBE$ 是平行四边形，可得 $FJ = \dfrac{1}{2}BD = \dfrac{m}{2}$，$EF = m$，由 $\triangle ABC \backsim \triangle CBM$，可用 m 的形式表示 BM，再由 $\triangle BEJ \backsim \triangle BME$，可用 m 的形式表示 $BE = \dfrac{m}{\sqrt{2}}$，由 $\triangle BEF \backsim \triangle BCA$，得到 $\dfrac{AC}{EF} = \dfrac{BC}{BE}$，由此构建方程求解即可。

【解答】

（1）证明：$\because \angle EFB = \angle EDB$，$\angle EBF = \angle EDF$.

$\therefore \angle EFB + \angle EBF = \angle EDB + \angle EDF = \angle ADB = 90°$，$\therefore \angle BEF = 90°$.

$\therefore \triangle BEF$ 是直角三角形。

（2）证明：$\because BC = BD$，$\therefore \angle BDC = \angle BCD$.

$\because \angle EFB = \angle EDB$，$\therefore \angle EFB = \angle BCD$.

$\because AC = AD$，$BC = BD$，$\therefore AB \perp CD$，$\therefore \angle AMC = 90°$.

$\because \angle BCD + \angle ACD = \angle ACD + \angle CAB = 90°$，$\therefore \angle BCD = \angle CAB$，$\therefore \angle BFE = \angle CAB$.

$\because \angle ACB = \angle FEB = 90°$，$\therefore \triangle BEF \backsim \triangle BCA$.

（3）解：如图 18 - 18，设 EF 交 AB 于点 J. 连接 AE.

$\because EF$ 与 AB 互相平分，$\therefore$ 四边形 $AFBE$ 是平行四边形，

$\therefore \angle EFA = \angle FEB = 90°$，即 $EF \perp AD$.

$\because BD \perp AD$，$\therefore EF / / BD$.

$\because AJ = JB$，$\therefore AF = DF$，$\therefore FJ = \dfrac{1}{2}BD = \dfrac{m}{2}$，$\therefore EF = m$.

$\because \triangle ABC \backsim \triangle CBM$，$\therefore BC : MB = AB : BC$，$\therefore BM = \dfrac{m^2}{6}$.

$\because \triangle BEJ \backsim \triangle BME$，$\therefore BE : BM = BJ : BE$，$\therefore BE = \dfrac{m}{\sqrt{2}}$.

$\because \triangle BEF \backsim \triangle BCA$，$\therefore \dfrac{AC}{EF} = \dfrac{BC}{BE}$，即 $\dfrac{\sqrt{36 - m^2}}{m} = \dfrac{m}{\dfrac{m}{\sqrt{2}}}$.

解得 $m = 2\sqrt{3}$（负根已经舍弃）.

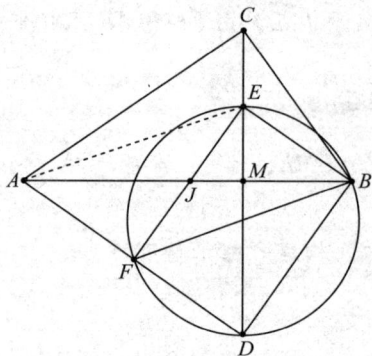

图 18 – 18

例 6 综合与实践

在线上教学中，教师和学生都学习到了新知识，掌握了许多新技能。例如教材八年级下册的数学活动——折纸，就引起了许多同学的兴趣。在经历图形变换的过程中，进一步发展了同学们的空间观念，积累了数学活动经验。

实践发现：

对折矩形纸片 $ABCD$，使 AD 与 BC 重合，得到折痕 EF，把纸片展平；再一次折叠纸片，使点 A 落在 EF 上的点 N 处，并使折痕经过点 B，得到折痕 BM，把纸片展平，连接 AN，如图 18 – 19。

（1）折痕 BM _____（填"是"或"不是"）线段 AN 的垂直平分线；请判断图中 $\triangle ABN$ 是什么特殊三角形？答：_____；进一步计算出 $\angle MNE =$ _____ °；

（2）继续折叠纸片，使点 A 落在 BC 边上的点 H 处，并使折痕经过点 B，得到折痕 BG，把纸片展平，如图 18 – 20 所示，则 $\angle GBN =$ _____ °；

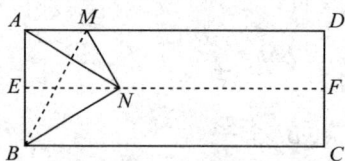

图 18 – 19

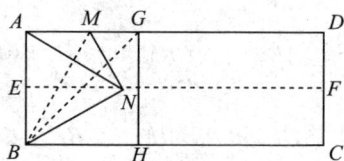

图 18 – 20

拓展延伸：

（3）如图 18 – 21，折叠矩形纸片 $ABCD$，使点 A 落在 BC 边上的点 A' 处，并且折痕交 BC 边于点 T，交 AD 边于点 S，把纸片展平，连接 AA' 交 ST 于点 O，连接 AT.

求证：四边形 $SATA'$ 是菱形。

解决问题：

（4）如图 18 – 22，矩形纸片 $ABCD$ 中，$AB = 10$，$AD = 26$，折叠纸片，使点 A 落在 BC 边上的点 A' 处，并且折痕交 AB 边于点 T，交 AD 边于点 S，把纸片展平。同学们小组讨论后，得出线段 AT 的长度有 4，5，7，9.

请写出以上 4 个数值中你认为正确的数值。

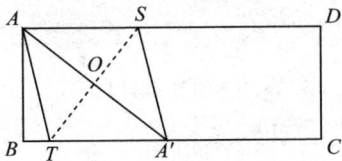
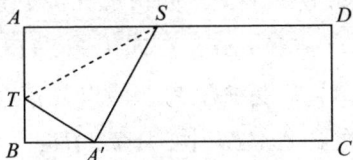

图 18 – 21   图 18 – 22

【思维方法导引】

（1）要想知道 BM 是否垂直平分 AN，只要知道 B、M 两点到 AN 两端的距离是否相等，根据折叠的性质可知显然这是成立的。$\triangle ABN$ 的形状可猜想是等边三角形，而已知 $AB = BN$，而 AN 是否等于 BN 可由 EF 是 AB 的垂直平分线得出。

（2）很显然，由折叠可知，四边形 $ABHG$ 是正方形，可得 $\angle ABG = \angle HBG = 45°$，进而可求出 $\angle GBN$ 的度数。

（3）由折叠可知对应的边相等，而 ST 是 $\angle ATA'$ 与 $\angle ASA'$ 的角平分线，根据"有角平分线与平行线，必有等腰三角形出现"这一规律可知 $AS = AT$. 从而能证明出四条边相等。

（4）可根据折叠可知，$AT = A'T$，$\triangle A'TB$ 是直角三角形，并且 AT 的长度不能超过 AB 的长，据此可先求出 AT 的取值范围，即可求解。

【解答】

（1）如图 18 – 19，$\because$ 对折矩形纸片 $ABCD$，使 AD 与 BC 重合，$\therefore EF$ 垂直平分 AB，$\therefore AN = BN$，$AE = BE$，$\angle NEA = 90°$.

$\because$ 再一次折叠纸片，使点 A 落在 EF 上的点 N 处，$\therefore BM$ 垂直平分 AN.

$\therefore AB = BN$，$\therefore AB = AN = BN$，$\therefore \triangle ABN$ 是等边三角形，$\therefore \angle EBN = 60°$.

$\therefore \angle ENB = 30°$，$\therefore \angle MNE = 60°$. 故答案为：是，等边三角形，60；

（2）$\because$ 折叠纸片，使点 A 落在 BC 边上的点 H 处，$\therefore \angle ABG = \angle HBG = 45°$，

$\therefore \angle GBN = \angle ABN - \angle ABG = 15°$，故答案为：15°；

（3）证法一：根据折叠可知 $AT = A'T$，$AS = A'S$，且 $\angle ATS = \angle A'TS$.

∵四边形 $ABCD$ 是矩形，∴∠AST =∠$A'TS$. ∴∠ATS =∠AST. ∴AS =AT.

∴AS =AT =$A'T$ =$A'S$，∴四边形 $SATA'$ 是菱形；

证法二：∵折叠矩形纸片 $ABCD$，使点 A 落在 BC 边上的点 A' 处。

∴ST 垂直平分 AA'，∴AO =$A'O$，AA'⊥ST.

∵AD//BC，∴∠SAO =∠$TA'O$，∠ASO =∠$A'TO$，∴△ASO ≌△$A'TO$

（AAS）.

∴SO =TO，∴四边形 $ASA'T$ 是平行四边形。

又∵AA'⊥ST，∴四边形 $SATA'$ 是菱形；

（4）∵折叠纸片，使点 A 落在 BC 边上的点 A' 处，∴AT =$A'T$.

在 Rt△$A'TB$ 中，$A'T$ >BT，∴AT >$10-AT$，∴AT >5.

∵点 T 在 AB 上，∴当点 T 与点 B 重合时，AT 有最大值为10.

∴$5<AT≤10$，∴正确的数值为7，9. 故答案为：7，9.

四、平面直角坐标系背景下的图形折叠

例7 将一个直角三角形纸片 OAB 放置在平面直角坐标系中，点 O（0，0），点 A（2，0），点 B 在第一象限，∠OAB =90°，∠B =30°，点 P 在边 OB 上（点 P 不与点 O，B 重合）。

（1）如图 18-23，当 OP =1 时，求点 P 的坐标；

（2）折叠该纸片，使折痕所在的直线经过点 P，并与 x 轴的正半轴相交于点 Q，且 OQ =OP，点 O 的对应点为 O'，设 OP =t.

① 如图 18-24，若折叠后△$O'PQ$ 与△OAB 重叠部分为四边形，$O'P$，$O'Q$ 分别与边 AB 相交于点 C，D，试用含有 t 的式子表示 $O'D$ 的长，并直接写出 t 的取值范围；

② 若折叠后△$O'PQ$ 与△OAB 重叠部分的面积为 S，当 $1≤t≤3$ 时，求 S 的取值范围（直接写出结果即可）。

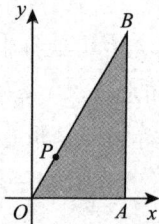

图 18-23

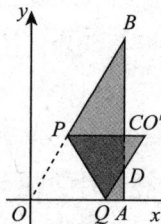

图 18-24

【思维方法导引】

（1）要求 P 点的坐标，必须构造直角三角形，可过点 P 作 $PH \perp OA$ 于 H. 利用三角函数或相似三角形可求出 P 点的坐标。

（2）①可判断出四边形 $OPO'Q$ 是菱形，可用含 t 的代数式表示 OQ，进而表示 AQ，再利用三角函数表示求出 DQ，DO' 即可。要想求出 t 的取值范围，即应求出 t 的最大值与最小值，因此首先可以知道 OQ 的长不得超过 OA，其次，当 O' 落在 AB 边上时，可利用相似三角形的性质求出 $O'P$ 的长。

②首先应当明确能有几个特殊点可能会使面积产生最大值或最小值，如当 $t=1$ 时的 P 点，当 O' 落在 AB 上时的 P 点，以及当点 O' 在 AB 以外时可能取得最值的 P 点。当点 O' 落在 AB 上时，重叠部分应为三角形，可求出此时重叠部分的面积与 t 的值，再求出当 $t=1$ 时，重叠部分（也是三角形）的面积，此时的面积与 t 的值均可求。当点 O' 在 AB 以外时，重叠部分是四边形 $PQDC$，此时的面积可以等于 $S_{\triangle O'PQ} - S_{\triangle O'CD}$，可建立一个二次函数模型，求这个函数的最值即可。再比较这三个数值，就可确定 S 的取值范围。

【解答】

（1）如图 18-25 中，过点 P 作 $PH \perp OA$ 于 H.

$\because \angle OAB = 90°$，$\angle B = 30°$，$\therefore \angle BOA = 90° - 30° = 60°$. $\therefore \angle OPH = 90° - 60° = 30°$.

$\because OP = 1$，$\therefore OH = \dfrac{1}{2}OP = \dfrac{1}{2}$，$PH = OP \cdot \cos 30° = \dfrac{\sqrt{3}}{2}$，$\therefore P\left(\dfrac{1}{2}, \dfrac{\sqrt{3}}{2}\right)$.

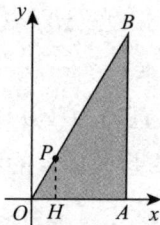

图 18-25

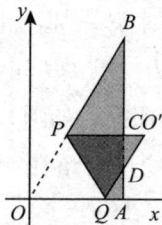

图 18-26

（2）①如图 18-26，

由折叠可知，$\triangle O'PQ \cong \triangle OPQ$，$\therefore OP = O'P$，$OQ = O'Q$.

$\because OP = OQ = t$，$\therefore OP = OQ = O'P = O'Q$，$\therefore$ 四边形 $OPO'Q$ 是菱形。

$\therefore QO' /\!/ OB$，$\therefore \angle ADQ = \angle B = 30°$.

∵ A（2，0），∴ $OA = 2$，$QA = 2 - t$.

在 Rt△AQD 中，$DQ = 2QA = 4 - 2t$，

∵ $O'D = O'Q - QD = 3t - 4$，∴ $\dfrac{4}{3} < t < 2$.

②当点 O' 落在 AB 上时，重叠部分是△PQO'，此时 $t = \dfrac{4}{3}$，$S = \dfrac{\sqrt{3}}{4} \times \left(\dfrac{4}{3}\right)^2 = \dfrac{4\sqrt{3}}{9}$；

当 $\dfrac{4}{3} < t \leqslant 2$ 时，重叠部分是四边形 $PQDC$，$S = \dfrac{\sqrt{3}}{4}t^2 - \dfrac{\sqrt{3}}{8}(3t - 4)^2 = -\dfrac{7\sqrt{3}}{8}t^2 + 3\sqrt{3}t - 2\sqrt{3}$；

当 $t = -\dfrac{3\sqrt{3}}{2 \times \left(-\dfrac{7\sqrt{3}}{8}\right)} = \dfrac{12}{7}$ 时，S 有最大值，最大值 $= \dfrac{4\sqrt{3}}{7}$；

当 $t = 1$ 时，$S = \dfrac{\sqrt{3}}{4}$，当 $t = 3$ 时，$S = \dfrac{1}{2} \times \dfrac{1}{2} \times \dfrac{\sqrt{3}}{2} = \dfrac{\sqrt{3}}{8}$；

综上所述，$\dfrac{\sqrt{3}}{8} \leqslant S \leqslant \dfrac{4\sqrt{3}}{7}$.

例 8 已知在△ABC 中，$AC = BC = m$，D 是 AB 边上的一点，将∠B 沿着过点 D 的直线折叠，使点 B 落在 AC 边的点 P 处（不与点 A，C 重合），折痕交 BC 边于点 E.

（1）特例感知。如图 18 – 27，若∠$C = 60°$，D 是 AB 的中点，求证：$AP = \dfrac{1}{2}AC$；

（2）变式求异。如图 18 – 28，若∠$C = 90°$，$m = 6\sqrt{2}$，$AD = 7$，过点 D 作 $DH \perp AC$ 于点 H，求 DH 和 AP 的长；

（3）化归探究。如图 18 – 29，若 $m = 10$，$AB = 12$，且当 $AD = a$ 时，存在两次不同的折叠，使点 B 落在 AC 边上两个不同的位置，请直接写出 a 的取值范围。

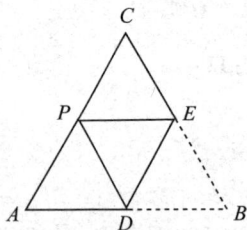

图 18 – 27

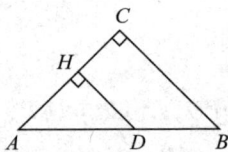

图 18 – 28

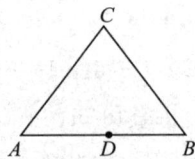

图 18 – 29

【思维方法导引】

（1）由于 $AC=BC$，$\angle C=60°$，$\therefore \triangle ABC$ 是等边三角形，要想得到 $AP=\dfrac{1}{2}AC$，由于 D 是 AB 的中点，因此只需证明 $\triangle ADP$ 也是等边三角形即可解决问题。

（2）应该考虑到折叠后，B 点所落的位置有两种可能，①当点 B 落在线段 CH 上的点 P_1 处时，如图 18-30. ②当点 B 落在线段 AH 上的点 P_2 处时，如图 18-31，分别求解即可。首先可用相似三角形求出 DH 的长，再根据 DP 的长与 BD 的长相等以及勾股定理即可求出 HP 的长，进而求出 AP 的长。

（3）一般来说，求一个几何元素的取值范围应当是找到这个几何元素的最大值与最小值即可，题中求 AD 的取值范围，也就是求 BD 的取值范围。首先，BD 的最大值不可能超过 AB 的一半，当 BD 等于 AB 的一半时，D 是 AB 的中点；其次，当 B 点折叠落在 AC 上的 P 点时，$BD=DP$. 根据垂线段最短，可知当 $DP\perp AC$ 时，DP 最短，即 BD 最短。据此可求出 AD 的取值范围。

【解答】

（1）证明：$\because AC=BC$，$\angle C=60°$，$\therefore \triangle ABC$ 是等边三角形。

$\therefore AC=AB$，$\angle A=60°$，由题意，得 $DB=DP$，$DA=DB$，$\therefore DA=DP$.

$\therefore \triangle ADP$ 是等边三角形，$\therefore AP=AD=\dfrac{1}{2}AB=\dfrac{1}{2}AC$.

（2）解：$\because AC=BC=6\sqrt{2}$，$\angle C=90°$，$\therefore AB=\sqrt{AC^2+BC^2}=\sqrt{(6\sqrt{2})^2+(6\sqrt{2})^2}=12$.

$\because DH\perp AC$，$\therefore DH//BC$，$\therefore \triangle ADH\backsim\triangle ABC$，$\therefore \dfrac{DH}{BC}=\dfrac{AD}{AB}$.

$\because AD=7$，$\therefore \dfrac{DH}{6\sqrt{2}}=\dfrac{7}{12}$，$\therefore DH=\dfrac{7\sqrt{2}}{2}$.

若将 $\angle B$ 沿过点 D 的直线折叠，则有以下几种可能情形：

情形一：当点 B 落在线段 CH 上的点 P_1 处时，如图 18-30，

$\because AB=12$，$\therefore DP_1=DB=AB-AD=5$.

$\therefore HP_1=\sqrt{DP_1^2-DH^2}=\sqrt{5^2-\left(\dfrac{7\sqrt{2}}{2}\right)^2}=\dfrac{\sqrt{2}}{2}$，$\therefore AP_1=AH+HP_1=4\sqrt{2}$.

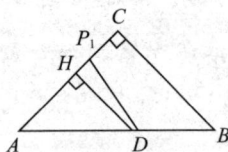

图 18 – 30

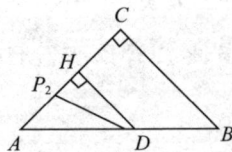

图 18 – 31

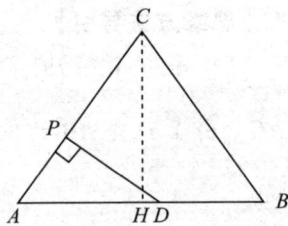

图 18 – 32

情形二：当点 B 落在线段 AH 上的点 P_2 处时，如图 18 – 31，同法可证 $HP_2 = \dfrac{\sqrt{2}}{2}$，$\therefore AP_2 = AH - HP_2 = 3\sqrt{2}$。

综上所述，满足条件的 AP 的值为 $4\sqrt{2}$ 或 $3\sqrt{2}$。

（3）如图 18 – 32，过点 C 作 $CH \perp AB$ 于 H，过点 D 作 $DP \perp AC$ 于 P。

$\because CA = CB$，$CH \perp AB$，$\therefore AH = HB = 6$，$\therefore CH = \sqrt{AC^2 - AH^2} = \sqrt{10^2 - 6^2} = 8$。

当 $DB = DP$ 时，设 $BD = PD = x$，则 $AD = 12 - x$。

$\because \sin A = \dfrac{CH}{AC} = \dfrac{PD}{AD}$，$\therefore \dfrac{8}{10} = \dfrac{x}{12-x}$，$\therefore x = \dfrac{16}{3}$，$\therefore AD = AB - BD = \dfrac{20}{3}$。

观察图形可知当 $6 < a < \dfrac{20}{3}$ 时，存在两次不同的折叠使点 B 落在 AC 边上两个不同的位置。

要想完美地解答出一道数学题，第一要务是审题，很多同学在解题时不注意审题，看条件总是不完整，丢三落四，造成试题无法正确解答。第二要务是画图，精确画图有助于解题，有利于探索时找到正确的方向。第三要务是考虑问题要全面，要有分类意识，如果意识到该题要分类讨论，要根据题意找出分类依据，根据分类的原则进行分类，只有这样才能在解题上更加得心应手。